普通话训练与应用教程

主　编　林晓新　高晶晶　曹丽敏

副主编　贾红国

中国言实出版社

图书在版编目(CIP)数据

普通话训练与应用教程 / 林晓新，高晶晶，曹丽敏主编 .—北京：中国言实出版社，2022.11

ISBN 978-7-5171-4296-6

Ⅰ.①普… Ⅱ.①林… ②高… ③曹… Ⅲ.①普通话—教材 Ⅳ.① H102

中国版本图书馆 CIP 数据核字 (2022) 第 163375 号

普通话训练与应用教程

责任编辑：宫媛媛
责任校对：张馨睿

出版发行：中国言实出版社

地　址：北京市朝阳区北苑路180号加利大厦5号楼105室
邮　编：100101
编辑部：北京市海淀区花园路6号院B座6层
邮　编：100088
电　话：010-64924853（总编室）　010-64924716（发行部）
网　址：www.zgyscbs.cn　E-mail：zgyscbs@263.net

经　销：新华书店
印　刷：涞水建良印刷有限公司
版　次：2023年1月第1版　2023年1月第1次印刷
规　格：787毫米×1092毫米　1/16　15.5印张
字　数：386千字

定　价：49.80元
书　号：ISBN 978-7-5171-4296-6

前言

语言是人与人交往中不可或缺的交际工具，是人类最重要的沟通工具和信息载体。我国是一个多民族、多方言的国家，大力推广普通话有利于消除语言隔阂，促进社会交往；有利于维护国家统一，增强中华民族的凝聚力。这对新时代中国特色社会主义政治、经济、文化建设和社会发展具有重要意义。

本书严格依据教育部、国家语言文字工作委员会印发的《普通话水平测试大纲》和《普通话水平测试实施纲要》编写而成。书中的“声母表”“韵母表”“轻声词语表”“儿化词语表”“普通话常见名词、量词搭配表”“普通话异读词审音表”，以及60篇朗读作品和30个命题说话，均选自《普通话水平测试实施纲要》。

本书编者均为工作在教学第一线的教师，他们了解学生的实际状况，有着丰富的教学经验，在吸收已有教材精华的基础上，又立足新形势、新情况，做好内容创新。本书主要有以下三大特点。

一是在内容编排上，突出针对性。本书遵循学习的基本规律，按照“夯实基础—专项训练”的结构组织内容，共分为五个项目，即项目一普通话语音训练、项目二普通话语流音变现象训练、项目三普通话水平等级测试训练、项目四普通话口语交际训练、项目五普通话职场应用训练。本书在发声技巧的讲解上，总结实用性技巧，进行分条、分块讲解，不仅总结了发音规律，还设置了发音辨正板块，旨在帮助读者准确掌握普通话中易错字的发音技巧，突破普通话学习的难点。本书在课程设置方面注重结合传统文化和经典文章，并将其单列为一个项目，让读者在练习普通话的同时回顾经典。

二是侧重训练。本书注重理论与实践相结合，在讲授理论知识的同时，附有相应的训练，包括字词练习、绕口令、精选语段练习等。通过这些练习，不仅让读者掌握发音技巧，同时还激发读者的学习兴趣。

三是注重实用性。考虑到读者在实际社会生活、职场中使用普通话的各种原则，本书以重实践、重训练为目的，分析多种场合语言的特点，注重普通话日常学习和训练的方法。

本书在编写过程中借鉴、选取了大量资料，参考了其他著述、期刊的相关内容，同时选用了经典的例文和训练素材。由于编者水平有限，书中如有疏漏之处，恳请广大读者不吝批评指正，以便今后修改完善。

编　者

2022 年 8 月 2 日

目录 CONTENTS

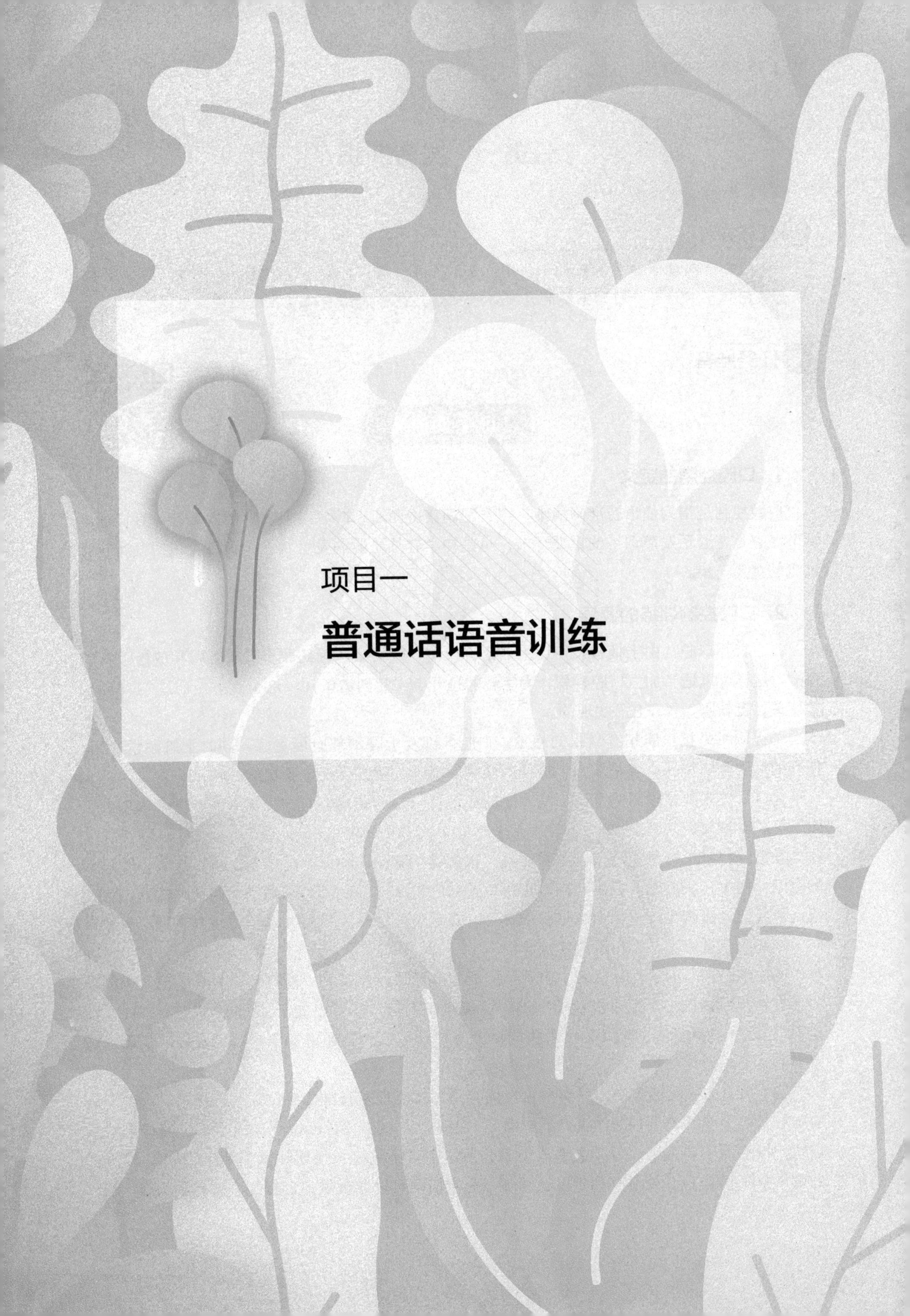

项目一

普通话语音训练

任务一　发音训练

任务导入

也许每个人说话都面临有地方口音、音色不够圆润、用嗓过度导致声音嘶哑、朗读没有新意等问题。不妨进行科学系统的发音呼吸训练，让普通话朗读真正做到有声有色。

任务准备

口腔控制训练

口腔控制训练

1. 口腔控制的定义

口腔控制是指为使语音准确清晰，声音圆润集中而对口腔各发音器官的发音动作进行适度调节。它是普通话发声训练的重要环节，也是初学者从松散的发音状态向训练有素的发音状态过渡的重要一步。

2. 口腔控制训练的要领

（1）打开口腔。由于播音发声比生活语言口腔开度要大，因此要有提起上腭和放松下腭的感觉，这样可以适当加大口腔容积，为字音的拉开、立起创造条件。这个状态是通过“提颧肌、打牙关、挺软腭、松下巴”实现的。

①提颧肌是指颧肌稍有紧张的感觉。口腔前部及上腭顶部有展宽感，同时上唇贴紧牙齿，使唇的运动有所依托，容易发力。这样对吐字的清晰、明亮会产生积极的影响。

②打牙关主要是指双侧上下后槽牙之间应保持一定的距离，有向上提起的感觉，以加大口腔开度，丰富口腔共鸣。

③挺软腭是指有意识地抬起上腭后部，也就是抬软腭的动作。这样不仅可以扩大口腔后部的空间，增大舌头活动的范围，同时也可以使共鸣得到增强，还可以缩小鼻腔通路的入口，使流向鼻腔的气流减少，避免造成浓重的鼻音。在这里要注意，软腭并非抬得越高越好，只要有向上抬起的感觉即可，以免造成字音含混。

④松下巴也是为了打开口腔。由于口腔的生理构造，上腭并不能打开，只有下巴可以依靠关节打开，所以放松下巴可以让咬字的力量集中在上腭，使下巴处于“从动”状态。因此，如果下巴紧张，主动“帮忙”就会使舌头向后上方移动，使声音通道变窄，口腔变扁，从而造成发声的紧张吃力。

（2）唇舌力量灵活集中。只有唇舌灵活有力，才能使发音准确到位，字音清晰。因此，要加强唇舌的力量，就要注意“成点不成面”。也就是说，在发音部位上，成阻部位的接触要成点状，接触面不要太大，否则会造成力量分散，字音不响亮。还要注意“唇齿相依”，发音的力量集中在唇的1/3处，有利于发音清晰。通常情况可以通过做口部操加强唇舌的力量。

知识拓展

口部训练

口腔灵活，说话才能利落。例如，早晨起来说话时没有下午或者晚上那么顺畅，这是因为嘴巴肌肉休息了一晚上需要活动片刻，所以做口腔体操，可以帮助人们更好地使用嘴巴。

气息控制训练

气息控制训练

1. 气息控制的定义

运用科学的用气发声方法，使气息更加通畅、均匀、持久，使发音清晰、集中、圆润。

知识拓展

气息控制的作用

（1）人们在高声呼喊的时候，气息控制可以帮助避免过度用嗓，避免损坏声带。

（2）气息控制可以让声音优美动听，高音不紧，低音不浊。

2. 气息控制训练的要领

气息控制训练的要领是指胸腹式联合呼吸状态下的气息控制，具体如下。

（1）吸气的要领。吸气时全身放松，肩不要耸起，口鼻同时进气，吸气肌肉群收缩，把气吸到肺的底部，感觉两肋得到充分的扩张，膈肌下降，腰部鼓起，腹部肌肉向小腹丹田处有收缩的感觉，腹部保持不凸不凹的状态，腹壁“站定”，为呼气控制做准备。

（2）呼气的要领。呼气时吸气肌肉群不能马上放松回弹，小腹仍保持收缩状态牵制膈肌和两肋，随着呼气肌肉群回弹式地全面回缩，两肋才缓缓回缩，膈肌缓慢上升。小腹逐渐放松，气流缓缓地、均匀地呼出。呼气的过程是吸气肌肉群和呼气肌肉群相互对抗的过程。在这个过程中起主要作用的是膈肌和小腹，由于膈肌不可随意调节，所以要用小腹的收缩力量控制呼气。

知识拓展

气息调节的方法

1.深浅法

有声语言表达的丰富性决定了气息状态必须富有变化。进气量大，气息深，丹田用力就大；进气量小，气息相对浅，丹田用力就小。在语言表现中，不同的情绪表现出不同的声音、语气状态。因此，要表现不同的声音色彩，必须要有气息深浅变化的调节能力，学会不同程度地用力，控制丹田。

2.强弱法

有声语言声音的刚柔与气息的强弱有关，与气息的深浅有关。气息的强弱变化虽然可以通过吸气深浅、进气量的大小调节，但气息强弱状态的调节主要还是呼气时的力度变化所致。比如，同样是吸气深、进气量大，在呼气时可以根据声音需要控制气息，较刚的声音气息较强，音量相对大；较柔的声音气息较弱，音量小。

3.疾徐法

有声语言不同语态的表达方式决定了语速的不同变化。语速的变化与气息流速的变化有关。气息的疾徐一般通过吸气节律的快慢来调节，通常情况下人们在语言表达时心理节奏与语速和吸气速度是基本吻合的。心理节奏快，吸气快，气息流速就快，语速也快；反之，心理节奏慢，吸气相对慢，气息流速就慢，语速也慢。当然，也不排除快吸慢呼的可能。

4.补气与气口

有声语言表达的气息应该始终处于运动状态，根据语言表达需要在语句当中或句子之间时常灵活补气。

补气分换气、偷气、抢气、就气四种情况：换气是指在发音过程中，当气息不能满足发音需要时，在句子之间或句子之中补充气息的过程；偷气指短时无声吸气，用在句中或句尾顿挫、连接的空隙，进气快而少，不留痕迹；抢气指在句中或句子间急促地吸气，有时为了表现某种紧急情况或强烈的情绪，吸气时会带有声音；就气指语句虽有停顿，但并不进气，而是调动肺内余气进行补充，顿挫后一气呵成，保证了语气的连贯和句子意思的完整性。

气口则与补气的多少、语速的快慢、个人气息能力的强弱有关。补气时一定要找好气口，不能影响语意的连贯。一般语速快气口少，语速慢气口多。

5.以情调气

有声语言表达过程中，情、气、声的完美结合是表达者追求的较高境界。俗话说“气随情变”，不同的感情色彩，总有不同的气息状态与之对应。比如，爱的感情色彩，气息徐缓而深长，声音温和；悲的感情色彩，气息沉缓、声音迟滞。因此，气息的深浅、强弱、疾徐等变化都可以根据表情达意的需要来调节。

小贴士

气息控制过程中要注意的问题

（1）避免气息僵化。

（2）吸气的时候切忌耸肩，耸肩容易造成气浅、呼吸急促。

（3）气息要有流动感。

吐字归音训练

1. 吐字归音的定义

吐字归音是中国传统戏曲声乐艺术的一种发音方法，它根据汉语语音特点，将一个音节的发音过程分为“出字”“立字”“归音”三个阶段。通过对每个阶段的精心控制，使吐字达到清晰有力、珠圆玉润的境界。

吐字归音作为一种发音方法，已经从戏曲声乐艺术领域逐步渗透到歌唱、话剧等艺术语言及播音的实践中。

2. 吐字归音训练的要领

（1）字头有力，叼住弹出。字头包括声母和韵头。声母是音节开头的辅音，韵头是声母到主要元音之间的过渡性成分。字头发音过程称为出字，要求声母加韵头一步到位。叼住是指字头的发音部位要准确，力量应集中在唇舌的纵中部，而不能满口用力。弹出是指字头的发音要轻捷，具有弹动感，不粘不滞，不拖泥带水。

字头发音时，口腔是处于相对闭合的状态的，具有阻气、蓄气的作用。如果叼字无力，气息会在口腔大量流失，影响到字头和整个音节的力度；但如果叼字过死，也会使发音显得笨拙。与此同时，也不能把“弹出”简单地理解为“喷吐”，过分向外用力使拙劲，而是用巧劲儿弹动。

（2）字腹饱满，拉开立起。字腹就是韵母中的韵腹。通常字腹在整个音节中的发音会明显突出。一方面，它作为音节中的主要元音，开合度最大，所以也会比较响亮；另一方面，它的发音较完整，持续时间较长，给人的听感更明显。一个字的发音能否达到“珠圆玉润”，与字腹的发音息息相关。

字腹饱满是指韵母中的韵腹要发音清晰、持久、共鸣充分。拉开是指字头弹出后应迅速打开口腔，使气流在口腔内形成较充分的泛音共鸣，口腔开度要大，应有竖着展开的感觉。立起是指韵母中韵腹的发音要占足够的时间，使其响亮、圆润，在听觉上形成字音“立起来”的饱满感。因而字腹的发音又称为立字，这个过程实际上也是一个汉字在发音时突出字腹的过程。

（3）字尾归音，趋向鲜明。字尾是指处在字头和韵腹之后，位于音节末端的部分。它的发音处在一个音节的发音中力度逐渐放松、气息逐渐减弱、口逐渐闭合、声音逐渐停止的阶段。如果字尾的归音不到位，便会直接影响字音的完整性。字尾的归音与字头的出字和字腹的立字相比，难度更大。

字尾归音要求在一个字的字尾部分发音完整，不能虎头蛇尾，只顾字头、字腹，而不顾字尾。趋向鲜明首先是指唇舌动作要到位，比如韵尾是i的音节，字尾发音时的舌位应抬到一定高度；韵尾是u的，发音时唇型应收圆；韵尾是n的，发音时舌尖要收到上齿龈，并阻住口腔通道，鼻音一出立即收声；韵尾是ng的，舌根应收到软、硬腭交界处，并阻住口腔通道，鼻音一出立即收声。其次，趋向鲜明还要求声音“弱收”，“弱收”是指字尾发音时唇舌力量渐弱，声音简短，点到为止，不可过紧、过长。

字尾发音最容易出现的问题就是不归音或归音不到位。这往往是由于吐字时只注意声音的响亮，没注意音节的完整，忽略了气息和声音处于收落阶段的字尾，造成了说“半截字”的现象。也有的是矫枉过正造成的，把字尾收得过紧、过强，违反了发音的生理机制，听起来僵硬呆板，这也会影响归音的效果。除此之外，值得注意的还有，并不是所有的字都是有字尾的，比如“大”字的字头是d，字腹是ɑ，它就是一个没有字尾的音节。

以上三大要领又可归纳为“枣核形”发音。因为字头、字腹、字尾三部分构成了字音的整体，以字头为一端，字尾为另一端，以字腹为核心，从发音时口腔开度的变化来看，正好是由闭到开，再到闭的过程，两头小，中间大，这就形成了“枣核形”。值得注意的是，“枣核形”发音是在各部分发音不断滑动的过程中形成的，并非由字头跳到字腹再跳到字尾。因此，整个字音要有滑动感、整体感。

任务实施

口腔控制的练习

1. 开合练习

动作：张嘴像打哈欠，闭嘴如啃苹果。开口的动作要柔和，两侧嘴角向斜上方抬起，上下嘴唇稍放松，舌头自然放平。

目的：做这个练习，可以克服口腔开度的问题。

2. 咀嚼练习

动作：张口咀嚼与闭口咀嚼结合进行，舌头自然放平。

目的：做这个练习，可以解决两腮肌肉运动问题。

3. 双唇练习

动作：（1）双唇闭拢向前、后、左、右、上、下，以及向左向右转圈；

（2）双唇打响。

目的：做这个练习，有助于解决双唇的运动问题。

4. 舌头练习

动作：（1）舌尖顶下齿，舌面逐渐上翘；

（2）舌尖在口内左右顶口腔壁，在门牙上下转圈；

（3）舌尖伸出口外向前伸，向左右、上下伸；

（4）舌在口腔内左右立起；

（5）舌尖的弹练，弹硬腭、弹口唇；

（6）舌尖与上齿龈接触打响；

（7）舌根与软腭接触打响。

目的：做这个练习，有助于舌头的灵活运动。

小贴士

绕口令的练习要由慢到快，循序渐进，以吐字清晰、字音准确为目的，不要盲目图快。否则，事倍功半，尤其是如果养成错误的发音习惯，改正就更难了。

气息控制的练习

1. 体会日常生活中自然的胸腹式联合呼吸时，呼吸肌的运动及配合

（1）取坐姿，身体重心在臀下椅子的前部，需满臀坐。腰直、胸含、肩松，完全自然得像叹气一样，将体内余气全部吐出来，然后从容自然地吸气。注意体会吸气时，小腹自然外凸，两肋后部及腰两侧有自然张开、撑起的感觉。吸到正常的程度后自然地呼气，注意体会两肋下

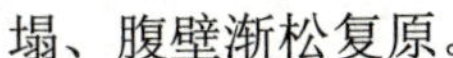

塌、腹壁渐松复原。

（2）在练习（1）的基础上，以坐姿体会稍有控制的吸气和呼气。在将体内余气全部吐出之后，吸气时有意识地体会“两肋打开、吸到肺底、腹壁站定”的感觉进行慢吸慢呼。在吸气的过程中，着重体会两助后部渐张、腹肌渐渐向丹田集中，腹壁从松弛状渐渐绷紧“站定”的感觉。当吸气至五六成满时，调整吸气肌、呼气肌的控制感觉，屏气的瞬间立即慢慢地呼气。

小贴士

呼气时要注意两点：一是尽量保持两肋张开的支撑感（实际仍会塌下收回一些）；二是着重体会在呼吸肌的配合中，靠腹肌收缩往外送气的感觉。这一步练习主要体会胸腹式联合呼吸中，腹肌参与吸气、呼气控制，特别是收腹呼气的感觉。随着呼吸控制能力及膈肌与腹肌配合能力的增强，吸气量可加大到八九成满，只需注意呼气时，仍不要有明显的“扼喉”感。

2. 以慢吸慢呼方式体会胸腹式联合呼吸控制的基本状态

（1）慢吸慢呼，出声数数，延长呼气控制的时间。在保持正确的基本呼吸状态下，慢吸气至八成满，然后以大约每秒一个数的速度数数，如1、2、3、4，再呼气。要吸一口气再数，中途不换气、不补气，并保证数字之间语音规整、声音圆润集中、音高一致、力度一致，出声出气，不出声不漏气。开头的数字气不冲、声不紧，近尾的数字气不憋、声不噎，气竭则声停。注意数数时，声带喉头保持正常发声的通畅感，不因吸气较满、呼吸肌紧张而扼喉。一般吸一口气后数数持续的时间达到 30 秒—40 秒即可。

小贴士

开始练习时不要单纯追求所数数字的多少，重点应在锻炼呼吸发声的控制力上。经过一段时间的锻炼，呼吸控制力增强了，便会数得多了。

（2）慢吸慢呼，数葫芦。深吸一口气后开始数葫芦，如 1 个葫芦、2 个葫芦、3 个葫芦……数葫芦的呼吸控制及用声要求，同前面数数的练习，一般达到一口气能数 15 个—20 个葫芦即可。

3. 练习唱舒缓、抒情的歌曲，锻炼随旋律延长呼气、发声的能力

歌唱时用本声、中低音，接近通俗唱法进行练习。宜选用舒缓的歌曲，如《草原之夜》《赞歌》《走上这高高的兴安岭》《美丽的草原我的家》等。

4. 扩展胸腹式联合呼吸控制能力的练习

（1）慢吸快呼的训练。保持慢吸的正确状态吸气之后，一口气尽量说出又多又快的话，可以选用简单重复的绕口令。如吃葡萄不吐葡萄皮儿。

（2）快吸快呼的训练。快吸时应注意保持慢吸时“两肋打开、吸到肺底、腹壁站定”的基本状态，只是将慢慢吸气改为不经意间，一张嘴即吸气到位。比如，突然在远处发现了正要找的人，准备喊他时瞬间地吸气。

（3）快吸慢呼的训练。可选用快板、戏曲、曲艺说白的贯口段子，要求控制呼吸急而不促、

快而不乱、长而不喘。

小贴士

由一般速度的练习开始，逐渐加快速度。气息吐字要配合好，气息通畅，吐字清晰利落，配合感情、语音语调有起伏扬抑的变化。

知识拓展

锻炼肺活量的方法

（1）经常做一些扩胸、振臂等徒手操练习。

（2）耐久跑练习。要注意经常坚持，跑和呼吸配合，距离适当，强度不宜过大。

（3）练习潜水或游泳。在水中不但手臂要不停地划水，还要配合动作呼吸。

吐字归音的练习

1. 口腔开合训练

口腔开合训练可以改变平时说话口腔开合度较小，发声较扁窄的状态，使声音圆润、响亮、饱满。这就要求打开牙关、下巴放松且略向后缩，上下槽牙间自然地开合。开口时，上槽牙有向上打开的感觉，闭合时，口腔上部像啃东西似的向下扣。为了使口腔开合灵活且有控制，可以做以下练习。

（1）提起下颚肌反复咀嚼，以加强两腮的力量。

（2）放松下巴，可用手扶住放松微收的下巴，使其固定。缓缓抬头以打开口腔，再缓缓低头以闭合，体会下巴放松的感觉。

（3）以发ɑ音的感觉为基础，带动各种音节的发音。因为在所有音节中，带ɑ的音节开口度最大。以开带闭，以宽带窄，是把握打开牙关的重要方法。例如：lā（拉）、lái（来）、lán（兰）、lǎo（老）、làng（浪）。

2. 舌的训练

字音的准确、清晰、集中、圆润、响亮，无一不与舌的状态紧密相关。舌头是活动最积极、影响最大的咬字器官。在普通话的所有因素中，除唇音b、p、m、f以外，无不依赖舌的活动。音节则全部都有舌积极参与活动。由于普通话的语音多形成于舌的前部和中部，因而要特别加强舌前部及中部的训练，使之灵活、有力。吐字时，舌要有向前活动的感觉，而不能向后缩，要加强舌前部收拢上挺的能力，使力量集中在舌的中纵线。可做如下练习。

（1）增强舌体的灵活性和弹动力。

①弹舌：舌尖上翘，以较快速度反复弹上齿下缘。

②刮舌：舌尖放在下齿背，上齿接触舌前部；舌前部逐渐挺起，将口腔撑开；上齿沿中纵线向前向后刮动。

③卷舌：将舌头伸出口外，使舌前端呈尖形，向上卷回。

④立舌：略张口，使舌在口腔内向左边立起，再向右边立起。

⑤转舌：闭唇，舌尖置于齿外唇内，在唇内齿外转动。

（2）发音练习。用短促、有力的声音连续发de、te、ne、le，舌的相应部分要有一定力度。

3. 唇的训练

双唇是吐字的重要器官，唇的控制对吐字质量有明显的影响。在发音时加强唇的力量可以使声音集中。双唇松懒，声音就松散、无力。唇形不正确还会使字音出错，影响语义。为了保证声音的清晰、集中，唇的撮、展要非常灵活。在发音时，唇的活动幅度不能过大，要唇齿相依。唇的力量要集中在上唇的中段，可以轻提颧肌，使口呈微笑状，以加强上唇中段的力量，不要整个嘴唇用劲。吐字时口型的动作要自然、美观、口角轻圆。可做如下练习。

（1）增强唇的力量和灵活性。

①撮唇：开小口，轻提颧肌将唇撮合再展开，反复动作。

②转唇：闭口噘唇，先沿逆时针方向转动，再沿顺时针方向转动，反复转动。

③双唇打响：闭口提颧肌，上唇向中间缩，力量集中于上唇中部，反复发不带元音的b、p，要有清晰的爆破声。

（2）发音练习。可练习带双唇音的单音节，如bɑ、pɑ、mɑ，发音要短促、有力。

4. 腭的训练

腭分为前、后两部分，前面2/3是硬腭，后面1/3是软腭。腭是口腔的上盖、鼻腔的底板。口腔的共鸣作用与上腭穹窿转台有所关联。软腭是后声腔的腔壁，发音时适当提起软腭可以加大口腔后部的空间，能较好地发挥后声腔的共鸣作用，使声音宽厚、结实。由于软腭挺起，鼻腔入气减少，也可以避免声音过多地进入鼻腔，形成鼻音。在吐字过程中，如果软腭活动不灵活就会影响咬字，出现鼻音。

腭的训练，主要是练习挺起软腭。可做如下练习。

（1）可以夸张吸气或在半打哈欠的状态时体会。打开牙关，提起上腭，使软腭有一种撑起的感觉，然后慢慢闭拢。

（2）发单元音ɑ、o、e、i等，然后垂下软腭，发这几个元音的鼻化音，辨别口音与鼻化音的不同色彩，以加强口音色彩的训练，纠正鼻化音（普通话没有鼻化音）。

（3）发声练习。保持软腭挺起状态，发gài（盖）、hǎo（好）的延长音，以加强软腭的控制力。

任务检测

1. 针对练习

（1）口腔控制练习。

①双唇音训练：抱笨奔波罢保班，标蹦包饼必冰边，报崩不别兵帮扁，毕鼻补不便驳斑。

②牙前音训练：京家金景境揪坚，君将聚集就绝绢，嫁鸡决九江接减，节锦焦急叫驹见。

③舌尖音训练：叮咚当丁到刁单，低督都当定丢颠，大刀吨斗歹多断，达堆登动导迭端。

④舌面音训练：哥挎瓜筐过宽沟，赶快过沟看怪狗。光看怪狗瓜筐扣，瓜滚筐空哥怪狗。哥哥过河捉个鸽，回家割鸽来请客，客人吃鸽称鸽肉，哥哥请客乐呵呵。

⑤综合训练：山上五株树，架上五壶醋，林中五只鹿，柜中五条裤，伐了山上树，取下架上醋，捉住林中鹿，拿出柜中裤。

（2）气息控制练习。

给诸位，道大喜，人民政府了不起！了不起，修臭沟，上手儿先给咱们穷人修。请诸位，想周全，东单、西四、鼓楼前；还有那，先农坛、五坛八庙、颐和园；要讲修，都得修，为什么先管龙须沟？都只为，这儿脏，这儿臭，政府看着心里真难受！好政府，爱穷人，教咱们干干净净大翻身。修了沟，又修路，好教咱们挺着腰板儿迈大步；迈大步，笑嘻嘻，劳动人民努力又心齐。齐努力，多做工，国泰民安享太平，享——太平！

——选自老舍剧作《龙须沟》

（3）吐字归音练习。

①蓝蓝的天上白云飘，白云下面马儿跑。

②碧玉妆成一树高，万条垂下绿丝绦。不知细叶谁裁出，二月春风似剪刀。

③远上寒山石径斜，白云生处有人家。停车坐爱枫林晚，霜叶红于二月花。

④白石塔，白石搭，白石搭白塔，白塔白石搭，搭好白石塔，白塔白又大。

2. 综合练习

练习以下绕口令，要求发音饱满，不要图快。

（1）三月三，小杉去登山；上山又下山，下山又上山；登了三次山，跑了三里三；出了一身汗，湿了三件衫；小杉山上大声喊，离天只有三尺三。

（2）石小四，史肖石，一同来到阅览室。石小四年十四，史肖石年四十。年十四的石小四爱看诗词，年四十的史肖石爱看报纸。年四十的史肖石发现了好诗词，忙递给年十四的石小四，年十四的石小四见了好报纸，忙递给年四十的史肖石。

（3）梁上两对倒吊鸟，泥里两对鸟倒吊。可怜梁上两对倒吊鸟，惦着泥里两对鸟倒吊，可怜泥里两对鸟倒吊，也惦着梁上两对倒吊鸟。

（4）老方扛着黄幌子，老黄扛着方幌子。老方要拿老黄的方幌子，老黄要拿老方的黄幌子，末了儿方幌子碰破了黄幌子，黄幌子碰破了方幌子。

（5）张伯伯，李伯伯，饽饽铺里买饽饽。张伯伯买了个饽饽大，李伯伯买了个大饽饽。拿回家里喂婆婆，婆婆又去比饽饽，也不知是张伯伯买的饽饽大还是李伯伯买的大饽饽。

（6）八百标兵奔北坡，炮兵并排北边跑。炮兵怕把标兵碰，标兵怕碰炮兵炮。

（7）白猫黑鼻子，黑猫白鼻子。黑猫的白鼻子碰破了白猫的黑鼻子。白猫的黑鼻子破了，剥了秕谷壳儿补鼻子，黑猫的白鼻子不破，不剥秕谷壳儿补鼻子。

（8）红饭碗，黄饭碗，红饭碗盛满饭碗，黄饭碗盛饭半碗。黄饭碗添了半碗饭，红饭碗减了饭半碗。黄饭碗比红饭碗又多半碗饭。

（9）一个胖娃娃，捉了三个大花活蛤蟆，三个胖娃娃，捉了一个大花活蛤蟆。捉了一个大花活蛤蟆的三个胖娃娃，真不如捉了三个大花活蛤蟆的一个胖娃娃。

（10）老爷堂上一面鼓，鼓上一只皮老虎，皮老虎抓破了鼓，就拿块破布往上补，只见过破布补破裤，哪见过破布补破鼓。

任务二　声母训练

任务导入

普通话的音节是由三部分组成的，分别是声母、韵母和声调。每个音节开头的辅音就是声母，声母在整个音节中作用非常明显，发音时如果形成阻碍的部位不准确，那么整个音节必然是不准确的。所以，要想学好普通话，首先要掌握普通话声母的发音技巧。

任务准备

声母的发音训练 1

声母的发音训练

1. 声母概述

声母是音节开头的部分，普通话的声母有 22 个，其中辅音声母 21 个，零声母 1 个。由于普通话中大多数音节都以声母开头，而且它们通常充当辅音，所以可以将其称为辅音声母（表 1-1）。有的音节没有辅音声母，所以被称为零声母。

辅音发音的特点是时程短、音势弱，容易受到干扰，易产生吃字现象，从而影响语音的清晰度。因此，声母的发音部位是否准确，是语流中字音是否清晰并具有一定亮度的关键。

表 1-1　普通话辅音声母总表

发音部位	发音方法							
	塞音		塞擦音		擦音		鼻音	边音
	清音		清音		清音	浊音	浊音	浊音
	不送气音	送气音	不送气音	送气音				
双唇音	b	p					m	
唇齿音					f			
舌尖前音			z	c	s			
舌尖中音	d	t					n	l
舌尖后音			zh	ch	sh	r		
舌面前音（舌面音）			j	q	x			
舌面后音（舌根音）	g	k			h			

知识拓展

推广普通话

《中华人民共和国宪法》第十九条规定:“国家推广全国通用的普通话。”

普通话是中国的国语，是中国的语言标志。它能让五湖四海不同民族的朋友用共同的语言交谈，能使中国更好地与世界各国的友人合作、沟通，使中国更加富强。

国家大力推广、规范使用国家通用语言文字，科学保护各民族语言文字，努力构建和谐语言生活。《中华人民共和国国家通用语言文字法》于2000年10月31日通过，自2001年1月1日施行以来，越来越多的人意识到推行规范语言文字的重要性。摈弃不规范语言文字的不良习惯，跨向民族语言文字规范的大天地，为中华民族的伟大复兴而努力推行规范语言文字，是历史赋予的光荣使命！全民动员、人人参与，从每个人自身做起，使用国家通用语言文字。让人们具备更强的竞争力，展现更好的精神风貌，为社会经济服务，为社会主义现代化发展服务，进一步促进各民族、各地区的经济文化交流和发展。

要认真贯彻实施《中华人民共和国国家通用语言文字法》，进一步加强中小学及各大院校推广普通话、用字规范化工作，推广普及国家通用语言文字，把普及普通话、用字规范化纳入教育教学要求，提高学生语言文字应用能力和规范意识。全面推进学校语言文字工作，各级各类学校要继续把说好普通话、写好规范字、提高语言文字能力作为素质教育的重要内容。贯彻、执行国家关于语言文字工作的政策和法令，促进语言文字规范化、标准化，继续推动文字改革工作，使语言文字在社会主义现代化建设中更好地发挥作用。

学校推广普通话，必须列入学校工作计划，提出明确的目标和要求，建立相应的规章制度。学校推广普通话的重点是各级师范院校，初等和中等学校、各级各类师范院校和职高院校（幼师类、文秘类、公共服务类专业）都要开设普通话课程，要把普通话作为一项重要基本功，认真训练，严格考核；普通话不合格的毕业生必须进行补课和补考，补考合格后方可发给毕业证书。另外用普通话教学是合格教师的一项必备条件，应当成为评估教学质量、评选优秀教师、评聘教师职务的一个重要内容。学校应对语文教师说普通话的能力和水平有更高的要求。少数民族地区要加强语言文字规范化、标准化教育和语言文字基本功训练。初等、中等学校语文学科和职高院校中文系的有关课程，要讲授国家语言文字工作的方针、政策、任务和语言文字规范化知识。

2014年1月，原国家新闻出版广电总局发出的通知指出，广播电视作为大众媒体和主流媒体，播音员、主持人和嘉宾作为公众人物，必须在推广普及普通话、规范使用通用语言文字方面发挥积极的示范和表率作用。通知要求播音员、主持人除特殊需要外，一律使用标准普通话。不得模仿地域特点突出的发音和表达方式，避免滥用生造词语和不规范网络用语；不在普通话中夹杂不必要的外文。如果节目邀请嘉宾，也要对嘉宾随意使用方言、夹杂外语等情况及时提醒纠正。总局新闻发言人还特别强调，当前广播电视不规范用语现象主要集中在选秀等综艺娱乐节目中。对一些在规范用语方面问题突出的节目，广电行政管理部门将要求播出机构认真整改。

2. 声母的分类

声母发音的不同是由发音部位和发音方法决定的。

（1）按发音部位分类。发音部位是指发音时气流受到阻碍的位置，如图 1-1 所示。按发音部位的不同，普通话的声母可以划分为以下七类，其分类详细介绍见表 1-2。

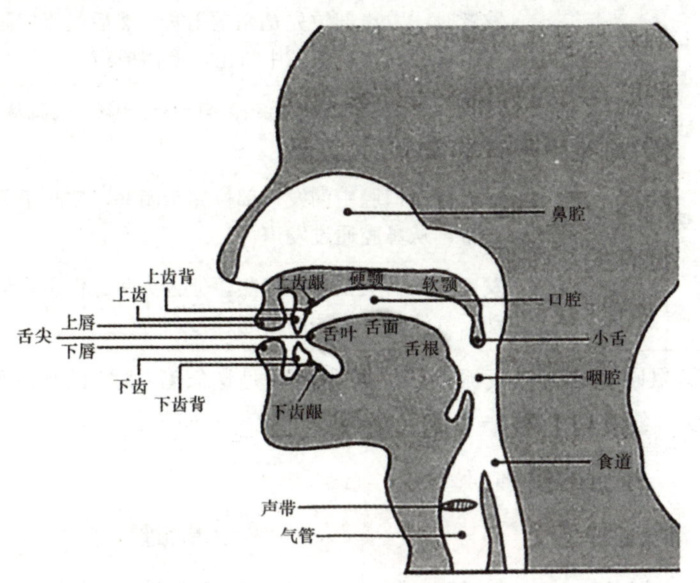

图 1-1 声母的发音部位示意图

声母的发音训练 2

表 1-2 按发音部位分类表

发音部位	辅音声母	发声原理
双唇音	b、p、m	由上唇和下唇闭合阻碍气流形成
唇齿音	f	由上齿和下唇相接阻碍气流形成
舌尖前音	z、c、s	由舌尖抵住或接近上门齿背阻碍气流形成
舌尖中音	d、t、n、l	由舌尖抵住上齿龈阻碍气流形成
舌尖后音	zh、ch、sh、r	由舌尖抵住或接近硬腭前部阻碍气流形成
舌面前音（舌面音）	j、q、x	由舌面前部抵住或接近硬腭前部阻碍气流形成
舌面后音（舌根音）	g、k、h	由舌面后部抵住或接近软腭阻碍气流形成

（2）按发音方法分类。发音方法是指发音时喉头、口腔和鼻腔节制气流的方式和状况。通常可以从阻碍的方式、气流的强弱、声带是否振动三个方面说明。

①阻碍的方式。声母的发音过程可以分为预备、保持、完成三个阶段。发音器官从静止状态变为发某个音所需要的状态是预备阶段，称作成阻阶段；发音器官保持已经形成的状态是持阻阶段；发音器官解除阻碍，恢复到原来的状态是完成阶段，称作除阻阶段。根据成阻和除阻的方式，也就是根据气流受阻的状况，普通话声母可以分为塞音、塞擦音、擦音、鼻音和边音，其分类详细介绍见表 1-3。

表 1-3　按阻碍的方式分类表

发音方法	辅音声母	发音原理
塞音	b、p、d、t、g、k	发音时，发音部位完全闭塞，构成阻碍，然后气流冲破阻碍，迸发而出，爆发成声
塞擦音	z、c、zh、ch、j、q	发音时，发声部位先是完全闭塞，然后气流把阻塞部位冲开一条缝隙，再从缝隙中挤出，摩擦成声
擦音	f、s、sh、r、x、h	发音时，发音部位接近，留有一条缝隙，气流从缝隙中冲出，摩擦成声
鼻音	m、n	发音时，口腔中的发声部位完全闭塞，软腭下降，气流振动声带，从鼻腔通过发声
边音	l	发音时，舌尖抵住上齿龈，但舌头两边仍留有缝隙，声带振动，气流从舌头的两边通过

②气流的强弱。排除阻碍时呼出的气流较强，发出的音是送气音；呼出的气流较弱，发出的音是不送气音，其分类详细介绍见表 1-4。

表 1-4　按气流的强弱分类表

发音方法	辅音声母	发音原理
送气音	p、t、k、q、ch、c	发音时，肺部（声门以下）呼出较强的气流
不送气音	b、d、g、j、zh、z	发音时，肺部呼出较弱的气流

③声带是否振动。根据声带振动情况可以把普通话的声母分为清音、浊音两类。声带振动发出的音是浊音，不振动发出的音是清音，其分类详细介绍见表 1-5。

表 1-5　按声带振动情况分类表

发音方法	辅音声母	发音原理
浊音（带音）	m、n、l、r	发音时，声带振动
清音（不带音）	b、p、f、d、t、g、k、h、j、q、x、zh、ch、sh、z、c、s	发音时，声带不振动

声母的发音分析

声母的发音 1

1. 双唇音 b、p、m

b	双唇　不送气　清　塞音

（注：双唇音、不送气音、清音、塞音的简称，下列各声母的描述仿此。）

双唇闭合，形成气流阻碍；发音时突然打开双唇，让气流从口腔中出来。例如：

宝贝 bǎo • bèi　　报表 bàobiǎo　　百般 bǎibān　　把柄 bǎbǐng

拜别 bàibié　　板报 bǎnbào　　斑白 bānbái　　包办 bāobàn

步兵 bùbīng　　褒贬 bāobiǎn　　背包 bēibāo　　奔波 bēnbō

p	双唇　送气　清　塞音

发音部位和发音方法与b相似，但双唇打开时通过喉部的气流较强。例如：

评判píngpàn　匹配pǐpèi　偏颇piānpō　琵琶pí・pa
拼盘pīnpán　瓢泼piáopō　乒乓pīngpāng　偏旁piānpáng
皮袍pípáo　澎湃péngpài　品牌pǐnpái　攀爬pānpá

m	双唇　浊　鼻音

双唇闭合，形成气流阻碍；发音时打开双唇，声带振动，让气流从鼻腔出来。例如：

买卖mǎi・mai　美妙měimiào　弥漫mímàn　面貌miànmào
渺茫miǎománg　名目míngmù　牧民mùmín　麦苗màimiáo
命名mìngmíng　埋没máimò　麦芒màimáng　墨梅mòméi

2. 唇齿音 f

f	唇齿　清　擦音

上齿轻轻接触下唇，形成狭窄的缝隙；发音时让气流从缝隙中挤出，摩擦成声。例如：

仿佛fǎngfú　发放fāfàng　反复fǎnfù　防范fángfàn
风帆fēngfān　复发fùfā　放飞fàngfēi　芬芳fēnfāng
发愤fāfèn　方法fāngfǎ　防腐fángfǔ　吩咐fēn・fù

3. 舌尖前音 z、c、s

z	舌尖前　不送气　清　塞擦音

舌尖抵住上齿背，形成气流阻碍；发音时打开一条窄缝，让气流从窄缝中挤出。例如：

自尊zìzūn　醉枣zuìzǎo　粽子zòng・zi　坐姿zuòzī
造作zào・zuo　贼子zéizǐ　自责zìzé　祖宗zǔ・zong
罪责zuìzé　簪子zān・zi　总则zǒngzé　做作zuò・zuo

c	舌尖前　送气　清　塞擦音

发音部位和发音方法与z相似，但发音时通过喉部的气流较强。例如：

苍翠cāngcuì　催促cuīcù　粗糙cūcāo　草丛cǎocóng
层次céngcì　璀璨cuǐcàn　此次cǐcì　参差cēncī
猜测cāicè　次子cìzǐ　仓促cāngcù　措辞cuòcí

s	舌尖前　清　擦音

舌尖接近上齿背，形成狭窄的缝隙；发音时让气流从缝隙中挤出，摩擦成声。例如：

色素sèsù　僧俗sēngsú　搜索sōusuǒ　琐碎suǒsuì
酸涩suānsè　洒扫sǎsǎo　诉讼sùsòng　速算sùsuàn
三思sānsī　瑟缩sèsuō　撕碎sīsuì　松散sōngsǎn

4. 舌尖中音 d、t、n、l

d	舌尖中　不送气　清　塞音

舌尖抵住上齿龈，形成气流阻碍；发音时微弱的气流冲破舌尖阻碍冲出。例如：

大胆dàdǎn　　当地dāngdì　　电动diàndòng　　顶点dǐngdiǎn
断定duàndìng　　达到dádào　　道德dàodé　　单调dāndiào
独到dúdào　　地段dìduàn　　定点dìngdiǎn　　歹毒dǎidú

t	舌尖中　送气　清　塞音

发音部位和发音方法与d相似，但发音时通过喉部的气流较强。例如：

天体tiāntǐ　　吞吐tūntǔ　　逃脱táotuō　　体态tǐtài
挑剔tiāo・ti　　图腾túténg　　探讨tàntǎo　　体贴tǐtiē
淘汰táotài　　谈吐tántǔ　　团体tuántǐ　　推脱tuītuō

n	舌尖中　浊　鼻音

舌尖抵住上齿龈，形成气流阻碍；发音时声带振动，让气流从鼻腔出来。例如：

呢喃nínán　　泥淖nínào　　扭捏niǔ・nie　　忸怩niǔní
农奴nóngnú　　暖男nuǎnnán　　能耐néng・nai　　泥泞nínìng
牛奶niunǎi　　那年nànián　　男女nánnǚ　　年内niánnèi

l	舌尖中　浊　边音

舌尖抵住上齿龈，形成气流阻碍；发音时声带振动，让气流从口腔两侧形成的空隙中出来。例如：

来历láilì　　勒令lèlìng　　劳累láolèi　　嘹亮liáoliàng
淋漓línlí　　力量lìliàng　　褴褛lánlǚ　　流利liúlì
沦落lúnluò　　料理liàolǐ　　流连liúlián　　拉链lāliàn

5. 舌尖后音 zh、ch、sh、r

声母的发音 2

zh	舌尖后　不送气　清　塞擦音

舌尖翘起，抵住硬腭前端，形成气流阻碍；发音时打开一条窄缝，让气流从窄缝中挤出。例如：

珍珠zhēnzhū　　症状zhèngzhuàng　　整装zhěngzhuāng　　种植zhòngzhí
周转zhōuzhuǎn　　着重zhuózhòng　　执着zhízhuó　　转战zhuǎnzhàn
主张zhǔzhāng　　挣扎zhēngzhá　　郑重zhèngzhòng　　壮志zhuàngzhì

ch	舌尖后　送气　清　塞擦音

发音部位和发音方法与zh相似，但发音时通过喉部的气流较强。例如：

超出 chāochū	晨炊 chénchuī	怵场 chùchǎng	拆除 chāichú
车床 chēchuáng	传承 chuánchéng	长春 chángchūn	铲除 chǎnchú
春城 chūnchéng	出差 chūchāi	撑持 chēngchí	查处 cháchǔ

sh	舌尖后　清　擦音

舌尖翘起，接近硬腭前端，形成狭窄的缝隙；发音时让气流从缝隙中挤出，摩擦成声。例如：

山水 shānshuǐ	上升 shàngshēng	申述 shēnshù	闪失 shǎnshī
水手 shuǐshǒu	书生 shūshēng	深山 shēnshān	树上 shù · shang
商厦 shāngshà	设施 shèshī	手术 shǒushù	伸手 shēnshǒu

r	舌尖后　浊　擦音

舌尖翘起，接近硬腭前端，形成狭窄的缝隙；发音时声带振动，让气流从缝隙中挤出，摩擦成声。例如：

柔软 róuruǎn	容忍 róngrěn	濡染 rúrǎn	融入 róngrù
荏苒 rěnrǎn	柔韧 róurèn	如若 rúruò	荣辱 róngrǔ
忍让 rěnràng	让人 ràngrén	仍然 réngrán	软弱 ruǎnruò

6. 舌面音 j、q、x

j	舌面前　不送气　清　塞擦音

舌尖抵住下齿背，使舌面前部贴紧硬腭，形成气流阻碍；发音时打开一条窄缝，让气流从窄缝中挤出。例如：

家居 jiājū	将军 jiāngjūn	交际 jiāojì	结晶 jiéjīng
京剧 jīngjù	艰巨 jiānjù	咀嚼 jǔjué	结局 jiéjú
嘉奖 jiājiǎng	酒精 jiǔjīng	洁净 jiéjìng	狷介 juànjiè

q	舌面前　送气　清　塞擦音

发音部位和发音方法与“j”相似，但发音时通过喉部的气流较强。例如：

前期 qiánqī	侵权 qīnquán	氢气 qīngqì	全球 quánqiú
秦腔 qínqiāng	躯壳 qūqiào	情趣 qíngqù	恰巧 qiàqiǎo
请求 qǐngqiú	亲切 qīnqiè	牵强 qiānqiǎng	确切 quèqiè

x	舌面前　清　擦音

舌尖抵住下齿背，使舌面前部抬高靠近硬腭，形成狭窄的缝隙；发音时让气流从缝隙中挤出，摩擦成声。例如：

习性 xíxìng	相信 xiāngxìn	消息 xiāo · xi	心血 xīnxuè

星系 xīngxì　　行凶 xíngxiōng　　现象 xiànxiàng　　学习 xuéxí
选修 xuǎnxiū　　心胸 xīnxiōng　　纤细 xiānxì　　熏香 xūnxiāng

7. 舌根音 g、k、h

g	舌面后　不送气　清　塞音

舌头后缩，舌根向软腭靠拢，形成气流阻碍；发音时突然解除阻碍，让气流冲出。例如：

广告 guǎnggào　　光棍 guānggùn　　肱骨 gōnggǔ　　古怪 gǔguài
国歌 guógē　　公关 gōngguān　　高贵 gāoguì　　更改 gēnggǎi
观光 guānguāng　　光顾 guānggù　　感光 gǎnguāng　　挂钩 guàgōu

k	舌面后　送气　清　塞音

发音部位和发音方法与 g 相似，但发音时通过喉部的气流较强。例如：

开阔 kāikuò　　可靠 kěkào　　苦口 kǔkǒu　　坎坷 kǎnkě
慷慨 kāngkǎi　　克扣 kèkòu　　刻苦 kèkǔ　　空旷 kōngkuàng
开垦 kāikěn　　空壳 kōngké　　夸口 kuākǒu　　口渴 kǒukě

h	舌面后　清　擦音

舌头后缩，舌根向软腭靠拢，形成狭窄的缝隙；发音时让气流从缝隙中挤出，摩擦成声。例如：

呼喊 hūhǎn　　豪华 háohuá　　合伙 héhuǒ　　汉化 hànhuà
辉煌 huīhuáng　　含糊 hán・hu　　悔恨 huǐhèn　　航海 hánghǎi
花卉 huāhuì　　回环 huíhuán　　憨厚 hānhòu　　火花 huǒhuā

8. 零声母

零声母也是一种声母。普通话的零声母可以分成两类：一类是开口呼零声母；另一类是非开口呼零声母。

（1）开口呼零声母。开口呼零声母一般位于以 a、o、e 为开头的音节的前面，在汉语拼音中，它是不表示出来的，因为这些音节开头的辅音成分并不具有辨义作用。

（2）非开口呼零声母。非开口呼零声母，即除开口呼以外的齐齿呼、合口呼、撮口呼三种韵母自成音节的起始方式，实际发音都带有轻微的摩擦。

①齐齿呼零声母一般位于韵母 i、ia、ie、iao、iou、ian、in、iang、ing 的前面，在汉语拼音中用隔音字母 y 开头，由于起始部分没有辅音声母，但实际发音时会带有轻微的摩擦，一般表示为半元音 [j]。

②合口呼零声母一般位于韵母 u、ua、uo、uai、uei、uan、uen、uang、ueng、ong 的前面，在汉语拼音中用隔音字母 w 开头，实际发音时带有轻微摩擦，是半元音 [w] 或者是唇齿通音 [v]。

③撮口呼零声母一般位于韵母 ü、üe、üan、ün、iong 的前面，在汉语拼音中用隔音字母 y（yu）表示，实际发音时带有轻微摩擦，是半元音 [y]。

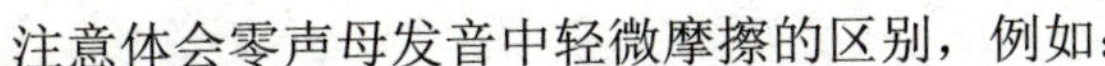

注意体会零声母发音中轻微摩擦的区别，例如：

熬药 áoyào	昂首 ángshǒu	偶然 ǒurán	欧美 ōuměi
恩情 ēnqíng	婀娜 ēnuó	讹传 échuán	严寒 yánhán
岩层 yáncéng	业务 yèwù	疑问 yíwèn	语言 yǔyán
玉石 yùshí	外文 wàiwén	闻名 wénmíng	武艺 wǔyì

任务实施

声母的发音 3

声母的辨正训练

1. n 和 l 的辨正

n和l读音相混的地区几乎占所有方言区的一半，十分普遍。如西南方言的大部分地区，西北方言、江淮方言的一部分地区，以及湘、赣、闽等大片地区。

（1）发音辨正。

①相同点：鼻音n和边音l都是舌尖中音，发音部位相同，发音时舌尖抵住上齿龈。

②不同点：n发音时，是舌尖和舌的两边一起上举，舌尖和上齿龈的接触面积较大，形成半圆形封闭，阻塞口腔通路，气流不能从口腔通过，必须从鼻腔呼出，所以发出来的音是鼻音。而发l时，只有最前面的舌尖与上齿龈接触，舌的两边几乎不上举，边缘并不形成封闭，发音时气流可以从舌的两边流出，所以发出的是边音。

分辨n和l可以用捏鼻孔的方法练习：捏住鼻孔后发音，如果发音困难，而且耳膜有鸣声，那就是n音；如果发音不困难，耳膜没有明显鸣声，就是l音。

（2）n、l声母偏旁类推字。除掌握正确的发音外，还要注意区分声母为n和l的字，通过汉字声旁类推的方法，可以提高识记效率。声母n类推字见表1-6，声母l类推字见表1-7。

表 1-6　声母n类推字表

声旁	类推字
那	nǎ—哪；nà—那；nuó—挪、娜（婀～）
乃	nǎi—乃、奶
奈	nài—奈；nà—捺
南	nán—南、喃、楠；nǎn—蝻、腩
脑	nǎo—恼、瑙、脑
内	nèi—内；nè—讷；nà—呐、衲、纳
尼	nī—妮；ní—尼、泥、呢（～大衣）
倪	ní—倪、霓
捏	niē—捏；niè—涅

续表

声旁	类推字
聂	niè—聂、蹑
念	niǎn—捻；niàn—念
宁	níng—宁、拧、咛、狞、柠；nǐng—拧；nìng—宁（～可）、泞
纽	niū—妞；niǔ—扭、纽、钮
农	nóng—农、浓、脓
奴	nú—奴、孥、驽；nǔ—努；nù—怒
诺	nuò—诺；nì—匿
懦	nuò—懦、糯
虐	nüè—虐、疟

表 1-7　声母l类推字表

声旁	类推字
剌	lá—喇；là—剌、辣、瘌
蜡	là—腊、蜡；liè—猎
赖	lài—赖、癞、籁；lǎn—懒
兰	lán—兰、拦、栏；làn—烂
蓝	lán—蓝、篮；làn—滥
览	lǎn—览、揽、缆、榄
劳	lāo—捞；láo—劳、痨；lào—涝
乐	lè—乐；lì—砾
雷	léi—雷、镭；lěi—蕾；lèi—擂
累	lèi—累；luó—骡、螺
里	lí—厘、狸；lǐ—里、理、鲤；liàng—量
利	lí—梨、犁；lì—利、俐、痢
离	lí—离、篱、璃
立	lì—立、粒、笠；lā—拉、垃、啦
厉	lì—厉、励
力	lì—力、荔；liè—劣；lèi—肋；lè—勒
历	lì—历、沥

续表

声旁	类推字
连	lián—连、莲；liàn—链
廉	lián—廉、濂、镰
脸	liǎn—敛、脸；liàn—殓
炼	liàn—练、炼
恋	liàn—恋；luán—孪、鸾、栾、滦、峦
良	liáng—良、粮；láng—郎、廊、狼、琅、榔、螂；lǎng—朗；làng—浪
梁	liáng—梁、粱
凉	liáng—凉；liàng—谅、晾；lüè—掠
两	liǎng—两、俩（伎～）；liàng—辆；liǎ—俩（咱～）
列	liē—咧；liè—列、裂、烈；lì—例
林	lín—林、淋、琳、霖；lán—婪
粼	lín—鳞、璘、磷、麟
令	líng—伶、玲、铃、聆、泠、零、龄；lǐng—岭、领；lìng—令；lěng—冷；lín—邻；lián—怜
菱	líng—凌、陵、菱；léng—棱
留	liū—溜；liú—留、馏、榴、瘤
流	liú—流、琉、硫
柳	liǔ—柳；liáo—聊
龙	lóng—龙、咙、聋、笼；lǒng—陇、垄、拢
隆	lóng—隆、窿、癃
娄	lóu—娄、喽、楼；luǒ—搂、篓；lǚ—缕、屡
卢	lú—卢、泸、庐、芦、炉、颅、轳；lǘ—驴
鲁	lǔ—鲁、橹
录	lù—录、禄、碌；lǜ—绿、氯
鹿	lù—鹿、辘
路	lù—路、鹭、露
戮	lù—戮；liáo—寥；liǎo—蓼；liào—廖
仑	lūn—抡；lún—仑、伦、沦、囵、轮；lùn—论
罗	luó—罗、逻、萝、锣、箩、啰

续表

声旁	类推字
洛	luò—洛、落、络、骆；lüè—略；lào—烙、酪
吕	lǘ—闾、榈；lǚ—吕、侣、铝
虑	lǜ—虑、滤

2. zh、ch、sh 和 z、c、s 的辨正

声母的发音 4

（1）发音辨正。

①发舌尖前音 z、c、s 时，舌尖平伸，接触或接近上齿背。

②发舌尖后音 zh、ch、sh 时，舌头放松，舌尖轻巧地翘起来接触或靠近硬腭前部。

区分 zh、ch、sh 和 z、c、s 还可以借助声韵调配合规律、形声字声旁类推和掌握语音演变规律等方法。例如，ua、uai、uang 三个韵母，在普通话中只跟 zh、ch、sh 拼，不跟 z、c、s 拼。如 zhuā（抓）、chuài（踹）、shuāng（双）。

（2）对照辨音字表。

①zh 和 z 对照辨音字见表 1-8。

表 1-8　zh 和 z 对照辨音字表

韵母	声母	
	zh	z
a	zhā—扎、渣 zhá—闸、铡、扎、札 zhǎ—眨 zhà—乍、诈、炸、榨、蚱、栅	zā—扎、匝 zá—杂、砸
e	zhē—遮 zhé—折、哲、辙 zhě—者 zhè—蔗、浙、这	zé—泽、择、责、则 zè—仄
u	zhū—朱、珠、株、蛛、诸、猪 zhú—竹、烛、逐 zhǔ—主、煮、嘱 zhù—住、驻、注、柱、蛀、贮、祝、铸、筑、著	zū—租 zú—族、足、卒 zǔ—组、阻、祖
i	zhī—之、芝、支、枝、肢、知、蜘、汁、只、织、脂 zhí—直、值、植、殖、侄、执、职 zhǐ—止、址、趾、旨、指、纸、只 zhì—至、致、窒、志、治、质、帜、挚、掷、秩、置、滞、制、智、稚、痔	zī—兹、滋、孳、姿、咨、资、龇、缁 zǐ—子、仔、籽、梓、滓、紫 zì—字、自、恣、渍
ai	zhāi—摘、斋 zhái—宅 zhǎi—窄 zhài—寨、债	zāi—灾、哉、栽 zǎi—宰、载 zài—再、在、载
ei		zéi—贼

续表

韵母	声母	
	zh	z
ao	zhāo—昭、招、朝 zháo—着 zhǎo—找、爪、沼 zhào—召、照、赵、兆、罩	zāo—遭、糟 záo—凿 zǎo—早、枣、澡 zào—造、皂、灶、躁、燥
ou	zhōu—州、洲、舟、周、粥 zhóu—轴 zhǒu—肘 zhòu—宙、昼、咒、骤、皱	zōu—邹 zǒu—走 zòu—奏、揍
ua	zhuā—抓	
uo	zhuō—桌、捉、拙 zhuó—卓、着、酌、灼、浊、镯、啄、琢	zuō—作 zuó—昨、琢 zuǒ—左 zuò—坐、座、作、祚、做
uai	zhuāi—拽 zhuǎi—跩 zhuài—拽	
ui	zhuī—追、锥 zhuì—缀、赘、坠	zuǐ—嘴 zuì—最、罪、醉
an	zhān—沾、毡、粘 zhǎn—盏、展、斩 zhàn—占、战、站、栈、绽、蘸	zān—簪 zán—咱 zǎn—攒 zàn—赞、暂
en	zhēn—贞、侦、帧、祯、真 zhěn—诊、疹、枕、缜 zhèn—振、震、阵、镇	zěn—怎 zèn—谮
ang	zhāng—张、章、彰、樟 zhǎng—长、涨、掌 zhàng—丈、仗、杖、帐、涨、障、瘴	zāng—脏 zàng—葬、藏、脏
eng	zhēng—正、征、争、睁、筝 zhěng—整、拯 zhèng—正、证、政、症、郑	zēng—曾、憎、增、缯 zèng—赠
ong	zhōng—中、钟、盅、忠、衷、终 zhǒng—肿、种 zhòng—中、仲、种、重、众	zōng—宗、综、棕、踪、鬃 zǒng—总 zòng—纵、粽
uan	zhuān—专、砖 zhuǎn—转 zhuàn—传、转、撰、篆、赚	zuān—钻 zuǎn—纂 zuàn—钻
un	zhūn—谆 zhǔn—准	zūn—尊、遵
uang	zhuāng—庄、桩、装、妆 zhuàng—壮、状、撞	

②ch和c对照辨音字见表1-9。

表1-9 ch和c对照辨音字表

韵母	声母	
	ch	c
a	chā—叉、杈、插、差 chá—茶、搽、查、察 chǎ—衩 chà—岔、诧、差	cā—擦、嚓
e	chē—车 chě—扯 chè—彻、撤、掣	cè—册、策、厕、侧、测、恻
u	chū—出、初 chú—除、厨、橱、锄、躇、刍、雏 chǔ—楚、础、杵、储、处 chù—畜、触、矗、处	cū—粗 cú—徂 cù—卒、猝、促、醋、簇
i	chī—吃、痴、嗤 chí—池、弛、迟、持、匙 chǐ—尺、齿、耻、侈、豉 chì—斥、炽、翅、赤、叱	cī—疵、差 cí—雌、辞、词、祠、瓷、慈、磁 cǐ—此 cì—次、伺、刺、赐
ai	chāi—差、拆、钗 chái—柴、豺 chǎi—茝	cāi—猜 cái—才、财、材、裁 cǎi—采、彩、踩 cài—菜、蔡
ao	chāo—抄、钞、超 cháo—朝、潮、嘲、巢 chǎo—吵、炒	cāo—操、糙 cáo—曹、漕、嘈、槽 cǎo—草
ou	chōu—抽 chóu—仇、畴、筹、踌、绸、稠、酬、愁 chǒu—瞅、丑 chòu—臭	còu—凑
uo	chuō—踔、戳 chuò—绰、啜、辍	cuō—搓、蹉、撮 cuò—措、错、挫、锉
uai	chuāi—揣 chuài—踹	
ui	chuī—吹、炊 chuí—垂、捶、锤、槌	cuī—崔、催、摧 cuǐ—璀 cuì—萃、悴、淬、瘁、翠、粹、脆
an	chān—搀、掺 chán—禅、蝉、谗、馋、潺、缠、蟾 chǎn—产、铲、阐 chàn—忏、颤	cān—餐、参 cán—蚕、残、惭 cǎn—惨 càn—灿
en	chēn—琛、嗔 chén—辰、宸、晨、沉、忱、陈、臣 chěn—碜、踸 chèn—趁、衬、称	cēn—参 cén—岑

续表

韵母	声母	
	ch	c
ang	chāng—昌、猖、娼、伥 cháng—常、嫦、尝、偿、场、肠、长 chǎng—厂、场、敞、氅 chàng—倡、唱、畅、怅	cāng—仓、苍、沧、舱 cáng—藏
eng	chēng—称、撑 chéng—成、诚、城、盛、呈、程、承、乘、澄、橙、惩 chěng—逞、骋 chèng—秤	cēng—噌 céng—曾、层 cèng—蹭
ong	chōng—充、冲、舂 chóng—重、虫、崇 chǒng—宠 chòng—冲、铳	cōng—匆、葱、囱、聪 cóng—从、丛、淙
uan	chuān—川、穿 chuán—船、传、椽 chuǎn—喘 chuàn—串、钏	cuān—蹿 cuán—攒 cuàn—窜、篡
un	chūn—春、椿 chún—唇、纯、淳、醇 chǔn—蠢	cūn—村 cún—存 cǔn—忖 cùn—寸
uang	chuāng—窗、疮、创 chuáng—床 chuǎng—闯 chuàng—创	

③sh 和 s 对照辨音字见表 1-10。

表 1-10　sh和s对照辨音字表

韵母	声母	
	sh	s
a	shā—沙、纱、砂、痧、杀 shá—啥 shǎ—傻 shà—煞、厦	sā—撒 sǎ—洒、撒 sà—卅、萨、飒
e	shē—奢、赊 shé—舌、蛇 shě—舍 shè—社、舍、射、麝、设、摄、涉、赦	sè—色、瑟、啬、涩、塞
u	shū—书、梳、疏、蔬、殊、叔、淑、输、抒、纾、舒、枢 shú—孰、塾、赎 shǔ—暑、署、薯、曙、鼠、数、属、黍 shù—树、竖、术、述、束、漱、恕、数	sū—苏、酥 sú—俗 sù—素、塑、诉、肃、粟、宿、速

续表

韵母	声母	
	sh	s
i	shī—尸、师、狮、失、施、诗、湿、虱 shí—十、什、拾、石、时、识、实、食、蚀 shǐ—史、使、驶、始、屎、矢 shì—世、势、誓、逝、市、示、事、是、视、室、适、饰、士、仕、氏、恃、式、试、拭、轼、弑	sī—司、私、思、斯、丝、鸶 sǐ—死 sì—四、肆、似、寺
ai	shāi—筛 shǎi—色 shài—晒	sāi—腮、鳃、塞 sài—塞、赛
ao	shāo—捎、稍、艄、烧 sháo—勺、芍、杓、韶 shǎo—少 shào—少、哨、绍	sāo—臊、骚、搔 sǎo—扫、嫂 sào—扫、臊
ou	shōu—收 shóu—熟 shǒu—手、首、守 shòu—受、授、寿、售、兽、瘦	sōu—溲、馊、嗖、搜、飕、艘 sǒu—叟、擞 sòu—嗽
ua	shuā—刷 shuǎ—耍	
uo	shuō—说 shuò—硕、烁、朔	suō—缩、娑、蓑、梭、唆 suǒ—所、锁、琐、索
uai	shuāi—衰 shuǎi—甩 shuài—帅、率、蟀	
ui	shuí—谁 shuǐ—水 shuì—税、睡	suī—虽 suí—绥、隋、随 suǐ—髓 suì—岁、碎、穗、遂、隧、燧
an	shān—山、舢、衫、删、姗、珊、跚 shǎn—闪、陕 shàn—扇、善、缮、膳、擅、赡	sān—三、叁 sǎn—伞、散 sàn—散
en	shēn—申、伸、呻、身、深、参 shén—神 shěn—沈、审、婶 shèn—慎、肾、甚、渗	sēn—森
ang	shāng—商、墒、伤 shǎng—垧、晌、赏、上 shàng—上、尚	sāng—桑、丧 sǎng—嗓 sàng—丧
eng	shēng—生、牲、笙、甥、升、声 shéng—绳 shěng—省 shèng—圣、胜、盛、剩	sēng—僧

续表

韵母	声母	
	sh	s
ong		sōng—松 sǒng—悚 sòng—送、宋、颂、诵
uɑn	shuān—拴、栓 shuàn—涮	suān—酸 suàn—算、蒜
un	shǔn—吮 shùn—顺	sūn—孙 sǔn—笋、损
uɑng	shuāng—双、霜 shuǎng—爽	

3. f 和 h 的辨正

（1）发音辨正。

①发唇齿音f时，上齿与下唇内缘接触或接近，摩擦成声。

②发舌根音h时，舌头后缩，舌根抬起接近软腭，摩擦成声。

要区分f和h的读音，首先要通过练习，熟练掌握正确的发音方法；其次，还要参考f和h声母偏旁类推字，掌握其对应规律，逐步改正。

（2）f和h对照辨音字见表1-11。

表 1-11 f和h对照辨音字表

韵母	声母	
	f	h
ɑ	fā—发 fá—伐、阀、筏、乏、罚 fǎ—法、砝 fà—发	hā—哈 há—蛤 hǎ—哈、奤 hà—哈
e		hē—喝、呵 hé—合、核、荷、禾、河、阖、涸、貉 hè—贺、鹤、赫、褐、吓、壑
u	fū—夫 fú—扶、芙、幅、福、辐、伏、袱、拂、俘、符 fǔ—府、俯、腐、斧、釜、甫、辅 fù—付、附、咐、父、腹、傅、缚、赴、副、富、妇、负、赋	hū—乎、呼、忽、惚 hú—胡、湖、葫、蝴、糊、狐、弧、壶、斛 hǔ—虎、唬、浒 hù—户、沪、护、互
ɑi		hāi—嗨、咳 hái—还、孩、骸 hǎi—海 hài—害、亥、氦、骇

续表

韵母	声母	
	f	h
ei	fēi—非、菲、绯、啡、扉、蜚、霏 féi—肥、淝 fěi—匪、菲、诽、悱、斐 fèi—吠、沸、费、废、肺	hēi—黑、嘿
ao		hāo—蒿、薅 háo—号、蚝、毫、豪 hǎo—好、郝 hào—耗、浩、昊、皓、灏
ou	fǒu—否、缶	hōu—齁 hóu—猴、喉、瘊 hòu—后、候、逅
ua		huā—花、哗 huá—华、滑、划 huà—化、画、话、划、桦
uo		huō—豁 huó—活 huǒ—火、伙 huò—货、或、惑、获、祸、霍
uai		huái—怀、淮、槐、徊 huài—坏
ui		huī—灰、辉、挥、晖、徽 huí—回 huǐ—毁、悔 huì—会、慧、汇、惠、卉、荟
an	fān—番、翻、帆 fán—凡、矾、烦、蕃、繁、樊 fǎn—反、返 fàn—饭、贩、犯、范、泛	hān—憨、酣 hán—含、韩、函、寒 hǎn—喊 hàn—汗、汉、焊、翰
en	fēn—分、吩、芬、纷 fén—坟、焚 fěn—粉 fèn—分、份、奋、粪、愤	hén—痕 hěn—狠 hèn—恨
ang	fāng—方、坊、芳 fáng—防、妨、房、舫、坊 fǎng—访、仿、纺 fàng—放	hāng—夯 háng—行、航、杭 hàng—沆、巷
eng	fēng—风、枫、疯、丰、峰、锋、蜂、封 féng—逢、缝、冯 fěng—讽 fèng—凤、奉、缝	hēng—哼 héng—横、恒、衡、蘅 hèng—横

续表

韵母	声母	
	f	h
ong		hōng—哄、烘、轰 hóng—红、虹、弘、宏、洪 hǒng—哄 hòng—哄
uan		huān—欢 huán—还、环、寰 huǎn—缓 huàn—换、唤、涣、患、幻、宦
un		hūn—昏、婚、荤 hún—浑、魂 hùn—混
uang		huāng—荒、慌 huáng—皇、凰、惶、黄、潢、璜、簧 huǎng—晃、幌、恍、谎 huàng—晃

4. r和l的辨正

（1）发音辨正。

①发舌尖后浊擦音r时，舌尖翘起接近硬腭前部，形成一条窄缝，气流振动声带，从缝隙中摩擦透出成声。

②发舌尖中浊边音l时，舌尖在上齿龈上轻轻弹一下，振动声带，呼出气流。

这两个声母的主要区别：一是舌尖所接近或接触的部位不同；二是r是摩擦成声，l是弹发成声。发音时应该仔细揣摩发音部位和发音方法是不是合乎这两个要领。

（2）声母r偏旁类推字见表1-12。

表1-12　声母r类推字表

声旁	类推字
然	rán—然、燃
冉	rán—髯；rǎn—冉、苒
嚷	rāng—嚷；ráng—瓤；rǎng—攘、壤
饶	ráo—饶、桡、娆；rào—绕
人	rén—人；rèn—认
壬	rén—壬、任；rěn—荏；rèn—任、妊、饪
刃	rěn—忍；rèn—刃、纫、韧、仞
扔	rēng—扔；réng—仍
容	róng—容、溶、熔、蓉、榕

续表

声旁	类推字
戎	róng—戎、绒
荣	róng—荣、嵘、蝾
柔	róu—柔、揉、糅、蹂
如	rú—如、茹；rǔ—汝
儒	rú—儒、蠕、孺、嚅
辱	rǔ—辱；rù—褥、蓐
阮	ruǎn—阮、朊
若	ruò—若、偌；rě—惹
闰	rùn—闰、润

知识拓展

怎样学好普通话

语言是一种社会习惯，是一套社会成员约定俗成的音义结合的符号系统。若从小习得一种发音习惯，现在要学习与自己方言有差别的普通话，养成另一种发音习惯，绝非一日之功。要想学好普通话，必须思想上高度重视，同时掌握科学的学习方法，才能取得好的学习效果。

1.提高认识，坚定信心

很多人开始学说普通话，都有心理负担，怕说不好被别人笑话，因而不敢或不好意思开口。的确，成年人要改变语音不是一件容易的事，但是只要下定决心，树立信心，敢于开口说第一句普通话，并且能够始终坚持学和练，最后一定能养成说普通话的良好习惯。

2.找准突破口，重点攻关

学习普通话最大的困难在语音方面。发音时，普通话里面有的音在方言中没有，比如普通话里面的几个翘舌音，许多方言里都没有，不容易发准；再如正音需要记忆，通过记忆分辨一些字词发音，但完全的死记硬背往往收效甚微。因此，只有了解普通话的语音系统与发音规律，掌握正确的发音部位、发音方法，用语音知识指导普通话的学习，才能真正学好普通话。

3.勤学苦练，持之以恒

普通话口语训练是一项实践性很强的学习。在科学方法的指导下，勤学苦练，持之以恒，是学好普通话的最好方法。学习普通话的方法和途径有很多：收听并模仿电台电视台主持人的播音；多与周围普通话说得好的同学、老师交流；在校园及其他公共场合坚持讲普通话；积极参加朗诵、演讲、辩论赛等活动。普通话是口耳之学，只有在日常生活和学习中有意识地多听、多学、多练，才能切实提高普通话口语表达能力。

总之，学好普通话，端正态度是前提，掌握方法是关键，勤学苦练是保证。唯有如此，才能准确熟练地掌握普通话的学习要领，不断地增强我们的口语沟通能力。

1. 针对练习

（1）n和l辨正练习。

脑子nǎo—老子lǎo　　眼内nèi—眼泪lèi
拟人nǐ—理人lǐ　　例行lì—逆行nì
劣根liè—孽根niè　　碾盘niǎn—脸盘儿liǎn
男女nánnǚ—褴褛lánlǚ　　恼怒nǎonù—老路lǎolù
兰陵lánlíng—南宁nánníng

奶酪nǎilào	耐劳nàiláo	能量néngliàng	年龄niánlíng
鸟类niǎolèi	尼龙nílóng	暖流nuǎnliú	奴隶núlì
努力nǔlì	哪里nǎlǐ	纳凉nàliáng	内乱nèiluàn
嫩绿nènlǜ	能力nénglì	脑颅nǎolú	女郎nǚláng
拿来nálái	男篮nánlán	农历nónglì	内陆nèilù
逆流nìliú	内敛nèiliǎn	浓烈nóngliè	烂泥lànní
老年lǎonián	辽宁liáoníng	羚牛língniú	凌虐língnüè
两难liǎngnán	理念lǐniàn	鲁能lǔnéng	落难luònàn

（2）zh、ch、sh和z、c、s辨正练习。

商业shāng—桑叶sāng　　摘花zhāi—栽花zāi
午睡shuì—五岁suì　　找到zhǎo—早到zǎo
制动zhì—自动zì　　招了zhāo—糟了zāo
站住zhàn—赞助zàn　　战时zhàn—暂时zàn
使节shǐ—死结sǐ　　治理zhì—自理zì
保障zhàng—宝藏zàng　　照旧zhào—造就zào

沼泽zhǎozé	制作zhìzuò	杂志zázhì	栽种zāizhòng
增长zēngzhǎng	资助zīzhù	自制zìzhì	自重zìzhòng
除草chúcǎo	操场cāochǎng	储藏chǔcáng	财产cáichǎn
采茶cǎichá	残喘cánchuǎn	磁场cíchǎng	促成cùchéng
扫射sǎoshè	四声sìshēng	绳索shéngsuǒ	石笋shísǔn
散失sànshī	宿舍sùshè	随时suíshí	所属suǒshǔ
做作zuò·zuo	遭罪zāozuì	造作zào·zuo	粗糙cūcāo
仓促cāngcù	从此cóngcǐ	思索sīsuǒ	搜索sōusuǒ

（3）f和h辨正练习。

奋战fèn—混战hùn　　复员fù—护院hù
方地fāng—荒地huāng　　防止fáng—黄纸huáng
船夫fū—传呼hū　　俯视fǔ—虎视hǔ
放荡fàng—晃荡huàng　　发誓fā—花市huā

分发fā—分花huā　　翻阅fān—欢悦huān

风干fēng—烘干hōng　　发还fā—花环huā

发挥fāhuī	废话fèihuà	符号fúhào	防护fánghù
粉红fěnhóng	饭盒fànhé	凤凰fènghuáng	富豪fùháo
风化fēnghuà	分红fēnhóng	复活fùhuó	访华fǎnghuá
混纺hùnfǎng	后方hòufāng	恢复huīfù	活佛huófó
化肥huàféi	洪峰hóngfēng	画符huàfú	花粉huāfěn
话费huàfèi	划分huàfēn	合肥héféi	护肤hùfū
回放huífàng	婚房hūnfáng	何方héfāng	汇丰huìfēng
耗费hàofèi	会费huìfèi	黑发hēifà	盒饭héfàn

（4）r和l辨正练习。

进入rù—近路lù　　流入rù—流露lù

衰弱ruò—衰落luò　　染色rǎn—脸色liǎn

收入rù—收录lù　　绒子róng—聋子lóng

让路rànglù	热浪rèlàng	老人lǎorén	烈日lièrì
例如lìrú	利刃lìrèn	来人láirén	利润lìrùn
留任liúrèn	炼乳liànrǔ	列入lièrù	礼让lǐràng
人类rénlèi	燃料ránliào	猎人lièrén	蜡染làrǎn
缭绕liáorào	凛然lǐnrán	鹿茸lùróng	肉瘤ròuliú
熔炉rónglú	人脸rénliǎn	连任liánrèn	冷热lěngrè

2. 字词练习

豆	顿	敌	东	滩	图	太	替	您	拟
疟	能	龙	老	录	改	棍	够	惯	窟
楷	昆	框	湖	好	海	伙	窘	解	句
节	千	齐	亲	敲	些	系	心	线	拽
值	装	至	唱	舂	抄	迟	生	省	受
神	柔	惹	儒	贼	责	憎	葬	策	粗
仓	层	艘	索	损	俗				
低端	当地	单独	断定	大度	歹毒	对答	导电	顶点	挑剔
吞吐	妥帖	拖沓	甜头	调停	铁塔	听筒	滔天	牛奶	能耐
呢喃	恼怒	奶娘	袅娜	妞妞	农奴	忸怩	拉链	利率	老练
另类	笼络	勒令	留恋	料理	劳累	故宫	观光	骨骼	灌溉
古怪	杠杆	高贵	广告	刚刚	亏空	开阔	空旷	宽阔	苛刻
看客	旷课	科考	空壳	和缓	浩瀚	绘画	欢呼	黄河	浑厚
后悔	好汉	互惠	讲究	奖金	究竟	坚决	交际	简洁	结局
接近	禁忌	轻巧	请求	弃权	蜷曲	强权	全勤	悄悄	乞求
奇趣	休息	小学	星星	鲜血	想象	纤细	写信	新兴	显现

茁壮	庄重	挣扎	郑重	真正	周正	站长	珍珠	抓住	长处
铲除	驰骋	春潮	唇齿	穿插	长春	出处	沉船	双手	上山
受伤	声势	水声	硕士	山水	闪烁	时尚	荣辱	忍辱	如若
闰日	濡染	软弱	柔韧	扰攘	容忍	祖宗	自在	总则	宗族
曾祖	走卒	藏族	造作	参差	层次	粗糙	仓促	从此	残存
猜测	措辞	三思	松散	色素	搜索	琐碎	诉讼	僧俗	洒扫
下策	习字	戏词	资金	字迹	字据	自己	自觉	瓷器	刺激
思绪	私交	私情	私心	司机	丝线	四季	剪除	精致	趋势
消失	秩序	沉寂	深浅	审讯	少将	机器	急切	军区	求救
迁就	劝酒								

3. 诗词练习

登金陵凤凰台

唐·李白

凤凰台上凤凰游，凤去台空江自流。
吴宫花草埋幽径，晋代衣冠成古丘。
三山半落青天外，二水中分白鹭洲。
总为浮云能蔽日，长安不见使人愁。

赠刘景文

宋·苏轼

荷尽已无擎雨盖，菊残犹有傲霜枝。
一年好景君须记，最是橙黄橘绿时。

诉衷情·当年万里觅封侯

宋·陆游

当年万里觅封侯，匹马戍梁州。关河梦断何处？尘暗旧貂裘。
胡未灭，鬓先秋，泪空流。此生谁料，心在天山，身老沧洲。

鹊桥仙·纤云弄巧

宋·秦观

纤云弄巧，飞星传恨，银汉迢迢暗度。金风玉露一相逢，便胜却人间无数。
柔情似水，佳期如梦，忍顾鹊桥归路。两情若是久长时，又岂在朝朝暮暮。

念奴娇·赤壁怀古

宋·苏轼

大江东去，浪淘尽，千古风流人物。故垒西边，人道是，三国周郎赤壁。
乱石穿空，惊涛拍岸，卷起千堆雪。江山如画，一时多少豪杰。

遥想公瑾当年，小乔初嫁了，雄姿英发。羽扇纶巾，谈笑间，樯橹灰飞烟灭。故国神游，多情应笑我，早生华发。人生如梦，一樽还酹江月。

我不知道风是在哪一个方向吹

徐志摩

我不知道风
是在哪一个方向吹——
我是在梦中，
在梦的轻波里依洄。

我不知道风
是在哪一个方向吹——
我是在梦中，
她的温存，我的迷醉。

我不知道风
是在哪一个方向吹——
我是在梦中，
甜美是梦里的光辉。

我不知道风
是在哪一个方向吹——
我是在梦中，
她的负心，我的伤悲。

我不知道风
是在哪一个方向吹——
我是在梦中，
在梦的悲哀里心碎！

我不知道风
是在哪一个方向吹——
我是在梦中，
黯淡是梦里的光辉。

面朝大海，春暖花开

海子

从明天起，做一个幸福的人
喂马，劈柴，周游世界
从明天起，关心粮食和蔬菜
我有一所房子，面朝大海，春暖花开

从明天起，和每一个亲人通信
告诉他们我的幸福
那幸福的闪电告诉我的
我将告诉每一个人

给每一条河每一座山取一个温暖的名字
陌生人，我也为你祝福
愿你有一个灿烂的前程
愿你有情人终成眷属
愿你在尘世获得幸福
我只愿面朝大海，春暖花开

4. 语段练习

（1）语段 1。

主食通常提供了人类所需要的大部分卡路里。中国人的烹调手艺与众不同，从最平凡的一锅米饭、一个馒头，到变化万千的精致主食，都是中国人辛勤劳动、经验积累的结晶。然而，不管吃下了多少酒食菜肴，主食，永远都是中国人餐桌上最后的主角。

老黄的全名叫黄国盛，认识他的人都叫他老黄，从每年农历十一月初开始，老黄每隔三天，会拉着自己家里做的七百个馍馍，骑一个半小时的三轮车，到县城里去卖。老黄卖的黄馍馍，就是用糜子面做成的馒头，是陕北人冬天最爱吃的一种主食。糜子，又叫黍，是中国北方干旱地区最主要的农作物。8 000 多年前，中国黄河流域开始栽培黍。在中国，五谷始终是一个变化中的概念。大约两千年前，五谷的排序为稻、黍、稷、麦、菽。而今天，中国粮食产量的前三名已经变成稻谷、小麦和玉米。中国，从南到北，广袤的国土，自然地理的多样变化，让生活在不同地域的中国人，享受到截然不同的丰富主食。丁村，这个中原最古老的村落，谷物加工的历史已有上万年。附近曾经出土过中国最古老的石磨，证实了这一点。

擀面，是中原女孩子在成为女人的成长中，必须要掌握的生活技艺。按照中国人的风俗礼仪，过生日贺寿是一定要吃面条的，中国人称为长寿面。为什么中国人过生日要吃面？面条是怎么成为中国人贺寿的象征？有一个说法是面的形状长瘦，谐音长寿。面条成为讲究讨口彩的中国人最喜欢的主食。

（资料来源：主食的故事 · 舌尖上的中国：第二集，2012 年）

（2）语段 2。

星河耿耿，银汉迢迢。从远古奔来的中华文明的长河，千回百转，千淘万漉，使一颗明珠浮出了水面，它的异彩流光，穿过时空，照亮了中国文学长廊，它就是滋养了中华民族文化近千年，并让世界为之回首的唐宋文学。

徜徉在这座文学珍宝馆，我们目不暇接，我们流连忘返。在这里，我们与中国文学史上的众多名流巨匠擦肩而过：迎面走来的是“天子呼来不上船”笑傲红尘的李白，眼望“国破山河在”老泪纵横的杜甫；这一边有听一曲琵琶泪洒青衫的白居易，那一边有登楼远望心忧天下的范仲淹；苏东坡月下把酒，声声向苍天发问，辛弃疾挑灯看剑，夜夜梦里沙场秋点兵；柳永为

“有三秋桂子，十里荷花”吟咏歌唱，李清照则为“梧桐更兼细雨”黯然神伤。

唐宋诗词歌赋是一座巍巍丰碑，它计数着中华文明的历史遗产；唐宋文学又是一顶灿灿王冠，缀满了浓缩中国文学智慧的奇珍异宝。

这里，你能找到“大江东去”的豪放，也能找到“人比黄花瘦”的婉约；能听到“磨损胸中万古刀”的愤懑呐喊，也能听到“杨柳岸，晓风残月”的浅吟低唱；有怒发冲冠的报国志，也有窗前明月的故乡情；有独上西楼的长相思，也有草长莺飞的梦江南；有春光乍泄的蝶恋花，也有斗霜傲雪的一剪梅。捧出这部宝典，我们能感觉到它的分量：刻写历史，它刀刀见血；鞭挞黑暗，它字字带泪；思索人生，它笔笔入理；憧憬光明，它生生不倦。含英咀华，我们也能体味到它的博大：它是历史的凝固，也是现实的观照；是文人的妙笔，也是哲人的沉思；是千里莺啼的锦绣江山卷，也是宫廷王朝的血雨腥风图；它的大漠孤烟，它的塞外鼓角，它的新坟旧鬼，它的金风玉露，共同托起的是中国文学史上的一座珠穆朗玛。

（资料来源：胡占凡，荡气回肠唐宋篇）

任务三　韵母训练

任务导入

按照汉语的传统音节分析法，韵母是音节中处于声母之后的部分，由音素或音素的组合构成。韵母是汉语音节中内部结构最为复杂、数量最多的部分，也是最为重要的部分。声母在发音中起到了引领作用，韵母则是决定声音响亮与否、正确与否、清晰流畅与否的关键。韵母使汉语语言表达更为丰富多彩，它充分调动口腔、舌、鼻腔等部位，使声音显得饱满有情。

任务准备

韵母概述

韵母发音训练

1. 韵母概述

韵母是普通话音节中声母后面的部分，共有 39 个。韵母不等于元音，它主要由元音构成。完全由元音构成的韵母共有 23 个，由元音加上铺音构成的韵母（鼻韵母）有 16 个。可见，在韵母中，元音占有绝对的优势。元音发音比较响亮，与辅音声母相比，韵母没有呼读音。

2. 韵母的分类

（1）按结构特点分类。根据结构的不同，可以将普通话韵母分为单韵母、复韵母、鼻韵母三类，其中单韵母 10 个，复韵母 13 个，鼻韵母 16 个，其中鼻韵母分成前鼻韵母和后鼻韵母。具体见表 1-13。

表 1-13 韵母按结构特点分类表

<table>
<tr><th>按结构分</th><th colspan="2">韵母分布</th><th>说明</th></tr>
<tr><td>单韵母</td><td colspan="2">ɑ、o、e、ê、i、-i（前）、-i（后）、u、ü、er</td><td>在普通话中，由一个舌面或舌尖元音构成的韵母结构，共有 10 个</td></tr>
<tr><td>复韵母</td><td colspan="2">ɑi、ei、ɑo、ou、iɑ、ie、iɑo、iou、uɑ、uo、uɑi、uei、üe</td><td>在普通话中，由两个及以上元音构成的韵母结构，共有 13 个</td></tr>
<tr><td rowspan="2">鼻韵母</td><td>前鼻韵母</td><td>ɑn、iɑn、uɑn、üɑn、en、in、uen、ün</td><td rowspan="2">在普通话中，鼻韵母是元音附带鼻辅音韵尾的韵母，也叫做复合鼻韵母，共有 16 个。以-n 结尾的是前鼻韵母，以-ng 结尾的是后鼻韵母</td></tr>
<tr><td>后鼻韵母</td><td>ɑng、iɑng、uɑng、eng、ing、ueng、ong、iong</td></tr>
</table>

（2）按韵母开头元音的发音口型分类。对于普通话韵母，我们还可以根据唇形的不同，将其分为开口呼韵母、齐齿呼韵母、合口呼韵母和撮口呼韵母 4 类，具体分布见表 1-14。

①开口呼韵母是指韵头、韵腹不是 i、u、ü 的韵母，共有 15 个。

②齐齿呼韵母是指开头是 i 的韵母，共有 9 个。

③合口呼韵母是指开头是 u 的韵母，共有 10 个。

④撮口呼韵母是指开头是 ü 的韵母，共有 5 个。

表 1-14 韵母按开头元音的发音口型分类表

开口呼韵母	齐齿呼韵母	合口呼韵母	撮口呼韵母
-i（前）-i（后）	i	u	ü
ɑ	iɑ	uɑ	
o		uo	
e			
ê	ie		üe
er			
ɑi		uɑi	
ei		uei	
ɑo	iɑo		
ou	iou		
ɑn	iɑn	uɑn	üɑn
en	in	uen	ün
ɑng	iɑng	uɑng	
eng	ing	ueng	
		ong	iong

单韵母发音训练

韵母的发音训练

1. 单韵母概述

单韵母，即ɑ、o、e、ê、i、-i（前）、-i（后）、u、ü、er，发音过程中舌位和唇形始终不变，发音时要保持固定的口形。

知识拓展

舌面元音

从肺中呼出的气流振动声带，通过咽腔后在口腔中不受阻碍形成的音素就是元音音素。舌面、舌尖的不同状态都可以节制气流，形成不同的元音。因此，元音又可以进一步分为舌面、舌尖、卷舌三类。元音可以用舌位的高低、前后和嘴唇的圆展描述。

2. 单韵母的发音

ɑ	舌面　央　低　不圆唇元音

发音时，口大开，舌位低，舌头居中央，嘴唇展开。例如：

打骂 dǎmà　　喇嘛 lǎ・mɑ　　砝码 fǎmǎ　　麻辣 málà　　发蜡 fàlà
大坝 dàbà　　腊八 làbā　　蚂蚱 mà・zha

o	舌面　后　半高　圆唇元音

发音时，口半闭，舌位半高，舌头后缩，唇拢圆。例如：

馍馍 mó・mo　　泼墨 pōmò　　磨破 mópò　　婆婆 pó・po　　饽饽 bō・bo
薄膜 bómó

e	舌面　后　半高　不圆唇元音

发音时，双唇自然展开，舌身后缩。例如：

色泽 sèzé　　车辙 chēzhé　　割舍 gēshě　　可乐 kělè　　苛刻 kēkè
特赦 tèshè　　客车 kèchē

ê	舌面　前　半低　不圆唇元音

发音时，口半开，舌位半低，舌头前伸，使舌头抵住下齿背，唇形呈扁平状。在普通话中只有语气词“欸”读 ê。

i	舌面　前　高　不圆唇元音

发音时，唇形呈扁平状，舌头前伸，使舌尖抵住下齿背。例如：

积极 jījí　　厘米 límǐ　　旖旎 yǐnǐ　　霹雳 pīlì　　利益 lìyì

笔记 bǐjì　　激励 jīlì　　集体 jítǐ

u	舌面　后　高　圆唇元音

发音时，双唇拢圆，留一小孔，舌头后缩，使舌面后接近软腭。例如：

出租 chūzū　　故土 gùtǔ　　复苏 fùsū　　输出 shūchū　　辅助 fǔzhù
朴素 pǔsù　　目录 mùlù　　互助 hùzhù　　鼓舞 gǔwǔ

ü	舌面　前　高　圆唇元音

发音时，两唇拢圆，略向前突，双唇不能发生摩擦，舌头前伸。例如：

女婿 nǚ·xu　　旅居 lǚjū　　须臾 xūyú　　序曲 xùqǔ　　聚居 jùjū
区域 qūyù　　语序 yǔxù

er	卷舌　央　中　不圆唇元音

发音时，口形略开，舌位居中，舌头稍后缩，唇形不圆。例如：

然而 rán'ér　　诱饵 yòu'ěr　　耳朵 ěr·duo　　儿子 ér·zi　　而且 érqiě
耳机 ěrjī　　二十 èrshí　　偶尔 ǒu'ěr

-i（前）	舌尖　前　高　不圆唇元音

发音时，舌叶前伸接近上齿背，气流通路虽狭窄，但气流经过时不发生摩擦，唇形不圆。例如：

赐死 cìsǐ　　字词 zìcí　　自私 zìsī　　此次 cǐcì　　子嗣 zǐsì
私自 sīzì　　恣肆 zìsì

-i（后）	舌尖　后　高　不圆唇元音

发音时，舌尖上翘接近硬腭前部，气流通路虽狭窄，但气流经过时不发生摩擦，唇形不圆。例如：

知识 zhī·shi　　日食 rìshí　　迟滞 chízhì　　实质 shízhì　　事实 shìshí
值日 zhírì　　食指 shízhǐ　　史诗 shǐshī

复韵母发音训练

1. 复韵母概述

复韵母，即ɑi、ei、ɑo、ou、iɑ、ie、uɑ、uo、üe、iɑo、iou、uɑi、uei，其发音有两个特点：一是发音过程中舌位、唇形一直在变化，由一个元音的发音快速地向另一个元音的发音过渡；二是元音之间的发音有主次之分，主要元音清晰响亮，其他元音轻短或含混模糊。

根据主要元音，也就是韵腹在韵母中的位置，可以将复元音韵母分为前响复元音韵母、后响复元音韵母和中响复元音韵母。

2. 复韵母的发音

ai	前响复韵母　二合元音　舌面元音[ɑ]与[i]的结合

在该韵母中，[ɑ]是韵腹，[i]是韵尾。发音时，从前低不圆唇元音[ɑ]开始，舌位向[i]的方向滑动升高，前长后短，前重后轻。例如：

开采kāicǎi　　买菜mǎicài　　采买cǎimǎi　　拍卖pāimài　　海带hǎidài

ei	前响复韵母　二合元音　舌面元音[e]与[i]的结合

在该韵母中，[e]是韵腹，[i]是韵尾。发音时，从前半高不圆唇元音[e]开始，舌位向[i]的方向滑动升高，前长后短，前重后轻。例如：

配备pèibèi　　飞贼fēizéi　　内围nèiwéi　　肥美féiměi　　非得fēiděi

ao	前响复韵母　二合元音　舌面元音[ɑ]与[u]的结合

在该韵母中，[ɑ]是韵腹，[u]是韵尾。发音时，从后低不圆唇元音[ɑ]开始，舌位向[u]的方向滑动升高，前长后短，前重后轻。例如：

高潮gāocháo　　茅草máocǎo　　叨扰tāorǎo　　报道bàodào　　号召hàozhào

ou	前响复韵母　二合元音　舌面元音[o]与[u]的结合

在该韵母中，[o]是韵腹，[u]是韵尾。发音时，从后半高圆唇元音[o]开始，舌位向[u]的方向滑动升高，前长后短，前重后轻。例如：

守候shǒuhòu　　抖擞dǒusǒu　　豆蔻dòukòu　　瞅瞅chǒu・chou　　佝偻gōu・lóu

ia	后响复韵母　二合元音　舌面元音[i]与[ɑ]的结合

在该韵母中，[i]是韵头，[ɑ]是韵腹。发音时，从前高不圆唇元音[i]开始，舌位立刻滑向[ɑ]，前短后长，前轻后重。例如：

加价jiājià　　下架xiàjià　　掐架qiājià　　下巴xià・ba　　佳节jiājié

ie	后响复韵母　二合元音　舌面元音[i]与[ɛ]的结合

在该韵母中，[i]是韵头，[ɛ]是韵腹。发音时，从前高不圆唇元音[i]开始，舌位立刻滑向[ɛ]，前短后长，前轻后重。例如：

贴切tiēqiè　　结界jiéjiè　　结业jiéyè　　嫁接jiàjiē　　露怯lòuqiè

ua	后响复韵母　二合元音　舌面元音[u]和[ɑ]的结合

在该韵母中，[u]是韵头，[ɑ]是韵腹。发音时，从后高圆唇元音[u]开始，舌位立刻滑向[ɑ]，前短后长，前重后轻。例如：

刮风guāfēng　　苦瓜kǔguā　　胯骨kuàgǔ　　挂面guàmiàn　　瓜子guāzǐ

uo	后响复韵母　二合元音　舌面元音[u]与[o]的结合

在该韵母中，[u]是韵头，[o]是韵腹。发音时，从后高圆唇元音[u]开始，舌位立刻向下滑到[o]，前短后长，前轻后重。例如：

陀螺 tuóluó　过错 guòcuò　阔绰 kuòchuò　着落 zhuóluò　懦弱 nuòruò　过火 guòhuǒ

üe	后响复韵母　二合元音　舌面元音[y]与[ɛ]的结合

在该韵母中，[y]是韵头，[ɛ]是韵腹。发音时，从前高圆唇元音[y]开始，舌位立刻下滑到[ɛ]，前短后长，前轻后重。例如：

雀跃 quèyuè　决绝 juéjué　越野 yuèyě　攫取 juéqǔ　决策 juécè　确认 quèrèn

iao	中响复韵母　三合元音　舌面元音[i]与[ɑo]的结合

发音时，从前高不圆唇元音[i]开始，再过渡至后低不圆唇元音[ɑ]，最后使舌位向[u]的方向滑动升高。例如：

料峭 liàoqiào　缥缈 piāomiǎo　药效 yàoxiào　逍遥 xiāoyáo　巧妙 qiǎomiào　袅袅 niǎoniǎo

iou	中响复韵母　三合元音　舌面元音[i]与复韵母[ou]的结合

发音时，从前高不圆唇元音[i]开始，再过渡至前高不圆唇元音[i]，最后使舌位立刻滑向[o]。其中，[o]的发音最长、最响，其他两个元音较短、较弱。在普通话中，iou多省写为iu。例如：

优秀 yōuxiù　求救 qiújiù　悠久 yōujiǔ　牛柳 niúliǔ　酒友 jiǔyǒu　绣球 xiùqiú

uai	中响复韵母　三合元音　舌面元音[u]与[ɑi]的结合

发音时，从后高圆唇元音[u]开始，再发过渡至前低不圆唇元音[ɑ]，最后使舌位[i]的方向滑动升高。其中，[ɑ]的发音最长、最响，其他两个元音较短、较弱。例如：

怪诞 guàidàn　怀揣 huáichuāi　怀柔 huáiróu　快乐 kuàilè　摔坏 shuāihuài　槐花 huáihuā

uei	中响复韵母　三合元音　舌面元音[u]与复元音[ei]的结合

发音时，从后高圆唇元音[u]开始，再过渡至前半高不圆唇元音[e]，最后使舌位向[i]的方向滑动升高。其中，[e]的发音最长、最响，其他两个元音较短、较弱。与iou类似，uei常省写为ui。例如：

怪罪 guàizuì　推诿 tuīwěi　回归 huíguī　归位 guīwèi　堆砌 duīqì　颓废 tuífèi

鼻韵母发音训练

1. 鼻韵母概述

鼻韵母，即an、en、in、ün、ang、eng、ing、ong、ian、uan、üan、uen、iang、uang、ueng、iong，其发音有两个特点：一是发音时由元音向鼻韵母过渡，逐渐增加鼻音色彩，最后形成鼻辅音。二是发音以元音为主，元音清晰响亮，鼻辅音重在作出发音状态，发音不太明显。

普通话鼻韵母又可以分为带舌尖鼻音（前鼻音）n和带舌根鼻音（后鼻音）ng的两类。前鼻音n的发音在前面声母部分已经介绍过，韵尾n跟声母n的发音大同小异，区别只在于n做韵尾时除阻阶段不发音。后鼻音ng是舌根、浊、鼻音辅音。发音时，软腭下降，打开鼻腔通路，舌根后缩抵住软腭，气流振动声带后从鼻腔通过。

2. 鼻韵母的发音

an	前鼻音韵母

从前低不圆唇元音[a]开始发音，接着舌尖向上齿龈移动，最后抵住上齿龈发前鼻音[n]。例如：

阑珊 lánshān　　蔓延 mànyán　　展览 zhǎnlǎn　　橄榄 gǎnlǎn　　勘探 kāntàn

en	前鼻音韵母

从央元音[ə]开始发音，接着舌尖向上齿龈移动，最后抵住上齿龈发前鼻音[n]。例如：

愤懑 fènmèn　　昏沉 hūnchén　　本分 běnfèn　　粉尘 fěnchén　　人身 rénshēn

in	前鼻音韵母

从前高不圆唇元音[i]开始发音，接着舌尖向上齿龈移动，最后抵住上齿龈发前鼻音[n]。例如：

近亲 jìnqīn　　信心 xìnxīn　　林立 línlì　　面临 miànlín　　勤劳 qínláo

ün	前鼻音韵母

从前高圆唇元音[y]开始发音，接着舌尖向上齿龈移动，最后抵住上齿龈发前鼻音[n]。ün与in的发音仅是唇形变化不同，ün的唇形逐步展开，而in始终展唇。例如：

军训 jūnxùn　　逡巡 qūnxún　　均匀 jūnyún　　菌群 jūnqún　　润滑 rùnhuá

ian	前鼻音韵母

从前高不圆唇元音[i]开始发音，舌位下滑到前半低不圆唇元音[ɛ]，接着舌尖向上齿龈移动，最后抵住上齿龈发前鼻音[n]。例如：

绵延 miányán　　电线 diànxiàn　　鲜艳 xiānyàn　　脸面 liǎnmiàn　　变迁 biànqiān

uan	前鼻音韵母

从后高圆唇元音[u]开始发音，舌位向前迅速滑降到前低不圆唇元音[ɑ]，接着舌尖向上齿龈移动，最后抵住上齿龈发前鼻音[n]。例如：

婉转 wǎnzhuǎn　转弯 zhuǎnwān　换算 huànsuàn　贯穿 guànchuān　专断 zhuānduàn

üan	前鼻音韵母

从前高圆唇元音[y]开始发音，舌位滑降到前低不圆唇元音[ɑ]，接着舌尖向上齿龈移动，最后抵住上齿龈发前鼻音[n]。例如：

源泉 yuánquán　宣传 xuānchuán　圆圈 yuánquān　全权 quánquán　轩辕 xuānyuán

uen	前鼻音韵母

从后高圆唇元音[u]开始发音，向央元音[ə]滑降，接着舌尖向上齿龈移动，最后抵住上齿龈发前鼻音[n]。uen常省写为un。例如：

混沌 hùndùn　馄饨 hún · tun　准备 zhǔnbèi　遵循 zūnxún　存在 cúnzài

ang	后鼻音韵母

从后低不圆唇元音[ɑ]开始发音，接着舌面后部往软腭移动并抵住软腭发后鼻音[ŋ]。例如：

帮忙 bāngmáng　螳螂 tángláng　行当 háng · dang　苍茫 cāngmáng　商场 shāngchǎng

eng	后鼻音韵母

从央元音[ə]开始发音，接着舌面后部往软腭移动并抵住软腭发后鼻音[ŋ]。例如：

省城 shěngchéng　风筝 fēng · zheng　升腾 shēngténg　萌生 méngshēng　更正 gēngzhèng

ing	后鼻音韵母

从前高不圆唇元音[i]开始发音，接着舌面后部往软腭移动并抵住软腭发后鼻音[ŋ]。例如：

轻盈 qīngyíng　明星 míngxīng　评定 píngdìng　情境 qíngjìng　姓名 xìngmíng

ong	后鼻音韵母

从后高圆唇元音[u]开始发音，接着舌面后部往软腭移动并抵住软腭发后鼻音[ŋ]。例如：

从容 cóngróng　轰动 hōngdòng　动工 dònggōng　隆重 lóngzhòng　瞳孔 tóngkǒng

iong	后鼻音韵母

从后高圆唇元音[y]开始发音，紧接着发后鼻音[ŋ]。例如：

汹涌 xiōngyǒng　穷困 qióngkùn　窘况 jiǒngkuàng　勇敢 yǒnggǎn　穹庐 qiónglú

iang	后鼻音韵母

从前高不圆唇元音[i]开始发音，紧接着发[ɑŋ]。例如：

亮相 liàngxiàng　香江 xiāngjiāng　中央 zhōngyāng　洋溢 yángyì　两样 liǎngyàng

uang	后鼻音韵母

从后高圆唇元音[u]开始发音，紧接着发[ɑŋ]。例如：

装潢 zhuānghuáng　往往 wǎngwǎng　窗户 chuāng·hu　撞击 zhuàngjī　晃荡 huàng·dang

ueng	后鼻音韵母

从后高圆唇元音[u]开始发音，紧接着发[əŋ]。在普通话里，韵母 ueng 只有零声母一种音节形式。例如：

主人翁 zhǔrénwēng　嗡嗡 wēngwēng　瓮城 wèngchéng　渔翁 yúwēng　蓊郁 wěngyù

任务实施

鼻韵母及其辩证

单韵母的辨正

1. i 和 ü 的辨正

（1）发 i 时，不圆唇，舌位前高，嘴角向两边展开，舌尖轻触下齿背，舌面前部隆起，发音时声带振动，软腭上升，关闭鼻腔通路；发 ü 时，圆唇，舌位前高，舌尖轻触下齿背，舌面前部隆起，发音时声带振动，软腭上升，关闭鼻腔通路。

（2）i 和 ü 对照辨音字见表 1-15。

表 1-15　i 和 ü 对照辨音字表

声母	韵母	
	i	ü
零声母	yī—一、衣、依 yí—姨、咦、夷 yǐ—以、已、乙 yì—易、艺、译	yū—迂 yú—鱼 yǔ—雨 yù—喻、愈
b	bī—逼、鲾 bí—鼻 bǐ—比、芘、吡、秕 bì—毕、坒、庇、荜	
p	pī—批、纰、砒 pí—枇、毗、蚍 pǐ—擗、癖 pì—譬、辟、僻	

续表

声母	韵母	
	i	ü
m	mī—咪、眯 mí—迷、谜、醚 mǐ—米、洣、脒 mì—泌、秘	
d	dī—滴 dí—狄、荻 dǐ—邸、诋、抵、底 dì—弟、第、递、俤、娣	
t	tī—梯、锑 tí—题、提、缇、醍 tǐ—体 tì—剃、涕、悌、绨	
n	ní—尼、伲、坭、泥、铌 nǐ—你、拟 nì—逆、匿	nǚ—女、钕、敉
l	lī—哩 lí—离、篱、漓、璃、厘 lǐ—里、俚、理、鲤 lì—力、厉、沥、砺	lǘ—驴、闾、榈 lǚ—吕、铝、侣 lǜ—氯、绿、律、虑
j	jī—几、讥、饥、玑、机 jí—及、汲、级、极 jǐ—挤、济 jì—技、伎、妓	jū—居、琚、椐、裾、锯 jú—局、锔、焗 jǔ—咀、沮、龃 jù—巨、拒、讵、炬、苣
q	qī—妻、萋、凄、郪 qí—岐、跂、歧 qǐ—岂、起、杞、芑 qì—迄、讫、汽、气	qū—区、岖、驱、躯 qú—渠、蕖、磲 qǔ—取、娶、曲 qù—去、趣、觑
x	xī—夕、汐、矽 xí—习、袭 xǐ—喜、禧、憙 xì—戏、细、隙	xū—吁、圩、盱 xú—徐 xǔ—栩、诩、珝 xù—叙、溆、蓄

2. o和e的辨正

（1）o和e的发音情况大致相同，区别在于发o音时唇形圆，发e音时唇形不圆，可以用唇形变化的办法练习，掌握这两个韵母的发音方法。

此外，在声韵拼合规律上，普通话的韵母o只跟b、p、m、f拼合，而韵母e却相反，不能和这四个声母拼合，但“什么”的“么”字除外，所以大家记住b、p、m、f后面的韵母一定是o而不是e。

（2）o和e对照辨音字见表1-16。

表 1-16　o和e对照辨音字表

声母	韵母	
	o	e
零声母	ō—喔 ó—哦 ò—哦	ē—阿 é—俄、鹅、额 è—饿、恶、扼、颚、鄂
b	bō—拨、波、钵 bó—伯、薄、驳、泊、铂、脖、博、搏、箔、膊 bǒ—跛 bò—薄	
p	pō—坡、颇、泊、泼 pò—迫、破、魄	me—么
m	mō—摸 mó—模、膜、摩、磨、摹、魔 mǒ—抹 mò—末、没、莫、墨、沫、默	
f	fó—佛	
d		dé—得、德
t		tè—特
l		lè—乐
g		gē—搁、割、歌 gé—格、革、隔、阁、膈 gě—葛 gè—个、各
k		kē—科、棵、颗、柯、磕 ké—壳、咳 kě—可、渴 kè—克、刻、客、课
h		hē—呵、喝 hé—合、何、和、河、荷、核、盒、颌、禾 hè—和、荷、喝、贺、赫、褐、鹤、壑
z		zé—则、责、择、泽 zè—仄
c		cè—册、侧、测、策
s		sè—色、塞、瑟、涩
zh		zhē—遮 zhé—折、哲、辙 zhě—者、褶 zhè—这、浙、蔗

续表

声母	韵母	
	o	e
ch		chē—车 chě—扯 chè—撤、彻、澈
sh		shē—奢、赊、猞 shé—舌、蛇、折 shě—舍 shè—设、社、舍、射、摄、涉、赦、麝
r		rě—惹 rè—热

复韵母的辨正

复韵母及辨正

1. 避免韵头 i 或 u 的丢失

有些方言把普通话一些齐齿呼和合口呼韵母的字读成开口呼，丢失了韵头 i 或 u。例如，西南方言和吴方言往往把“队”读成“dèi”，把“推”读成“tēi”。这些方言地区的人要注意学好有韵头的韵母发音，弄清楚字音的韵母有无 i 或 u 韵头。

2. 分清单韵母和复韵母

普通话复韵母占全部韵母的 1/3，共有 13 个。有些方言的复韵母就没有这么多，所以容易把普通话的复韵母念成与之类似的单韵母。如有些南方方言区的人会把 ɑi、ei、ɑo、ou 发成单韵母，如把“ɑo”说成“o”。要改变这种现象，这些方言区的人在说普通话时，要注意复韵母的读法，防止丢失韵头和韵尾。做到这一点的关键，是要注意复元音的舌位在发音过程中必须有移动，如果发音过程中舌位不变，发出的就是单元音。

3. ou 和 uo 的辨正

（1）发 ou 音时，从后半高圆唇元音 [o] 开始，舌位向 [u] 的方向滑动升高，前长后短，前重后轻；发 uo 音时，从后高圆唇元音 [u] 开始，舌位立刻向下滑到 [o]，前短后长，前重后轻。只需记住二者的尾音是不同的，即可辨别。

（2）ou 和 uo 对照辨音字见表 1-17。

表 1-17　ou 和 uo 对照辨音字表

声母	韵母	
	ou	uo
零声母	ōu—欧、鸥 ǒu—偶、呕、藕	wō—窝、涡 wǒ—我 wò—握、卧

续表

声母	韵母	
	ou	uo
p	pōu—剖	
m	móu—谋、眸 mǒu—某	
f	fǒu—缶、否	
d	dōu—兜 dǒu—斗、抖、陡 dòu—斗、豆、逗、痘、窦	duō—多 duó—夺、度、踱 duǒ—躲、朵 duò—堕、跺、垛、舵
t	tōu—偷 tóu—头、投 tòu—透	tuō—托、拖、脱 tuó—驮、驼 tuǒ—妥 tuò—唾、拓
n	nòu—耨	nuó—挪 nuò—懦、诺
l	lōu—搂 lóu—楼 lǒu—搂、篓 lòu—漏、陋、露	luō—捋 luó—罗、锣、箩、螺 luǒ—裸 luò—络、落、洛、摞
g	gōu—沟、钩 gǒu—狗 gòu—构、购、够	guō—郭、锅 guó—国 guǒ—果、裹 guò—过
k	kōu—抠 kǒu—口 kòu—扣、叩	kuò—括、廓、扩
h	hōu—齁 hóu—侯、喉 hǒu—吼 hòu—后、厚、候	huō—豁 huó—和、活 huǒ—火、伙 huò—或、和、货、获、祸、惑、霍
z	zōu—邹、诹 zǒu—走 zòu—揍、奏	zuō—作、嘬 zuó—昨、琢 zuǒ—左、佐、撮 zuò—作、做、座、坐
c	còu—凑	cuō—搓、撮 cuó—嵯 cuò—错、挫、锉
s	sōu—搜、艘 sǒu—叟、擞 sòu—嗽	suō—缩、梭 suǒ—所、索、锁
zh	zhōu—州、周、舟、洲、粥 zhóu—轴 zhǒu—肘 zhòu—皱、咒、昼、骤	zhuō—捉、桌 zhuó—着

续表

声母	韵母	
	ou	uo
ch	chōu—抽 chóu—愁、绸、筹、稠 chǒu—丑 chòu—臭	chuō—戳 chuò—辍、龊
sh	shōu—收 shǒu—手、守、首 shòu—受、授、兽、寿、售	shuō—说 shuò—硕、蒴
r	róu—柔、揉 ròu—肉	ruò—若、弱

鼻韵母的辨正

复韵母及其辨证

1. en 和 eng 的辨正

（1）发en音时，在发完央元音[ə]后，舌尖要向上齿龈移动，最后抵住上齿龈发[n]；发eng音时，在发完央元音[ə]后，舌面后部要往软腭移动并抵住软腭发[ŋ]。

（2）en和eng对照辨音字见表1-18。

表1-18　en和eng对照辨音字表

声母	韵母	
	en	eng
零声母	ēn—恩 èn—嗯	ēng—鞥
b	bēn—奔、贲 běn—本、苯 bèn—笨	bēng—崩 béng—甭 běng—绷 bèng—迸、蹦、泵
p	pēn—喷 pén—盆	pēng—烹 péng—朋、棚、硼、鹏、彭、澎、膨 pěng—捧 pèng—碰
m	mēn—闷 mén—门、们、扪 mèn—闷、懑	mēng—蒙 méng—萌、盟、蒙、濛、檬、朦、艨 měng—猛、锰、蜢、艋、蒙 mèng—梦、孟
f	fēn—分、芬、纷、吩、氛、酚 fén—坟、焚 fěn—粉 fèn—分、份、忿、奋、粪、愤	fēng—风、枫、疯、峰、烽、锋、丰、封 féng—逢、缝、冯 fěng—讽 fèng—奉、俸、凤、缝
d	dèn—扽	dēng—登、灯 děng—等 dèng—邓、磴、镫、瞪

续表

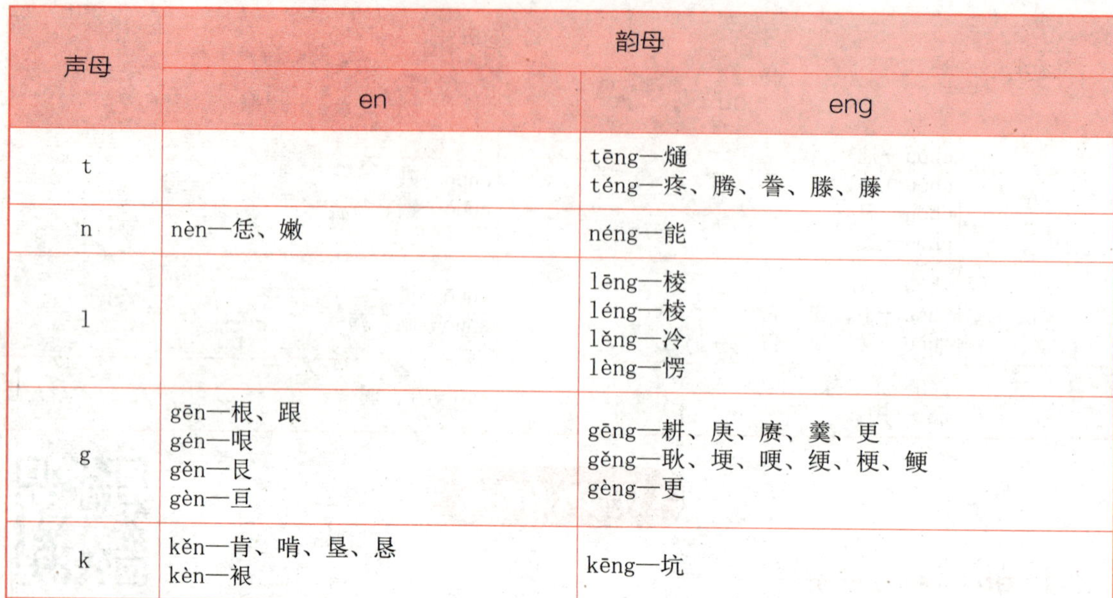

声母	韵母	
	en	eng
t		tēng—熥 téng—疼、腾、誊、滕、藤
n	nèn—恁、嫩	néng—能
l		lēng—棱 léng—棱 lěng—冷 lèng—愣
g	gēn—根、跟 gén—哏 gěn—艮 gèn—亘	gēng—耕、庚、赓、羹、更 gěng—耿、埂、哽、绠、梗、鲠 gèng—更
k	kěn—肯、啃、垦、恳 kèn—裉	kēng—坑

2. in 和 ing 的辨正

（1）发in音时，在发完[i]后，舌尖向上齿龈移动，最后抵住上齿龈发[n]；发ing音时，在发完[i]后，舌面后部往软腭移动并抵住软腭发[ŋ]。

（2）in和ing对照辨音字见表1-19。

表1-19　in和ing对照辨音字表

声母	韵母	
	in	ing
零声母	yīn—因、洇、茵、姻、氤 yín—垠、银、龈、吟、寅 yǐn—引、蚓、隐、瘾、饮 yìn—印、荫	yīng—英、瑛、媖、锳、应 yíng—荧、莹、萤、营、蝇 yǐng—影、颖 yìng—映、硬、应
b	bīn—宾、傧、滨、缤、槟 bìn—摈、殡、鬓	bīng—兵、冰 bǐng—丙、柄、炳、秉、饼 bìng—病、并
p	pīn—拼 pín—贫、频、嫔 pǐn—品 pìn—聘	pīng—乒 píng—平、评、坪、苹、枰
m	mín—民 mǐn—敏、皿、闽、悯、泯	míng—名、茗、铭、明、鸣 mǐng—酩 mìng—命
d		dīng—丁、叮、仃、钉、疔 dǐng—鼎、顶 dìng—定、锭、碇、腚、订

续表

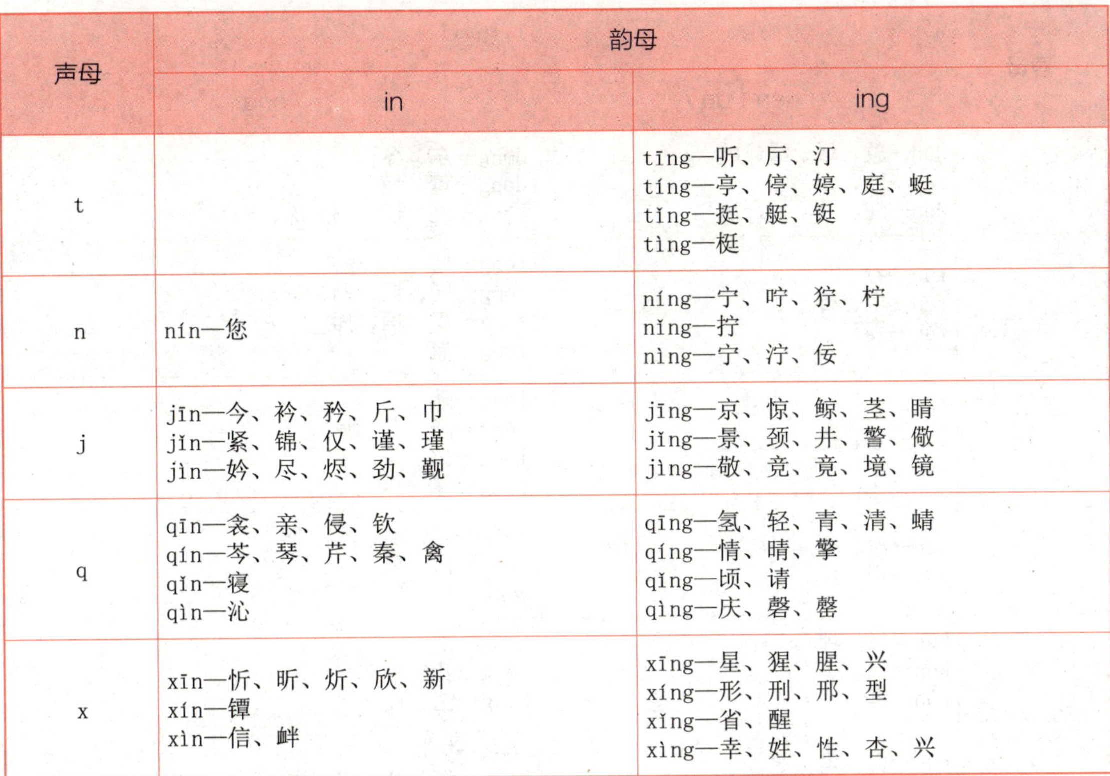

声母	韵母	
	in	ing
t		tīng—听、厅、汀 tíng—亭、停、婷、庭、蜓 tǐng—挺、艇、铤 tìng—梃
n	nín—您	níng—宁、咛、狞、柠 nǐng—拧 nìng—宁、泞、佞
j	jīn—今、衿、矜、斤、巾 jǐn—紧、锦、仅、谨、瑾 jìn—妗、尽、烬、劲、觐	jīng—京、惊、鲸、茎、睛 jǐng—景、颈、井、警、儆 jìng—敬、竞、竟、境、镜
q	qīn—衾、亲、侵、钦 qín—芩、琴、芹、秦、禽 qǐn—寝 qìn—沁	qīng—氢、轻、青、清、蜻 qíng—情、晴、擎 qǐng—顷、请 qìng—庆、罄、磬
x	xīn—忻、昕、炘、欣、新 xín—镡 xìn—信、衅	xīng—星、猩、腥、兴 xíng—形、刑、邢、型 xǐng—省、醒 xìng—幸、姓、性、杏、兴

3. uen 和 ueng 的辨正

（1）发uen音时，从后高圆唇元音[u]开始发音，向央元音[ə]滑降，接着舌尖向上齿龈移动，最后抵住上齿龈发[n]；发ueng音时，从后高圆唇元音[u]开始发音，紧接着发[əŋ]的音。

（2）uen和ueng对照辨音字见表1-20。

表1-20 uen和ueng对照辨音字表

声母	韵母	
	uen	ueng
零声母	wēn—瘟、温、榅 wén—文、纹、蚊、闻 wěn—稳、吻、紊 wèn—问、汶	wēng—翁、嗡、鹟 wěng—塕、蓊、滃 wèng—瓮、蕹、齆

4. uen（un）和 ong 的辨正

（1）发uen音时，从后高圆唇元音[u]开始发音，向央元音[ə]滑降，接着舌尖向上齿龈移动，最后抵住上齿龈发[n]；发ong音时，从后高圆唇元音[u]开始发音，而后舌面后部往软腭移动并抵住软腭发[ŋ]。

（2）uen（un）和ong对照辨音字见表1-21。

表 1-21 uen（un）和ong对照辨音字表

声母	韵母	
	uen（un）	ong
d	dūn—敦、墩、蹲、吨 dǔn—盹、趸 dùn—炖、钝、顿、盾	dōng—东、冬 dǒng—董、懂 dòng—洞、恫、侗、冻、栋
t	tūn—吞 tún—屯、臀 tùn—褪	tōng—通 tóng—同、铜、桐、童 tǒng—筒、桶、捅 tòng—痛
l	lūn—抡 lún—仑、沦、纶、轮 lùn—论	lōng—隆 lóng—隆、龙、咙 lǒng—拢、垄、陇 lòng—弄
g	gǔn—滚、辊 gùn—棍	gōng—工、功、攻、公、弓 gǒng—拱、巩 gòng—供
k	kūn—昆、坤 kǔn—捆 kùn—困	kōng—空 kǒng—孔、恐 kòng—空、控
h	hūn—昏、婚、荤 hún—魂、浑 hùn—混	hōng—烘、哄、轰 hóng—红、虹、宏、洪 hǒng—哄 hòng—讧、哄
z	zūn—尊、遵、樽 zǔn—撙	zōng—宗、综、棕、踪 zǒng—总 zòng—纵、粽
c	cūn—村、皴 cún—存 cǔn—忖 cùn—寸	cōng—囱、匆、葱、聪 cóng—从、丛、淙
s	sūn—孙 sǔn—损、笋、榫	sōng—松、嵩 sóng—㞞 sǒng—怂、耸、竦 sòng—宋、送、颂、讼
zh	zhūn—谆 zhǔn—准	zhōng—中、忠、盅、钟、衷 zhǒng—肿、种 zhòng—中、仲、种、重、众
ch	chūn—春、椿 chún—唇、纯、淳、醇 chǔn—蠢	chōng—冲、忡、充、舂 chóng—虫、重、崇 chǒng—宠 chòng—冲、铳
sh	shǔn—吮 shùn—顺、舜、瞬	
r	rùn—闰、润	róng—容、溶、蓉、榕、融 rǒng—冗

5. ün 和 iong 的辨正

（1）发ün音时，从前高圆唇元音[y]开始发音，接着舌尖向上齿龈移动，最后抵住上齿龈发[n]；发iong音时，从后高圆唇元音[y]开始发音，紧接着发后鼻音韵尾[ŋ]。

（2）ün和iong对照辨音字见表1-22。

表1-22　ün和iong对照辨音字表

声母	韵母	
	ün	iong
零声母	yūn—晕 yún—云、匀 yǔn—允、陨 yùn—运、酝、孕、熨	yōng—佣、拥、庸 yǒng—永、泳、咏、勇、涌、踊 yòng—用
j	jūn—均、君、军、菌 jùn—俊、骏、浚、峻、竣	jiǒng—窘、炯
q	qūn—囷 qún—群、裙	qióng—穷、琼
x	xūn—熏、勋 xún—旬、询、循、寻 xùn—训、讯、汛、迅、驯	xiōng—兄、凶、匈、胸 xióng—熊、雄

任务检测

1. 针对练习

（1）i和ü辨正练习。

①对比辨音练习。

奕yì—煜yù　　冀jì—具jù　　苡yǐ—屿yǔ　　郦lì—氯lǜ

曦xī—恤xù　　祁qí—渠qú　　戟jǐ—龃jǔ　　逦lǐ—履lǚ

办理lǐ—伴侣lǚ　　极限jí—局限jú

遗传yí—渔船yú　　意义yì—寓意yù

雨季jì—雨具jù　　季节jì—拒绝jù

②读准下列词语。

唏嘘xīxū　　崎岖qíqū　　汲取jíqǔ　　狙击jūjī

意欲yìyù　　集聚jíjù　　细语xìyǔ　　利率lìlǜ

比喻bǐyù　　与其yǔqí　　寄语jìyǔ　　一律yīlǜ

预计yùjì　　羽翼yǔyì　　抑郁yìyù　　雨季yǔjì

聚集jùjí　　急剧jíjù　　奇趣qíqù　　履历lǚlì

③读下面的绕口令。

a. 老齐拉了一车梨，老李拉了一车栗，老齐人称大力齐，老李人称李大力。老齐拉梨梨换栗，老李拉栗栗换梨。

b. 知之为知之，不知为不知，不以不知为知之，不以知之为不知，唯此才能求真知。

c. 小柱有本小书，书上画棵小树，树下有头小猪。小路撕破小柱的小书，撕坏了书上的小树，没撕坏树下的小猪。小柱要小路赔小书，小路对小柱说："我赔你的小书，赔你书上的小树，不赔你树下的小猪。"

d. 这天天下雨，体育局穿绿雨衣的女小吕，去找穿绿运动衣的女老李。穿绿雨衣的女小吕，没找到穿绿运动衣的女老李；穿绿运动衣的女老李，也没见着穿绿雨衣的女小吕。

（2）o和e辨正练习。

①读准下列词语。

拨弄bō	遮蔽zhē	波波bō	隔膜gémó
鄱阳pó	车辙chē	笸箩pǒ	合格hégé
抹黑mǒ	摄取shè	驳斥bó	社科shèkē
佛祖fó	热敷rè	琥珀pò	割舍gēshě

②读下面的绕口令。

a. 阿发和阿大，打靶在山下，阿发打八发，阿大八发打，阿发脱靶太尴尬，阿大中靶笑哈哈。

b. 哥哥弟弟坡前坐，坡上卧着一只鹅，坡下流着一条河，哥哥说：宽宽的河。弟弟说：白白的鹅。鹅要过河，河要渡鹅。不知是鹅过河，还是河渡鹅。

（3）e和er辨正练习。

①对比辨音练习。

恶毒è—二胡èr	遏止è—尔后ěr
天鹅é—因而ér	额头é—诱饵ěr
厄境è—第二èr	恶心ě—从而ér

②读准下列词语。

阿谀ēyú	巍峨wēi'é	迩来ěrlái	花萼huā'è
悦耳yuè'ěr	进而jìn'ér	儿女érnǚ	硬腭yìng'è
软腭ruǎn'è	噩耗èhào	鳄鱼èyú	儿孙érsūn
儿歌érgē	幼儿yòuér	耳鸣ěrmíng	耳环ěrhuán
而且érqiě	然而rán'ér	二人èrrén	十二shí'èr

③读下面的绕口令。

要说"尔"专说"尔"，马尔代夫，喀布尔，阿尔巴尼亚，扎伊尔，卡塔尔，尼泊尔，贝尔格莱德，安道尔，萨尔瓦多，伯尔尼，利伯维尔，班珠尔，厄瓜多尔，塞舌尔，哈密尔顿，尼日尔，圣彼埃尔，巴斯特尔，塞内加尔的达喀尔，阿尔及利亚的阿尔及尔。

（4）ai和ei辨音练习。

①对比辨音练习。

麦子mài—妹子mèi	外来wài—未来wèi
外部wài—胃部wèi	耐用nài—内用nèi
卖力mài—魅力mèi	分派pài—分配pèi

②读准下列词语。

悲哀 bēi'āi	卑微 bēiwēi	皑皑 ái'ái	暧昧 àimèi
每台 měitái	晒黑 shàihēi	百倍 bǎibèi	排雷 páiléi
黑麦 hēimài	没来 méilái	美白 měibái	塞北 sàiběi

③读下面的绕口令。

a. 买白菜，搭海带，不买海带就别买大白菜。买卖改，不搭卖，不买海带也能买到大白菜。

b. 贝贝飞纸飞机，菲菲要贝贝的纸飞机，贝贝不给菲菲自己的纸飞机，贝贝教菲菲自己做能飞的纸飞机。

c. 大妹和小妹，一起去收麦。大妹割大麦，小妹割小麦。大妹帮小妹挑小麦，小妹帮大妹挑大麦。大妹小妹收完麦，噼噼啪啪齐打麦。

d. 黑肥混灰肥，灰肥混黑肥。黑肥混灰肥，黑肥灰又黑。黑肥混灰肥，肥比黑肥灰。灰肥混黑肥，肥比灰肥黑。

（5）ie和üe辨音练习。

①对比辨音练习。

切实 qiè—确实 què	列表 liè—略表 lüè
猎取 liè—掠取 lüè	日夜 yè—日月 yuè
竹叶 yè—逐月 yuè	午夜 yè—五岳 yuè

②读准下列词语。

谢绝 xièjué	决裂 juéliè	解决 jiějué	确切 quèqiè
学业 xuéyè	学界 xuéjiè	劫掠 jiélüè	血液 xuèyè
喋血 diéxuè	节约 jiéyuē	协约 xiéyuē	越界 yuèjiè
月夜 yuèyè	学姐 xuéjiě		

③读下面的绕口令。

a. 姐姐借刀切茄子，去把儿去叶儿斜切丝，切好茄子烧茄子，炒茄子、蒸茄子，还有一碗焖茄子。

b. 孩子是孩子，鞋子是鞋子，孩子不是鞋子，鞋子不是孩子。是孩子穿鞋子，不是鞋子穿孩子。谁分不清鞋子和孩子，谁就念不准鞋子和孩子。

（6）in和ün辨音练习。

①对比辨音练习。

金 jīn—军 jūn	进 jìn—郡 jùn
银 yín—云 yún	印 yìn—运 yùn
新 xīn—勋 xūn	信 xìn—讯 xùn
白银 yín—白云 yún	扬琴 qín—羊群 qún
通信 xìn—通讯 xùn	不禁 jīn—不均 jūn
信服 xìn—驯服 xùn	严谨 jǐn—严峻 jùn

②读准下列词语。

军心 jūnxīn	进军 jìnjūn	寻衅 xúnxìn	音讯 yīnxùn
云锦 yúnjǐn	阴云 yīnyún	音韵 yīnyùn	新裙 xīnqún

允许 yǔnxǔ　　孕育 yùnyù　　询问 xúnwèn　　嶙峋 línxún
熏心 xūnxīn　　循进 xúnjìn　　禁运 jìnyùn　　因循 yīnxún

③读下面的绕口令。

a. 你也勤来我也勤，生产同心土变金。工人农民亲兄弟，心心相印团结紧。

b. 东运河，西运河，东西运河运东西。南通州，北通州，南北通州通南北。

（7）iao 和 iou（iu）辨音练习。

①对比辨音练习。

交 jiāo—纠 jiū　　叫 jiào—旧 jiù
小 xiǎo—朽 xiǔ　　笑 xiào—秀 xiù
嘹 liáo—刘 liú　　料 liào—六 liù
消息 xiāo—休息 xiū　　药片 yào—诱骗 yòu
出窑 yáo—出游 yóu　　谣言 yáo—油盐 yóu
推销 xiāo—退休 xiū　　生效 xiào—生锈 xiù

②读准下列词语。

飘渺 piāomiǎo　　逍遥 xiāoyáo　　巧妙 qiǎomiào　　叫嚣 jiàoxiāo
秒表 miǎobiǎo　　悄悄 qiāoqiāo　　久留 jiǔliú　　牛油 niúyóu
舅舅 jiù · jiu　　优秀 yōuxiù　　要求 yāoqiú　　漂流 piāoliú
郊游 jiāoyóu　　药酒 yàojiǔ　　邮票 yóupiào　　牛角 niújiǎo
幼小 yòuxiǎo　　校友 xiàoyǒu

③读下面的绕口令。

a. 天上飘着一片霞，水上漂着一群鸭。霞是五彩霞，鸭是麻花鸭。麻花鸭游进五彩霞，五彩霞挽住麻花鸭。乐坏了鸭，拍碎了霞，分不清是鸭还是霞。

b. 一葫芦酒，九两六。一葫芦油，六两九。六两九的油，要换九两六的酒。九两六的酒，不换六两九的油。

c. 水上漂着一只表，表上落着一只鸟。鸟看表，表瞪鸟，鸟不认识表，表也不认识鸟。

（8）ian 和 üan 辨音练习。

①对比辨音练习。

险 xiǎn—选 xuǎn　　线 xiàn—眩 xuàn
尖 jiān—捐 juān　　剪 jiǎn—卷 juǎn
千 qiān—圈 quān　　欠 qiàn—劝 quàn
前头 qián—拳头 quán　　演示 yǎn—远视 yuǎn
闲着 xián—悬着 xuán　　牵着 qiān—圈着 quān
有钱 qián—有权 quán　　一千 qiān—一圈 quān

②读准下列词语。

捐钱 juānqián　　捐献 juānxiàn　　卷烟 juǎnyān　　厌倦 yànjuàn
线圈 xiànquān　　泉眼 quányǎn　　权限 quánxiàn　　宣言 xuānyán
减员 jiǎnyuán　　演员 yǎnyuán　　元件 yuánjiàn　　远见 yuǎnjiàn
怨言 yuànyán　　全歼 quánjiān　　原先 yuánxiān　　圈点 quāndiǎn

全天quántiān　　边缘biānyuán　　健全jiànquán　　田园tiányuán

练拳liànquán　　偏远piānyuǎn

③读下面的绕口令。

a. 圆圈圆，圈圆圈，圆圆娟娟画圆圈。娟娟画的圈连圈，圆圆画的圈套圈。娟娟圆圆比圆圈，看看谁的圆圈圆。

b. 半边莲，莲半边，半边莲长在山涧边。半边天路过山涧边，发现这片半边莲。半边天拿来一把镰，割了半筐半边莲。半筐半边莲，送给边防连。

（9）ian和in辨音练习。

①对比辨音练习。

建军jiàn—进军jìn　　简章jiǎn—紧张jǐn

连接lián—邻接lín　　连夜lián—林业lín

鲜血xiān—心血xīn　　偏音piān—拼音pīn

签字qiān—亲自qīn　　棉芯mián—民心mín

仙境xiān—心境xīn　　现任xiàn—信任xìn

盐粉yán—银粉yín　　眼见yǎn—引见yǐn

②读准下列词语。

新鲜xīn・xiān　　觐见jìnjiàn　　潜心qiánxīn　　铅印qiānyìn

先进xiānjìn　　变频biànpín　　点心diǎn・xin　　今天jīntiān

鳞片línpiàn　　千斤qiānjīn　　连襟liánjīn　　勤俭qínjiǎn

偏心piānxīn　　年薪niánxīn　　前进qiánjìn

③读下面的绕口令。

a. 天津和北京，津京两个音。一是前鼻音，一是后鼻音。如果分不清，请你认真听。

b. 天上七颗星，树上七只鹰，梁上七个钉，台上七盏灯。拿扇扇了灯，用手拔了钉，举枪打了鹰，乌云盖了星。

c. 小金到北京看风景，小京到天津买纱巾，看风景，用眼睛，还带一个望远镜。买纱巾，带现金，到了天津把商店进。买纱巾，用现金，看风景，用眼睛。巾、金、睛、景要分清。

（10）uei和uen（un）辨音练习。

①对比辨音练习。

规范guī—滚翻gǔn　　桂竹guì—滚珠gǔn

魁首kuí—困守kùn　　会试huì—婚事hūn

灰暗huī—昏暗hūn　　吹风chuī—春风chūn

水路shuǐ—顺路shùn　　追叙zhuī—准许zhǔn

会合huì—混合hùn　　对号duì—顿号dùn

推挤tuī—囤积tún　　威仪wēi—瘟疫wēn

②读准下列词语。

围困wéikùn　　惠存huìcún　　归顺guīshùn　　亏损kuīsǔn

慰问wèiwèn　　鬼魂guǐhún　　鬼混guǐhùn　　闺阃guīkǔn

昏睡 hūnshuì　　春晖 chūnhuī　　顺嘴 shùnzuǐ　　尊贵 zūnguì
吨位 dūnwèi　　论罪 lùnzuì　　纯粹 chúncuì

③读下面的绕口令。

a. 威威、伟伟和卫卫，拿着水杯去接水。威威让伟伟，伟伟让卫卫，卫卫让威威，没人先接水。一二三，排好队，一个一个来接水。

b. 孙伦打靶真叫准，半蹲射击特别神，本是半路出家人，摸爬滚打练成神。

（11）in 和 ing 辨音练习。

①对比辨音练习。

金 jīn—京 jīng　　紧 jǐn—景 jǐng
新 xīn—星 xīng　　信 xìn—性 xìng
林 lín—零 líng　　凛 lǐn—领 lǐng
劲头 jìn—镜头 jìng　　婴儿 yīng—因而 yīn
海滨 bīn—海兵 bīng　　零食 líng—临时 lín
静止 jìng—禁止 jìn　　谈情 qíng—弹琴 qín

②读准下列词语。

心情 xīnqíng　　品行 pǐnxíng　　心灵 xīnlíng　　民兵 mínbīng
金星 jīnxīng　　灵敏 língmǐn　　清音 qīngyīn　　平民 píngmín
精心 jīngxīn　　定亲 dìngqīn　　尽情 jìnqíng　　新颖 xīnyǐng
拼命 pīnmìng　　听信 tīngxìn

③读下面的绕口令。

a. 隔墙听见人分银，不知道多少人分多少银。只听见人说，人人分半斤银余银四两，人人分四两银余银半斤。

b. 生身亲母亲，谨请您就寝，请您心宁静，身心很要紧，新星伴明月，银光澄清清。尽是清静镜，警铃不要惊，您请我进来，进来敬母亲。

（12）en 和 eng 辨音练习。

①对比辨音练习。

奔 bēn—崩 bēng　　笨 bèn—蹦 bèng
枕 zhěn—整 zhěng　　镇 zhèn—正 zhèng
门 mén—盟 méng　　闷 mèn—梦 mèng
震中 zhèn—正中 zhèng　　分针 fēnzhēn—风筝 fēng · zheng
审视 shěn—省市 shěng　　深沉 shēnchén—生成 shēngchéng

②读准下列词语。

真诚 zhēnchéng　　本能 běnnéng　　奔腾 bēnténg　　神圣 shénshèng
人生 rénshēng　　成本 chéngběn　　承认 chéngrèn　　风尘 fēngchén
证人 zhèngrén　　登门 dēngmén　　深坑 shēnkēng　　真正 zhēnzhèng
成分 chéngfèn　　生根 shēnggēn　　城镇 chéngzhèn　　诚恳 chéngkěn
憎恨 zēnghèn　　烹饪 pēngrèn　　纷争 fēnzhēng　　胜任 shèngrèn
冷门 lěngmén

③读下面的绕口令。

a. 小陈去卖针，小沈去卖盆。俩人挑着担，一起出了门。小陈喊卖针，小沈喊卖盆。也不知是谁卖针，也不知是谁卖盆。

b. 郑政捧着盏台灯，彭澎扛着架屏风，彭澎让郑政扛屏风，郑政让彭澎捧台灯。

c. 陈庄程庄都有城，陈庄城通程庄城。陈庄城和程庄城，两庄城墙都有门。陈庄城进程庄人，陈庄人进程庄城。请问陈程两庄城，两庄城门都进人，哪个城进陈庄人，程庄人进哪个城？

（13）uen（un）和ong辨音练习。

①对比辨音练习。

蹲dūn—东dōng　　钝dùn—洞dòng

孙sūn—松sōng　　损sǔn—怂sǒng

滚gǔn—汞gǒng　　棍gùn—共gòng

准了zhǔn—肿了zhǒng　　春风chūn—冲锋chōng

吞了tūn—通了tōng

②读准下列词语。

尊重zūnzhòng　混同hùntóng　顺从shùncóng　稳重wěnzhòng

昆虫kūnchóng　滚动gǔndòng　农村nóngcūn　红润hóngrùn

通顺tōngshùn　冬笋dōngsǔn　公论gōnglùn　中文zhōngwén

③读下面的绕口令。

a. 东边来个小朋友叫小松，手里拿着一捆葱。西边来个小朋友叫小丛，手里拿着小闹钟。小松手里葱捆得松，掉在地上一些葱。小丛忙放闹钟去拾葱，帮助小松捆紧葱。小松夸小丛像雷锋，小丛说小松爱劳动。

b. 初春时节访新村，喜看新村处处春。村前整地做秧床，村后耕田锄草忙。出村来到耕山队，林木茂盛果实壮。农业政策威力大，建设新村处处春。

（14）an和ang辨音练习。

①对比辨音练习。

扳手bān—帮手bāng　　女篮lán—女郎láng

反问fǎn—访问fǎng　　担心dān—当心dāng

赞颂zàn—葬送zàng　　水干gān—水缸gāng

闪光shǎn—赏光shǎng　　冉冉rǎn—叫嚷rǎng

涂染rǎn—土壤rǎng　　粘贴zhān—张贴zhāng

栈房zhàn—账房zhàng　　掩护yǎn—养护yǎng

②读准下列词语。

担当dāndāng　班长bānzhǎng　繁忙fánmáng　反抗fǎnkàng

擅长shàncháng　商贩shāngfàn　当然dāngrán　傍晚bàngwǎn

账单zhàngdān　方案fāng'àn

③读下面的绕口令。

a. 出前门，往正南，有个面铺面冲南，门口挂着蓝布棉门帘。摘了它的蓝布棉门帘，棉铺面冲南；给它挂上蓝布棉门帘，面铺还是面冲南。

b. 一个半罐是半罐，两个半罐是一罐，三个半罐是一罐半，四个半罐是两罐，五个半罐是两罐半，六个半罐是三罐，七个、八个、九个半罐，请你算算是多少罐？

（15）ian和iang辨音练习。

①对比辨音练习。

减jiǎn—讲jiǎng　　间jiān—将jiāng

念niàn—酿niàng　　连lián—良liáng

脸liǎn—两liǎng　　简历jiǎn—奖励jiǎng

签名qiān—枪名qiāng　　浅显qiǎn—抢险qiǎng

坚硬jiān—僵硬jiāng　　老年nián—老娘niáng

发言yán—发扬yáng

②读准下列词语。

现象xiànxiàng	坚强jiānqiáng	演讲yǎnjiǎng	变相biànxiàng
边疆biānjiāng	偏向piānxiàng	勉强miǎnqiǎng	联想liánxiǎng
强健qiángjiàn	想念xiǎngniàn	香烟xiāngyān	镶嵌xiāngqiàn

③读下面的绕口令。

a. 量窗量床又量墙，跳上床量窗，靠住墙量床，墙比床长，床又比窗长，窗长不过床，床又长不过墙，所以墙比床比窗长。

b. 山前住着个严圆眼，山后边住着个严眼圆，俩人山前来比眼，也不知严圆眼比严眼圆的眼圆，还是严眼圆比严圆眼的眼圆。

（16）uan和uang辨音练习。

①对比辨音练习。

官guān—光guāng　　管guǎn—广guǎng

专zhuān—庄zhuāng　　转zhuàn—壮zhuàng

喘chuǎn—闯chuǎng　　串chuàn—创chuàng

穿chuān—窗chuāng　　船chuán—床chuáng

官名guān—光明guāng　　专车zhuān—装车zhuāng

手腕wàn—守望wàng　　新碗wǎn—新网wǎng

②读准下列词语。

宽广kuānguǎng	端庄duānzhuāng	观光guānguāng	软床ruǎnchuáng
观望guānwàng	乱闯luànchuǎng	狂欢kuánghuān	光环guānghuán
慌乱huāngluàn	壮观zhuàngguān	撞断zhuàngduàn	装船zhuāngchuán
专断zhuānduàn	贯穿guànchuān	涮碗shuànwǎn	挽留wǎnliú
喘气chuǎnqì	观感guāngǎn	瘫痪tānhuàn	

③读下面的绕口令。

a. 那边划来一艘船，这边漂去一张床，船床河中互相撞，不知船撞床，还是床撞船。

b. 王庄卖筐，匡庄卖网，王庄卖筐不卖网，匡庄卖网不卖筐，你要买筐别去匡庄去王庄，你要买网别去王庄去匡庄。

(17) ang和eng辨音练习。

①对比辨音练习。

旁páng—棚péng　　胖pàng—碰pèng

狼láng—棱léng　　浪làng—愣lèng

刚gāng—耕gēng　　港gǎng—梗gěng

长了cháng—成了chéng　　忙着máng—蒙着méng

廊子láng—棱子léng　　商人shāng—生人shēng

②读准下列词语。

长城chángchéng　　章程zhāngchéng　　挡风dǎngfēng　　昌盛chāngshèng

膨胀péngzhàng　　生长shēngzhǎng　　正常zhèngcháng　　风浪fēnglàng

③读下面的绕口令。

a. 长扁担，短扁担，长扁担比短扁担长半扁担，短扁担比长扁担短半扁担。

b. 张康当董事长，詹丹当厂长，张康帮助詹丹，詹丹帮助张康。

2. 诗词练习

无题·昨夜星辰昨夜风

唐·李商隐

昨夜星辰昨夜风，画楼西畔桂堂东。
身无彩凤双飞翼，心有灵犀一点通。
隔座送钩春酒暖，分曹射覆蜡灯红。
嗟余听鼓应官去，走马兰台类转蓬。

相信未来

食指

当蜘蛛网无情地查封了我的炉台
当灰烬的余烟叹息着贫困的悲哀
我依然固执地铺平失望的灰烬
用美丽的雪花写下：相信未来

当我的紫葡萄化为深秋的露水
当我的鲜花依偎在别人的情怀
我依然固执地用凝霜的枯藤
在凄凉的大地上写下：相信未来

我要用手指那涌向天边的排浪
我要用手掌那托住太阳的大海
摇曳着曙光那枝温暖漂亮的笔杆
用孩子的笔体写下：相信未来

我之所以坚定地相信未来
是我相信未来人们的眼睛——
她有拨开历史风尘的睫毛
她有看透岁月篇章的瞳孔

不管人们对于我们腐烂的皮肉
那些迷途的惆怅、失败的苦痛
是寄予感动的热泪、深切的同情
还是给以轻蔑的微笑、辛辣的嘲讽

我坚信人们对于我们的脊骨
那无数次的探索、迷途、失败和成功
一定会给予热情、客观、公正的评定
是的，我焦急地等待着他们的评定

朋友，坚定地相信未来吧
相信不屈不挠的努力
相信战胜死亡的年轻
相信未来、热爱生命

3. 语段练习

（1）语段1。

端午节吃粽子是中国的传统习俗，然而，在国外也有不同的吃粽子习俗。

日本人在过节时所吃的粽子不是用糯米做的，而用粉碎的米粉做，粽子的形状与中国不同，普遍将粽子包成锤子形状。

缅甸人也喜爱吃粽子，但和端午节没有什么联系。他们是用糯米为原料，用成熟的香蕉和椰蓉做馅，这样做成的粽子酥软、甜滋滋的，吃时香味扑鼻，令人回味无穷。

越南人在端午节吃方形咸粽。这种粽子是用虾、瘦肉、鸭蛋黄、红豆做馅。还有一种甜粽，是用糯米粉捏成粉团，将椰丝、红豆或绿豆馅塞入粉团做成的菱形粽，蒸熟之后蘸上蜜汁或砂糖吃。

印度尼西亚人对粽子馅特别讲究：有猪肉馅、牛肉馅、鸡肉馅，有腊肉馅、火腿馅，还有广味香肠馅、虾肉馅、鱼肉馅。印度尼西亚的粽子是用粳米做的，较之糯米更容易消化，加上竹叶诱人的香气，很能引起人们的食欲。

菲律宾粽子是长条形，风味与中国浙江一带的粽子相同。粽子是菲律宾人过圣诞节必不可少的食物之一。

（资料来源：作者根据搜狐网和中国网有关资料整理改写）

（2）语段2。

最早的竞赛项目只是200码（大约182米）短跑，后来逐渐增多，有摔跤、掷铁饼、投标枪、赛马和赛车等。除了那些犯叛国罪和对神不敬的人，每个有气力、身体灵活的希腊公民都可以参加比赛。最受观众欢迎的是驾着马车赛跑的项目。比赛时，众马奔腾，车轮滚滚，尘雾飞扬；观众的欢呼声伴着隆隆的车声、骏马的嘶鸣，方圆数十里都能感受到那热烈的气氛。因为这种比赛，需要自己有马，又要接受专门训练，所以参加的往往是贵族的代表。

运动会结束，竞赛优胜者要戴上用月桂编成的王冠，这就是人们常说的桂冠。戴着桂冠的优胜者比国王还要受到人们的崇敬和爱戴。有人甚至把他们当作神一样来崇拜。闭幕式上，还要举行“国宴”招待他们。最著名的诗人向他们奉献赞美诗，一流的艺术家为他们在奥林匹亚建造纪念雕像。他们的名字很快就传遍整个希腊，甚至通过各种方式向国外传扬。优胜者的家乡把他们当作出征凯旋的英雄来欢迎。有的城市还特地把城墙打开一个缺口，让他们像征服者那样进城。如果优胜者是雅典人，还可以得到500银币的奖励。

古老的运动会还树立起了一种优良的运动作风，优胜者得到最高的荣誉，受到普遍的尊敬；而那些在运动会上使用不正当手段进行作弊的人，要被立即赶出竞技场，遭受大家的耻笑。

奥林匹克运动会是古代希腊生活中一项极为重要的事件，甚至战争也要为运动会让路。交战的双方会暂停攻击，等到5天运动会结束以后再继续开火。后来，休战期延长到一个月，最后延长到3个月。最令人难以理解的是，即使在外敌入侵的时候，希腊人仍把运动会放在第一位。奥运会是希腊全国性的节日，每个希腊人都把能看到奥运会当作一生幸福的大事。

（资料来源：椰椰，古希腊奥运会起源）

任务四　音节训练

任务导入

音节是语音的基本单位，更是表达意义的语音单位，是作为语言最小音义结合体的载体单位。汉语的音节可由声母和韵母构成，也可由单个韵母构成。同时，汉语作为一种声调语言，声调也是音节不可或缺的组成部分。

任务准备

1. 音节概述

音节是听觉上能够自然分辨的最小语音片段，由一个或几个音素按一定规律组合而成。汉字是表音节的文字。一般说来，一个汉字代表一个音节，比如“北京奥运会”五个汉字，就是五个音节。只有极少的例外，如儿化音节中的niǎor（鸟儿）念起来是一个音节。

汉语音节可以分为声母、韵母和声调三个部分。其中韵母部分最复杂，一个韵母最少有一个音素，最多有三个音素。在由三个音素构成的韵母中，中间发音最响亮的音素叫韵腹；韵腹前面的音素叫韵头，也叫介音；韵腹后面的音素叫韵尾。韵腹是韵母中不可缺少的成分，韵头和韵尾可以都有，也可以都没有，也可以只有其中的一个。韵母中如果只有一个音素，这个音素一定是韵腹。如果有两个音素，可能是韵头和韵腹，也可能是韵腹和韵尾。如果有三个音素，就一定是韵头、韵腹和韵尾。分析韵母结构时一定要先找出韵腹，再找韵头和韵尾。普通话的音节分析见表 1-23。

表 1-23　普通话的音节分析表

音节		声母	韵母				声调
			韵头	韵腹	韵尾		
					元音韵尾	辅音韵尾	
都	dōu	d		o	u		阴平
来	lái	l		ɑ	i		阳平
学	xué	x	ü	e			阳平
好	hǎo	h		ɑ	o[u]		上声
规	guī	g	u	e	i		阴平
范	fàn	f		ɑ		n	去声
标	biāo	b	i	ɑ	o[u]		阴平
准	zhǔn	zh	u	e		n	上声
流	liú	l		e	u		阳平
畅	chàng	ch		ɑ		ng	去声
的	de	d		e			轻声
普	pǔ	p		u			上声
通	tōng	t		o		ng	阴平
话	huà	h	u	ɑ			去声
语	yǔ			ü			上声
音	yīn			i		n	阴平

从表 1-23 中可以看出，一个音节必不可少的是声调和韵母中的韵腹，其他部分都不一定齐全。作为韵头的元音音素只有 i、u、ü 三个，作为韵尾的元音音素只有 i、u 两个。需要注意的是，作韵尾的 o 实际上是[u]，为了在拼写时避免同 u 混淆，才写作 o，辅音音素有 n、ng 两个。iu、ui 和 un 只作为书写形式，分析时仍以省写的 e 或 o 为韵腹，其中 iu 以 o 作为韵腹。ê 和 ü 在分析时仍按原音素书写，符号不能省略，以免和 u、e 混淆。i、u、ü 零声母音节书写时采用的 w、y 一律不做音素处理。

2. 音节的拼合

音节是由声母、韵母、声调构成的，但它们并不是任意地拼合。声韵拼合后也不是和所有

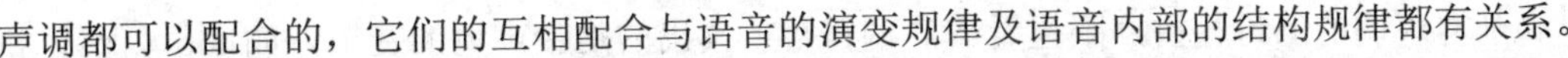

声调都可以配合的，它们的互相配合与语音的演变规律及语音内部的结构规律都有关系。

（1）拼合要领。人们在拼音时往往出现一些问题。例如，没有把韵母作为一个整体念准、念熟，拼读时临时进行音素的拼合；丢头掉尾、顾此失彼；生硬拼合，韵头、韵腹、韵尾的强弱及长短都念得不准确；拼合时呼读音中的元音成分“从中作梗”，影响准确度。要避免这些问题，必须牢牢把握以下四条基本原则。

①要念准声母。拼音应是念声母的本音，而不是呼读音。所谓呼读音，是按照声母本音的发音趋势，在后面加上一个适当的元音，如po、mo、de、te、ji、qi。如果使用呼读音与韵母相拼，例如，ni（腻），不去掉n后面方便呼读的e，就会拼成nei（内）。所以拼音是要注意用声母的本音与韵母相拼。克服的办法是将声母读得轻些、短些，把韵母读得重些、长些，拼合的时候速度快些。

②要念准韵母，尤其是要读准复韵母和鼻韵母。发音时，一是要体现动程，二是要读成一个整体。常见的问题是丢失韵头或改变韵头。一些方言区的人由于受方言的影响，常常丢失韵头。例如，guō（锅）被拼读为gō，zuǒ（左）读成zǒ；还有一些方言区没有撮口呼，这些地方的人往往将撮口呼念错，如将nǚ（女）念成nǐ等。解决的办法是，有韵头的音节韵头要读得轻短，有鼻韵尾的音节则要将韵尾读到位。

③要念准声调。声调是普通话的必有成分，它附加在声母和韵母的组合结构上。在念准声母和韵母之后，还要注意读准声调。普通话的声调“一平二升三曲四降”，差异明显，且有固定的调值。但有些方言区的人在拼读时由于受方言影响，往往读不准。如阴平读得不够高，将各调类的调型读错。

④声母、韵母之间要一气呵成，不能停顿，用不间断的气流贯穿音节始末。否则，拼出的就不像是一个音节，如：拼xiān（先）时，xi和an之间有了停顿，就会拼成xī'ān（西安）。

（2）拼音方法是按照一定的结构规律把声母和韵母拼合成音节的方法。普通话音节的拼合方法主要有下列三种。

①两拼法。只有声母和韵母的，采用两拼连读法。这种方法的要领是“前音（指声母）轻短后音（指韵母）重，两音相连猛一碰”。例如：b—ào → bào，h—āng → hāng。

②三拼连读法。对有声母、介音和韵母三段的音节，采用三拼连读法。这种方法的要领是“声短介快韵母响，三音连读很顺当”。例如：x（声母）—i（介母）—an（韵母）→ xiàn（现）。三拼音节也可以运用两拼法进行拼音，即把声母和介音看成一个整体，直接和后面的韵母进行拼音。例如：bi—āo → biāo（标），hu—áng → huáng（黄），hu—ān → huān（欢）。

③直呼音节法。直呼音节法就是对一个音节不再进行拼读，直接读出字音的方法。直呼音节的方法一般有三种，一是支架法，要领是“声母支好架，声韵同时发”，也就是说先摆好发声母的口形，紧接着用声母的本音连读带调韵母，一口气呼出音节；二是暗拼急读法，即初学直呼时，向支架法过渡的办法，就是看到一个音节，先看准音节的声、韵、调，但不念出来，而是经过在心里拼准后，再快速直接读出音节；三是整体认读法，即像认读汉字一样，直接认读一个个音节。

④定调方法。确定声调的方法主要有三种，一是音节数调法，先用声母和基本声调（第一声）的韵母相拼，拼成音节，再看上面是哪个声调，就用这个音节按照第一声、第二声、第三声、第四声的顺序数下去，数到这个音节的声调为止，如bā、bá、bǎ、bà；二是音节定调法，

用声母和基本声调的韵母相拼，眼里看着声调符号，读出的是带声调的音节，如bǎo（保），拼音时念b—ǎo→bǎo；三是韵母定调法，用声母和带声调的韵母相拼，直接拼出带声调的音节，如hǔ（虎），拼音时念h-ǔ→hǔ，这个方法直截了当，拼读比较熟练了便可采用。

任务实施

使用《汉语拼音方案》拼写普通话时，要熟练掌握拼写规则，避免出现拼写错误。掌握拼写规则要注意以下几个方面。

1. y和w的使用

为了使音节界限清楚，《汉语拼音方案》规定零声母开头的音节，要分别使用隔音字母y和w。

（1）当前面没有声母的时候，i列的韵母前加y，如果是复韵母，再去掉i。如yī（衣）、yā（呀）、yē（耶）、yāo（腰）、yōu（忧）、yān（烟）、yīn（因）、yāng（央）、yīng（英）。

（2）当前面没有声母的时候，u列的韵母前加w，如果是复韵母，再去掉u。如wū（乌）、wā（蛙）、wō（窝）、wāi（歪）、wēi（威）、wān（弯）、wēn（温）、wāng（汪）、wēng（翁）。

（3）当前面没有声母的时候，ü列的韵母的ü要写成yu，如yū（迂）、yuē（约）、yuān（冤）、yūn（晕）、yōng（雍）。

2. iou、uei、uen的使用

iou、uei、uen三个韵母和声母相拼时，要去掉中间的元音字母，写为iu、ui、un。例如，niú（牛）、guī（归）、lùn（论）。如果前面是零声母，就要按照y和w的使用规则，分别写为you、wei、wen。可见iou、uei、uen是理论的写法，在实际拼写时并不出现。但在分析韵母的结构时，仍旧使用iou、uei、uen，不用省写式。

3. ü的使用

韵母ü能和j、q、x、n、l五个声母相拼。声母j、q、x可以和ü相拼，但是不能和u相拼。为了减少ü的出现频率，《汉语拼音方案》规定，当j、q、x和ü相拼时，ü上的两点要省去，写成u，如“居”“屈”“虚”要写为jū、qū、xū，不能写为jǖ、qǖ、xǖ。而n、l既可以和u相拼，又可以和ü相拼，当n、l和ü相拼时，ü上的两点不能省去，如“女”“吕”要写为nǚ、lǚ不能写为nǔ、lǔ。

4. 声调符号的位置

声调符号简称调号，要标在韵母上，不标在声母上。单韵母只有一个元音，调号只能标在那个元音上，如bā（八）、tí（提）。二合前响复韵母，调号标在前一个元音上，如bāi（掰）、bēi（杯）；二合后响复韵母，调号标在后一个元音上，如jiā（家）、guó（国）；三合复韵母，调号标在中间的元音上，如jiāo（交）、guāi（乖）。iu、ui、un是iou、uei、uen的省写式。iu、ui的调号标在后一个元音上，un的调号标在前一个元音上，如niú（牛）、guī（归）、lùn（论）。

任务检测

1. 音节认读训练

bà · ba　wǒ　dàmǐ　tǔdì　mǎ
tù　héhuā　xiàqí　xǐyī · fu　dājīmù
cābō · li　zuòhèkǎ　tuōdì　zhú · zi　rìchū
qíchē　dúshū

2. 音节拼读训练

（1）用两拼法拼读下列音节。

爸　爬　马　大　发　扎　砸　茶　擦　那
塔　辣　波　佛　抹　破　喔　拨　坡　莫
摸　伯　珀　卜　么　德　科　特　这　个
车　蛇　侧　呢　乐　喝　比　皮　米　地
梯　尼　里　及　其

（2）用三拼连读法拼读下列音节。

或　过　阔　多　托　落　桌　啜　说　约
月　雪　靴　血　却　决　虐　略　缺　觉
穴　掉　刁　笑　肖　小　挑　表　秒　疗
交　桥　秋　修　九　六　妞　拗　柳　求
亏　会　贵　追　吹

（3）用直呼音节法拼读下列音节。

肯　真　盆　门　分　本　认　陈　神　怎
岑　森　仅　沁　欣　拼　民　因　林　您
秦　金　银　彬　军　云　运　晕　循　群
均　俊　旬　韵　裙　熏　轮　润　滚　昆
困　纯　捆　吮　顿

3. 词语拼读训练

广告 guǎnggào　分层 fēncéng　公司 gōngsī　手表 shǒubiǎo
丝绸 sīchóu　价值 jiàzhí　价格 jiàgé　成本 chéngběn
平均数 píngjūnshù　自行车 zìxíngchē　利润率 lìrùnlǜ　营业税 yíngyèshuì
葡萄酒 pú · taojiǔ　董事会 dǒngshìhuì
工厂成本 gōngchǎngchéngběn　艺术设计 yìshùshèjì
方便食品 fāngbiànshípǐn　文房四宝 wénfángsìbǎo

任务五　声调

任务导入

汉语被称作声调语言，因为跟世界上许多语言相比，汉语的一个重要特点就是有声调。普通话作为汉语的共同语和标准语，其声调系统较为简单和整齐，具体表现为单字调之间区别鲜明整齐，连续变调不像其他方言那么复杂。

任务准备

1. 声调概述

（1）声调的概念。声调是指汉语中音节的高低升降变化。汉语中，一般一个音节就是一个汉字，所以，声调又叫字调。

（2）声调的特点。声调以音高作为主要特征，其高低、升降主要决定于音高，音长是次要的伴随性特征。同一个人不同的音高变化是由控制声带的松紧决定的。声带越紧，发音时在一定时间内颤动的次数就越多，音高也就越高；声带越松，发音时在一定时间内颤动的次数越少，音高就越低。随着声带的松紧变化，产生了声调高低、升降的变化。

声调的音高有两个特点：首先，声调的音高是相对音高。也就是说，声调的音高变化是采用比较的方法确定同一基调的音高变化形式和幅度。只有这种同一个音高基调上的声音的高低升降变化才具有区别意义的作用。如妈、麻、马、骂四个音节。“妈”音高而平，“麻”音由较低而升高，“马”音先降后升，“骂”音由高而低，四个音节的相对音高不同，声调就不同。两个人发音时绝对音高虽然不同，但相对音高却可以是相同的，所以他们可以很顺利地听懂对方说的话。如一个老人用低音说“太阳”，让一个孩子提高一个八度说，听起来还是“太阳”，这种声音高低的不同是绝对音高的区别，不具有区别意义的作用；而他们说“太阳”时音高的变化形式和升降幅度大体相同，这种音高变化形式和升降幅度构成声调的“相对音高”。其次，声调的音高变化是连续的、渐变的、滑动的过程，中间没有停顿和跳跃。

（3）声调的意义。作为音节的三要素之一，声调同声母、韵母一样，具有区别意义的作用。声调不同的同音素音节，意义也会不同，如yī（一）、yí（夷）、yǐ（乙）、yì（亿）四个音节，声母、韵母都相同，但由于声调不同，导致意义完全不同。再比如mǎi（买）和mài（卖）两个音节，也是只有声调的升降形式不同，形成了截然不同的两个意义。音节中缺了声调，表意就会变得不明确。因此，声调是音节中不可缺少的组成部分，它直接关系到字义的准确、语义的表达。

2. 调值

汉语的声调可以从调值和调类两个方面分析。调值指音节高低、升降、曲直、长短的变化形式，即声调的实际读法。普通话中存在高平调（55）、中升调（35）、降升调（214）、全降调（51）四种调值。为了把调值描述得具体、好懂，一般采用赵元任创制的“五度标记法”标记声调，如图1-2所示。五度标记法是用五度竖标标记调值相对音高的一种方法。画一条竖线，

分作四格五度，表示声调的相对音高，在竖线上把声调的相对音高标记出来，其中最高音定为五度，半高音为四度，中音为三度，半低音为二度，低音为一度。如春、天、花、开在普通话中的调值是高平 55 调；美、好、理、想在普通话中的调值是降升 214 调。并在竖线的左侧画一条短线或一点表示音高升降变化的形式。根据音高变化的形式，制成五度标调符号，有时也采用两位或三位数字表示。例如：北（bei214）、方（fang55）。

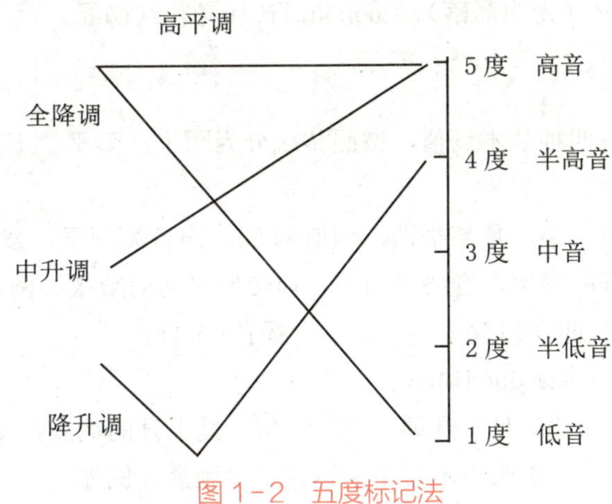

图 1-2　五度标记法

普通话的四种基本调值用五度标记法表示如下：

高平调（阴平）	55	春天花开
中升调（阳平）	35	人民和平
降升调（上声）	214	永远友好
全降调（去声）	51	创造世界

3. 调类

调类指的是声调的种类，即把相同调值的字归纳到一起所建立的类。一般而言，有几种基本调值，就可以归纳出几种调类。如人（rén）、民（mín）、团（tuán）、结（jié）四个字在普通话中的调值都是中升 35 调，可归纳为一个调类——阳平调；创（chuàng）、造（zào）、世（shì）、界（jiè）四个字在普通话中调值则属于全降 51 调，可以归纳成一个调类——去声。

调值是声调的实际读音，调类是声调的类别，二者有着密不可分的关系。在普通话中，调值的数目决定了调类的数目，有几种调值就有几个调类；调类相同，调值必然相同。在同一种方言中也是这样。而汉语方言的声调，有着各自不同的调值和调类。两种方言调值相同的字，不一定同属相同的调类，而调类相同的字，其调值也往往差异很大。例如普通话的阳平字读 35 值，粤方言阳平字则读 21 值；在不同方言中的同一调值的音会出现在不同的调类中，如在普通话中阴平调“姑妈”调值是 55，在济南话中上声调的字“古马”读 55 调。学习调值和调类时，应该注意这种差别。方言和普通话的声调都是从中古语音的“平、上、去、入”四声（根据声母的清浊，四声各分阴、阳，共计八类）演变而来的。在演变过程中有分化、有合并，发展的速度不一样，所以各种方言的调类多少并不相同，但不出于古四声（八类）的系统，而且演变规律比较整齐。调查的结果是吴语上海市区话现有五个调类，附近的苏州话则有七个调类，粤语广州话多至九种调类等。普通话语音发展较快，只有四个调类，有人将这四个调类及调式归纳为口诀：

阴平高高一路平，阳平从中往上升，

上声低降再扬起，去声从高滑底层。

《汉语拼音方案》规定了这四种声调的调号，分别为ˉ（阴平）、ˊ（阳平）、ˇ（上声）、ˋ（去声）。这些调号的形状基本上是五度标记法的缩影，调号要标在主要元音（韵腹）上，如：guāngmínglěiluò（光明磊落）、huāhóngliǔlǜ（花红柳绿）。

4. 普通话声调系统

普通话的全部字音有四种基本调值，按照传统分为阴平、阳平、上声、去声四个调类，统称“四声”。

（1）阴平调，又叫第一声，是高平调，调值为55，声音高而平，发音过程中从5度滑向5度，大体上没有高低升降的变化，音势平而柔。声带始终均衡紧张。例如：

参加cānjiā　西安Xī'ān　播音bōyīn　冰箱bīngxiāng

江山jiāngshān　多娇duōjiāo

（2）阳平调，又叫第二声，是中升调，调值为35，是上升的调式，发音时由中音升到高音，即由3升到5，音势向上升。声带由不松不紧迅速过渡到紧。例如：

昂扬ángyáng　豪情háoqíng　团结tuánjié　直达zhídá

滑翔huáxiáng　儿童értóng

（3）上声调，又叫第三声，是降升调，调值为214，发音时先由半低音2度降到低音1度，再向上升到半高音4度。是一个降了又升的调子，音势厉而强。声带由较松状态接着放松，然后迅速紧张。例如：

党委dǎngwěi　领导lǐngdǎo　广场guǎngchǎng　古典gǔdiǎn

北海běihǎi　鼓掌gǔzhǎng

（4）去声调，又叫第四声，是全降调，调值为51，是下降的调式，发音时声音由高音5度降到低音1度，是一个下降的调子，音势清而远。声带由紧到松。例如：

创造chuàngzào　世界shìjiè　庆贺qìnghè　日月rìyuè

大厦dàshà　破例pòlì

为了方便大家记忆，表1-24列出了普通话声调及示例。

表1-24　普通话声调及示例

调类	调型	调值	发音方法	记忆口诀	例字
阴平	高平调	55	发音时，声带绷得紧，而且始终不变	起声高高一路平，一点弯曲都不行	春 高 星 腰 机 吃 催 摸
阳平	中升调	35	发音时，声带由不松不紧逐渐拉紧到最高程度	由中到高向上挑，上升幅度不能小	人 王 谁 门 彭 伐 晨 回
上声	降升调	214	发音时，声带稍微紧张后，立刻松弛下来，而后又迅速绷紧，但不到最紧张的程度	降升拐弯送到家，不要半路就停下	某 稳 请 米 懒 买 赌 饱
去声	全降调	51	发音时，声带由最紧张逐渐放松到最松弛	大起大落到底层，调值51要记清	案 爸 算 诺 论 送 酷 派

5. 古今调类比较

普通话声调是从古汉语声调发展而来的。在发展过程中，调值的变化较快，而调类的变迁则较慢，调类的变化依次主要表现为浊上变去声和声调分阴阳两个方面，而发展到现代，主要的表现为“入派三声”。古汉语中，声母存在清、浊之分，浊音中全浊的上声字早在8世纪时期就完成了向去声的转变，而次浊的上声字还读上声，这就是“浊上归去”的现象。古汉语有平、上、去、入四个大的调类，又根据声母的清浊各分阴阳而成为八个小类。古四声平、上、去、入演变到普通话语音声调虽然也是四声，但古今的四声已不是一对一的对应关系，其中最明显的是入声一类在普通话中已经完全消失，凡中古入声字都分别归并到平、上、去三种调类。根据声母的清、浊等原因在分化及归并中出现了“入派三声”现象。

浊声母可以分为“全浊”和“次浊”两类，分化时全浊声母和次浊声母归向不同，如古阳上声字中全浊声母字一律归并到去声，次浊声母字仍保留在上声。古阳入声字中全浊声母字绝大部分归并到阳平，次浊声母字几乎全部归并到去声。普通话语音没有全浊声母，只有四个次浊声母m、n、l、r，汉语其他方言大都保留全浊声母。从表1-25可以看出古今声调的演变基本还是有规律的，古平声字中阴、阳两声调分别归入今阴平、阳平，古上声字中阴上和阳上次浊声母字都归入上声，只有阳上中分化出全浊声母字归并到今去声，所以现代的上声字要比古代上声字略少，“浊上归去”在其他方言中也普遍存在，而现代的去声字却比古代多得多了，因为有大量古入声次浊声母字几乎全部归并到普通话的去声里了。由此可见，同样的“四声”，古今不能等同。其大致的变化规律可以概括如下。

（1）平声：分化为阴、阳两类。

（2）上声：全浊上声转变为去声。

（3）去声：调类不变。

（4）入声：全浊入声转化为阳平，次浊入声转化为去声，清音入声的转化无规则，入声全部消失。

表1-25　古今调类比较表

古调类			普通话调类			
			阴平	阳平	上声	去声
平声	古清声母		夫汤妻诗			
	古浊声母	次浊		门难牛油		
		全浊		符糖齐时		
上声	古清声母				府短酒纸	
	古浊声母	次浊			米老藕有	
		全浊				妇道旱似
去声	古清声母					富对去试
	古浊声母	次浊				慢浪岸用
		全浊				附盗汗寺

续表

古调类			普通话调类			
			阴平	阳平	上声	去声
入声	古清声母		哭桌出瞎	革国博节	谷铁北百	客阔必式
	古浊声母	次浊				木绿目叶
		全浊		白敌学直		

由于古今声调的演变有基本整齐的对应规律，所以朗读格律诗辨认“平仄”问题并不困难。古代把四声分成“平”和“仄”两类，平声是“平”，上去入是“仄”。用今天普通话语音来看“平仄”，凡阴平、阳平是古“平声”，上声去声是古“仄”声。需要注意的是有“入派三声”，即在阴平、阳平字中还有一部分是来自古入声字，这些字仍应看作古“仄”声。

入声是中古语音的一种调类名称，经过语音的发展演变，现代普通话语音中已经没有这一调类，形成了“入派三声”的演变规律，但很多方言至今仍完整保留了入声这一调类。入声的发音特点是调值短促，而且入声字的韵母带有一个塞音韵尾，它不能像元音韵母那样可以延长发音，气流要受到塞音韵尾的阻塞。如普通话中的“一日”两个音节，发音都可以延长，但在有入声的方言如粤方言区的人读这两个音节时明显有区别，无法延长，发韵母时感到喉部有堵塞，这是因为入声字韵母都带有一个发音部位在喉头或口腔的塞音韵尾。在古今演变过程中，一般都发生了变化，至今保留[b][d][g]塞音韵尾的只有粤语，其他方言的入声字韵尾多数变为喉塞音，如吴语、闽语、赣语等。

任务实施

学习普通话，除声母、韵母要求发音准确外，对声调的要求也十分高。声调是人们学习普通话的一个重点和难点。有学者认为：“声调是区分方言与普通话的重要标尺”“普通话四个声调是普通话语音最显著和最基本的特征”“普通话的声调水平基本上决定了一个人普通话的等级水平”。而从听感上说，山东方言和普通话在语音上的最大差别是声调，因而应该格外重视。声调的本质是音高变化，有时微小的音高变化，不如声、韵母错读后，给人以截然不同的两种音色来得明显。因此，声调的错误及缺陷往往更难纠正。方言区的人要克服方言声调的影响，首先要把握好普通话平、升、曲、降四个声调的区别，其次要找出自己方言的声调和普通话声调的对应关系，认清其中的差异，并注意纠正方言声调的习惯读法，有意识地加强声调的练读，提高听辨能力，才能读准普通话的四个声调。

我国疆域辽阔，不同地区的方言差距很大，各地方言在声调方面的差异非常大。北方方言声调方面最突出的特点是调类的数目比较少。北方方言大多数没有入声调，各地声调以四至五个为最多，尤以四个声调最普遍。古四声中，平、上、去三声在北方各地方言中的分化、发展情况相似，即：古平声清声母字，现念为阴平，如“包”“周”“基”“夫”“甘”“尊”“江”“光”等；古平声浊声母字，现念为阳平，如“爬”“徒”“锄”“条”“林”“沉”“群”“同”“红”等；古上声清声母和次浊声母字，现念为上声，如“补”“早”“胆”“粉”“党”“井”“榜”“选”“暖”“染”“老”等；古上声全浊声母字和古去声字，现念为去声，如古上声全浊声母字“部”“父”“道”“愤”“荡”与

古去声字“过”“怕”“步”“带”“共”“耀”等。古入声分化有大致相同的趋势，除江淮、秦晋方言保留入声自成调类外，其余入声调消失的各北方方言古入声字的归属仍有细微的差别。各地区声调调类大致相同，同一调类的调值却相差很远，如普通话的上声调值为214，南京方言调值为22、成都方言调值为52、兰州方言调值为442、济南方言则为55。

而南方方言的声调却较多，大多数是七个，如闽方言以及吴方言中的苏州话都是七个声调，湘方言、赣方言、客家方言则有六个声调，绍兴话有八个声调，粤方言中的玉林话达十个。再就是比较完整地保留了中古汉语的调类，多数南方方言平、上、去、入都分阴调和阳调，个别地方如吴方言中的上海话、客家方言、闽方言上声不分阴阳。南方方言声调的对立特征呈多样化，且绝大多数南方方言都有入声调。除湘方言和赣方言外其他地方的入声字都分阴阳。

方言声调和普通话声调的不同主要有两个方面：一方面是调值有差异，方言和普通话声调调值差异巨大，如鲁方言多数地区阴平字调值是213，烟台是31，聊城为13，与普通话阴平调值55相差甚远。鲁方言的阳平调多为42或53的降调，与普通话的35升调正相反。鲁方言的上声调大多读成了平调，调值为55或44，不同于普通话的降升调214。另一方面是调类的差别，普通话只有四个调类，而汉语方言调类可以少到三个，多到十个，山东各地方言调类就不一致，利津、邹平、章丘方言有五个调类，绝大部分山东方言有四个调类，而山东半岛部分地区以及中北部从无棣到莱芜一线的部分方言只有三个调类。声调辨正可以通过辨别方言与普通话声调之间的差异，寻找其对应关系，总结对应规律，纠正方言声调。以山东方言与普通话声调的差别以及山东人学普通话声调方面常出现的问题为例作简单的说明。

（1）普通话中的阴平调，调值为55。在海阳、栖霞、福山、烟台、威海一线读为降调31或42，在聊城读成调式上扬的13调，菏泽则读为113，其他地方读成降升调式，都和普通话中的高平调式不同。

（2）普通话中的阳平调，调值为35。在山东的长岛、蓬莱、龙口、乳山、荣成、枣庄、苍山、郯城等地读为接近55调值的高平调，其他地方都读为降调调式，在济南、德州、潍坊、济宁、青岛、泰安、菏泽、聊城等地都读为42降调，临沂、日照、滨州、东营都读为53降调，各地读音调式都与普通话的中升调相去甚远。

（3）普通话中的上声调，调值为214。在山东的龙口、栖霞、海阳一线及以东地区也读为调值与普通话较为接近的降升调式。在沂源、沂南、莒南、滕州、枣庄、微山、苍山、郯城以及莱阳等地读作近似于普通话35调值的中升调，山东其他地方都读作近似于高平调式的55或44调。

（4）普通话中的去声调，调值为51。除了没有去声调的方言外，烟台、威海、福山、栖霞读成调值约为44的平调式，文登、乳山读作升调，临沂、日照、菏泽、济宁、聊城等地读作降升调式，调值也有区别。济南、青岛、莱芜、德州、淄博、滨州、东营等地读中降调式，与普通话的全降也有不同。

可以看出，声调问题是山东方言与普通话最大的区别。区别虽大，其中却有规律可循，只要抓住规律，准确记忆，要改正还是比较容易的。

1. 改方言调值为普通话调值

在掌握普通话的调值后，应以此为标准，多加练习，巩固所学知识。在表达时，多注意自己所讲的每个汉字的调值，改方言调值为普通话调值。这种有意识地强调调值的正确性的做法，会极大地提高普通话表达水平。

2. 调整调类

许多地方方言调类与普通话的调类存在或多或少的差别，这就要求学习普通话的人要以普通话声调为准则，按照方言声调与普通话声调的对应规律，采取合并或分化的方式，厘清头绪，按照普通话要求读准声调。

3. 记住入声字

普通话没有入声，古汉语中的入声字分别归入了普通话的阴平、阳平、上声和去声中。在有些方言尤其是南方方言中还存在着入声字，这就要求这些方言区的人先了解自己方言中的入声字存在情况，根据普通话声调作相应的改读，下面是常用入声字读音派调表，可以记住以下入声字在普通话中的声调。

［阴平调］

拨	劈	跌	滴	踏	脱	托	贴	踢	刮
郭	割	鸽	哭	黑	喝	夹	接	缺	漆
七	瞎	薛	吸	锡	析	桌	捉	粥	摘
织	汁	出	吃	杀	刷	说	叔	湿	失
擦	缩								

［阳平调］

拔	白	博	别	罚	伐	佛	福	服	达
夺	得	德	碟	蝶	笛	敌	读	毒	独
格	革	隔	合	核	盒	活	滑	结	杰
节	决	绝	局	菊	桔	集	及	级	即
急	吉	峡	侠	协	学	穴	席	习	闸
宅	竹	烛	浊	折	哲	值	执	直	职
执	舌	十	食	识	石	实	杂	昨	则
足	族	卒	俗	额					

［上声调］

百	北	笔	朴	抹	法	塔	铁	谷	骨
渴	郝	甲	脚	角	雪	眨	窄	尺	属
蜀	辱	乙							

［去声调］

必	壁	碧	毕	迫	麦	墨	沫	木	牧
目	灭	蜜	负	复	特	纳	捺	诺	聂
逆	辣	腊	蜡	乐	劣	列	落	陆	鹿
绿	六	力	立	历	各	扩	客	刻	克
鹤	获	切	妾	确	却	雀	浙	祝	筑
质	彻	赤	摄	设	术	式	室	热	若
入	日	作	册	策	侧	促	色	塞	速

1. 针对练习

（1）单音节同声韵四声训练。

练习要求

本练习要着重体会声调的变化与声带松紧变化的关系，练习声带松紧变化的控制，达到能够有意识地调节自己的声带的目的。

pō	pó	pǒ	pò	māo	máo	mǎo	mào
坡	婆	叵	破	猫	毛	卯	貌
fāng	fáng	fǎng	fàng	dī	dí	dǐ	dì
芳	房	访	放	滴	敌	抵	地
niū	niú	niǔ	niù	liāo	liáo	liǎo	liào
妞	牛	扭	拗	撩	聊	了	料
xī	xí	xǐ	xì	kē	ké	kě	kè
夕	习	洗	戏	颗	壳	可	课
hān	hán	hǎn	hàn	qīng	qíng	qǐng	qìng
憨	韩	喊	汉	轻	晴	请	庆
jū	jú	jǔ	jù	xiāng	xiáng	xiǎng	xiàng
居	菊	举	据	香	祥	想	向
zhī	zhí	zhǐ	zhì	shēn	shén	shěn	shèn
知	直	纸	质	深	神	沈	甚
zuō	zuó	zuǒ	zuò	cāi	cái	cǎi	cài
作	昨	左	坐	猜	才	采	菜
suī	suí	suǐ	suì	bāi	bái	bǎi	bài
虽	随	髓	岁	掰	白	百	拜
pāo	páo	pǎo	pào	lōu	lóu	lǒu	lòu
抛	袍	跑	炮	搂	楼	篓	漏
jiā	jiá	jiǎ	jià	wā	wá	wǎ	wà
家	夹	假	架	哇	娃	瓦	袜
bā	bá	bǎ	bà	yī	yí	yǐ	yì
巴	拔	把	罢	一	姨	乙	艺
huī	huí	huǐ	huì	pēng	péng	pěng	pèng
辉	回	毁	惠	烹	朋	捧	碰
fēng	féng	fěng	fèng	fēi	féi	fěi	fèi
风	冯	讽	奉	飞	肥	匪	费
tōng	tóng	tǒng	tòng	yū	yú	yǔ	yù
通	同	桶	痛	迂	于	雨	遇

（2）读单音节字词。

［说明］

下列单音节字词辑录了《普通话水平测试大纲》普通话常用词语（口语和书面语）出现的单音节词 185 条，多音字以※号表示。根据《普通话水平测试大纲》关于试卷编制的要求，在针对非外籍或外族的测试对象的试卷中，下列字词在第一测试项“读单音节字词”中，应占 30%，即 30 个字。

练习要求

本练习要注意气息和声带的控制，如果控制不好，发上声时容易出现上行上不去，下行下不来的情况，可以采取下行时逐渐放松，上行时由松渐紧的方法；去声字下行的过程要注意稍微托着点儿，否则声音易劈。建议第一遍采取夸张的四声练习，放声慢读，把握节奏，注意相对音高。

A

凹 āo※

B

蚌 bàng※　胞 bāo　碑 bēi　嘣 bēng　镖 biāo

C

揣 chuāi※　踹 chuài

D

沓 dá※　逮 dǎi※　挡 dǎng

H

鹤 hè

K

槛 kǎn※　铐 kào　嗑 kè※　克 kè

L

梨 lí　犁 lí

N

捺 nà　钠 nà　纳 nà　那 nà　蝻 nǎn
囊 nāng※　攮 nǎng　挠 náo　铙 náo　恼 nǎo
脑 nǎo　鲵 ní　尼 ní　溺 nì　逆 nì
腻 nì　拈 niān　蔫 niān　黏 nián　碾 niǎn
聂 niè　蹑 niè　啮 niè　镍 niè　宁 níng※
凝 níng　妞 niū　纽 niǔ　拗 niù※　农 nóng
脓 nóng　弩 nǔ　努 nǔ　虐 nüè

O

区ōu※	鸥ōu	欧ōu	藕ǒu	偶ǒu
沤òu				

P

啪pā	潘pān	判pàn	膀páng※	
泡pào※	嘭pēng	瞟piǎo		

Q

俏qiào	妾qiè	秦qín	蛆qū	

R

纫rèn				

S

撒sā※	鳃sāi	臊sào※	涩sè	膻shān
扇shàn※	骟shàn	苫shàn	垧shǎng	晌shǎng
尚shàng	勺sháo	潲shào	邵Shào	佘Shé
舌shé	谁shuí※	申shēn	沈shěn	婶shěn
肾shèn	笙shēng	石shí	熟shú※	漱shù
闩shuān	涮shuàn	舜shùn	司sī	宋sòng
苏sū	粟sù	隋suí	孙sūn	索suǒ

T

她tā	拓tuò※	榻tà	苔tái※	瘫tān
唐táng	膛táng	淌tǎng	涛tāo	梯tī
屉tì	舔tiǎn	童tóng	佟Tóng	褪tuì
砣tuó				

W

蛙wā	剜wān	蔓wàn※	旺wàng	伪wěi
委wěi	魏Wèi	卫wèi	邬Wū	吴wú
武wǔ	捂wǔ	午wǔ		

X

习xí	冼Xiǎn	襄xiāng	降xiáng※	相xiāng※
肖xiāo※	宵xiāo	萧xiāo	箫xiāo	谢xiè
蟹xiè	邢Xíng	徐xú	絮xù	婿xù
宣xuān	癣xuǎn	薛Xuē	旬xún	荀xún

Y

哑yǎ	腌yān	雁yàn	唁yàn	秧yāng
杨yáng	姚Yáo	药yào	掖yē※	爷yé
叶yè	御yù	晕yūn※	恽yùn	郓yùn

Z

扎 zā※　曾 zēng※　铡 zhá　诈 zhà　赵 Zhào
蛰 zhé　辙 zhé　褶 zhě　浙 Zhè　枕 zhěn
郑 Zhèng　痣 zhì　轴 zhóu※　绉 zhòu　朱 zhū
浊 zhuó

（3）双音节字词声调练习。

①同一声调的组合训练。

［阴平］

剖析 pōuxī　金刚 jīngāng　缫丝 sāosī　撇开 piēkāi
阿訇 āhōng　装帧 zhuāngzhēn　讴歌 ōugē　开锅 kāiguō
钢盔 gāngkuī

［阳平］

琢磨 zhuómó　戛然 jiárán　朦胧 ménglóng　荨麻 qiánmá
没辙 méizhé　卓识 zhuóshí　铙钹 náobó　回答 huídá
合辙 hézhé　营房 yíngfáng

［上声］

窈窕 yǎotiǎo　枸杞 gǒuqǐ　襁褓 qiǎngbǎo　龋齿 qǔchǐ
脊髓 jǐsuǐ　美好 měihǎo　猥琐 wěisuǒ　撇嘴 piězuǐ
反悔 fǎnhuǐ　马匹 mǎpǐ

［去声］

应和 yìnghè　眩晕 xuànyùn　拓片 tàpiàn　作弄 zuònòng
太监 tàijiàn　疝气 shànqì　贵胄 guìzhòu　炫耀 xuànyào
世界 shìjiè　大会 dàhuì

②不同声调的组合训练。

［阴—阳］

须臾 xūyú　殷红 yānhóng　畸形 jīxíng　工程 gōngchéng
空调 kōngtiáo　庸俗 yōngsú　矜持 jīnchí　巍然 wēirán
湍急 tuānjí　生成 shēngchéng　棕榈 zōnglǘ　编辑 biān · jí
风帘 fēnglián　沙龙 shālóng　砂糖 shātáng　金融 jīnróng
祛除 qūchú　托盘 tuōpán　咽炎 yānyán　奔驰 bēnchí

［阴—上］

熏染 xūnrǎn　咂嘴 zāzuǐ　针灸 zhēnjiǔ　枯槁 kūgǎo
砧板 zhēnbǎn　粳米 jīngmǐ　清远 qīngyuǎn　脏腑 zāngfǔ
居所 jūsuǒ　支管 zhīguǎn　机表 jībiǎo　积攒 jīzǎn
甘草 gāncǎo　龟甲 guījiǎ　消肿 xiāozhǒng　钢板 gāngbǎn
堆码 duīmǎ　分拣 fēnjiǎn　出血 chūxiě　污水 wūshuǐ

［阴—去］

纤细 xiānxì　春假 chūnjià　缄默 jiānmò　星宿 xīngxiù

孵化fūhuà　拙见zhuōjiàn　彪悍biāohàn　家畜jiāchù
征用zhēngyòng　机械jīxiè　封道fēngdào　收购shōugòu
工序gōngxù　支架zhījià　猫步māobù　生意shēngyì
清热qīngrè　发汗fāhàn　相距xiāngjù　堆垛duīduò

[阳—阴]

泥浆níjiāng　胡诌húzhōu　蒲包púbāo　燃烧ránshāo
洋灰yánghuī　茶砖cházhuān　辖区xiáqū　台阶táijiē
痤疮cuóchuāng　牛津niújīn　停工tínggōng　人参rénshēn
平分píngfēn　斜坡xiépō　除渣chúzhā　炉缸lúgāng
圆缸yuángāng　合约héyuē　烛光zhúguāng　年糕niángāo

[阳—上]

踝骨huáigǔ　拂晓fúxiǎo　翘首qiáoshǒu　着手zhuóshǒu
门槛ménkǎn　冥想míngxiǎng　麻疹mázhěn　盘腿pántuǐ
垂死chuísǐ　莲子liánzǐ　游览yóulǎn　恒久héngjiǔ
寒冷hánlěng　怀古huáigǔ　磁卡cíkǎ　存款cúnkuǎn
成本chéngběn　原始yuánshǐ　神往shénwǎng　银两yínliǎng

[阳—去]

纯粹chúncuì　华裔huáyì　萦绕yíngrào　角色juésè
浑噩hún'è　卓见zhuójiàn　澎湃péngpài　随便suíbiàn
涂盖túgài　荧幕yíngmù　门户ménhù　熟练shúliàn
元气yuánqì　磨料móliào　银杏yínxìng　行令xínglìng
荷叶héyè　螺帽luómào　炉灶lúzào　谈判tánpàn

[上—阴]

吮吸shǔnxī　颈椎jǐngzhuī　冷敷lěngfū　枕心zhěnxīn
锦标jǐnbiāo　秉公bǐnggōng　讲师jiǎngshī　启发qǐfā
紫砂zǐshā　股东gǔdōng　散光sǎnguāng　总监zǒngjiān
委托wěituō　火车huǒchē　碾压niǎnyā　点击diǎnjī
网吧wǎngbā　本金běnjīn　手机shǒujī　广播guǎngbō

[上—阳]

迥然jiǒngrán　网球wǎngqiú　体罚tǐfá　软磨ruǎnmó
缓急huǎnjí　爽直shuǎngzhí　紫藤zǐténg　果皮guǒpí
首席shǒuxí　总裁zǒngcái　引擎yǐnqíng　贬值biǎnzhí
海棠hǎitáng　冷藏lěngcáng　枣核zǎohé　早熟zǎoshú
奶茶nǎichá　肿瘤zhǒngliú　草莓cǎoméi　两全liǎngquán

[上—去]

璀璨cuǐcàn　血晕xiěyùn　矢量shǐliàng　炒面chǎomiàn
努力nǔlì　鼠疫shǔyì　手续shǒuxù　丑陋chǒulòu
软件ruǎnjiàn　网站wǎngzhàn　美术měishù　表现biǎoxiàn

等价 děngjià　纸币 zhǐbì　给付 jǐfù　转账 zhuǎnzhàng
储蓄 chǔxù　保税 bǎoshuì　股份 gǔfèn　指数 zhǐshù
[去一阴]
靠边 kàobiān　瞬息 shùnxī　绿灯 lǜdēng　雇佣 gùyōng
透支 tòuzhī　套间 tàojiān　麝香 shèxiāng　预约 yùyuē
立功 lìgōng　陌生 mòshēng　自销 zìxiāo　密封 mìfēng
树脂 shùzhī　气压 qìyā　垫圈 diànquān　焊丝 hànsī
锯工 jùgōng　定期 dìngqī　样书 yàngshū　灌浆 guànjiāng
[去一阳]
诤言 zhèngyán　沸腾 fèiténg　顺从 shùncóng　黯然 ànrán
赘言 zhuìyán　棒球 bàngqiú　辍学 chuòxué　湛蓝 zhànlán
助读 zhùdú　暗房 ànfáng　库存 kùcún　座谈 zuòtán
扇形 shànxíng　自燃 zìrán　电源 diànyuán　下垂 xiàchuí
射程 shèchéng　器材 qìcái　润滑 rùnhuá　巨人 jùrén
[去一上]
渲染 xuànrǎn　坠毁 zhuìhuǐ　怯场 qièchǎng　气馁 qìněi
淀粉 diànfěn　倜傥 tìtǎng　犟嘴 jiàngzuǐ　痛楚 tòngchǔ
下摆 xiàbǎi　快取 kuàiqǔ　进厂 jìnchǎng　气体 qìtǐ
质感 zhìgǎn　样板 yàngbǎn　校准 jiàozhǔn　气孔 qìkǒng
绕组 ràozǔ　自诊 zìzhěn　电缆 diànlǎn　较少 jiàoshǎo
③对比练习。
[阴平与阳平对比]
欺人 qī—旗人 qí　呼喊 hū—胡喊 hú
知道 zhī—直道 zhí　掰开 bāi—白开 bái
包子 bāo—雹子 báo　大锅 guō—大国 guó
拍球 pāi—排球 pái　窗帘 chuāng—床帘 chuáng
大哥 gē—大格 gé　抽丝 chōu—愁思 chóu
小蛙 wā—小娃 wá　大川 chuān—大船 chuán
青丝 qīng—情丝 qíng　开初 chū—开除 chú
抹布 mā—麻布 má　猎枪 qiāng—列强 qiáng
[阳平与上声对比]
好麻 má—好马 mǎ　土肥 féi—土匪 fěi
战国 guó—战果 guǒ　小乔 qiáo—小巧 qiǎo
返回 huí—反悔 huǐ　老胡 hú—老虎 hǔ
牧童 tóng—木桶 tǒng　大学 xué—大雪 xuě
菊花 jú—举花 jǔ　直绳 zhí—纸绳 zhǐ
白色 bái—百色 bǎi　洋油 yáng—仰游 yǎng
琴室 qín—寝室 qǐn　情调 qíng—请调 qǐng

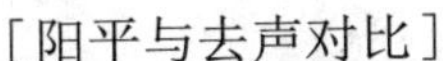

[阳平与去声对比]

大麻má—大骂mà
正直zhí—政治zhì
布娃wá—布袜wà
同情qíng—同庆qìng
瓷碗cí—次碗cì
肥料féi—废料fèi
凡人fán—犯人fàn
糖酒táng—烫酒tàng
小格gé—小个gè
发愁chóu—发臭chòu
斗奇qí—斗气qì
荆棘jí—经纪jì
白军bái—败军bài
协议xié—谢意xiè
钱款qián—欠款qiàn
壶口hú—户口hù

（4）四音节词语练习。

①同调四音节词语训练。

[阴平]

息息相关　xīxīxiāngguān
江山多娇　jiāngshānduōjiāo
珍惜光阴　zhēnxīguāngyīn
朝夕相依　zhāoxīxiāngyī
春天花开　chūntiānhuākāi
居安思危　jū'ānsīwēi
卑躬屈膝　bēigōngqūxī
嘻嘻哈哈　xīxīhāhā

[阳平]

人民团结　rénmíntuánjié
闻名全国　wénmíngquánguó
和平繁荣　hépíngfánróng
严格执行　yángézhíxíng
牛羊成群　niúyángchéngqún
全球华人　quánqiúhuárén
航行直达　hángxíngzhídá
儿童文学　értóngwénxué

[上声]

党委领导　dǎngwěilǐngdǎo
展览产品　zhǎnlǎnchǎnpǐn
永远友好　yǒngyuǎnyǒuhǎo
请你走好　qǐngnǐzǒuhǎo
五把纸伞　wǔbǎzhǐsǎn
打井引水　dǎjǐngyǐnshuǐ
稳妥处理　wěntuǒchǔlǐ
理想美好　lǐxiǎngměihǎo

[去声]

继续奋斗　jìxùfèndòu
意气用事　yìqìyòngshì
顺利配送　shùnlìpèisòng
胜利闭幕　shènglìbìmù
创造世界　chuàngzàoshìjiè
废物利用　fèiwùlìyòng
变换定位　biànhuàndìngwèi
竞赛项目　jìngsàixiàngmù

②顺序排列四音节词语训练。

风云雨露　fēngyúnyǔlù
高扬转降　gāoyángzhuǎnjiàng
英雄好汉　yīngxiónghǎohàn
山河美丽　shānhéměilì
阶级友爱　jiējíyǒu'ài
山明水秀　shānmíngshuǐxiù
新闻简报　xīnwénjiǎnbào
区别起落　qūbiéqǐluò
中国伟大　zhōngguówěidà
天然宝藏　tiānránbǎozàng
身强体壮　shēnqiángtǐzhuàng
花红柳绿　huāhóngliǔlǜ

阴阳上去 yīnyángshǎngqù
精神百倍 jīngshénbǎibèi
工农子弟 gōngnóngzǐdì
开渠引灌 kāiqúyǐnguàn
资源满地 zīyuánmǎndì
光明磊落 guāngmínglěiluò
花团锦簇 huātuánjǐncù
虚情假意 xūqíngjiǎyì
优柔寡断 yōuróuguǎduàn
修桥补路 xiūqiáobǔlù
深谋远虑 shēnmóuyuǎnlǜ
鸡鸣犬吠 jīmíngquǎnfèi

中流砥柱 zhōngliúdǐzhù
非常好记 fēichánghǎojì
心明眼亮 xīnmíngyǎnliàng
风调雨顺 fēngtiáoyǔshùn
千锤百炼 qiānchuíbǎiliàn
吞云吐雾 tūnyúntǔwù
雕虫小技 diāochóngxiǎojì
心直口快 xīnzhíkǒukuài
风狂雨骤 fēngkuángyǔzhòu
三足鼎立 sānzúdǐnglì
妖魔鬼怪 yāomóguǐguài

③逆序排列四音节词语训练。

字里行间 zìlǐhángjiān
智勇无双 zhìyǒngwúshuāng
痛改前非 tònggǎiqiánfēi
兔死狐悲 tùsǐhúbēi
袖手旁观 xiùshǒupángguān
万里长征 wànlǐchángzhēng
万古长青 wàngǔchángqīng
大显神通 dàxiǎnshéntōng
具体而微 jùtǐ'érwēi
万古流芳 wàngǔliúfāng
驷马难追 sìmǎnánzhuī
大有文章 dàyǒuwénzhāng
化果为因 huàguǒwéiyīn

绿草如茵 lǜcǎorúyīn
妙手回春 miàoshǒuhuíchūn
逆水行舟 nìshuǐxíngzhōu
暴雨狂风 bàoyǔkuángfēng
异口同声 yìkǒutóngshēng
信以为真 xìnyǐwéizhēn
四海为家 sìhǎiwéijiā
覆水难收 fùshuǐnánshōu
寿比南山 shòubǐnánshān
暮鼓晨钟 mùgǔchénzhōng
调虎离山 diàohǔlíshān
刻苦读书 kèkǔdúshū

2. 绕口令练习

辨调歌

无利不应无礼，物理不是武力。武力、无礼、物理、无利，声韵相同调有异。
无利、物理、无礼、武力，阴阳上去辨仔细。

梁木匠和梁瓦匠

梁木匠，梁瓦匠，两梁有事齐商量，梁木匠天亮晾衣裳，梁瓦匠天亮量高梁。梁木匠晾衣裳受了凉，梁瓦匠量高梁少了粮。梁瓦匠思量梁木匠受了凉，梁木匠料想梁瓦匠少了粮。

七支长枪

手拿七支长枪上城墙，上了城墙手耍七支长枪。见枪不见墙，见墙扔了枪，眼花缭乱，武艺高强。

东庄儿住着个殷英敏，西村儿住着个应尹铭。应尹铭捉蚊子，殷英敏捕苍蝇。不管天阴或天晴，二人工作不消停，为比辛勤通了信，要看谁行谁不行。不知殷英敏的苍蝇多过应尹铭的蚊子，还是应尹铭的蚊子多过殷英敏的苍蝇。

四声歌

学好声韵辨四声，阴阳上去要分明。
部位方法要找准，开齐合撮属口形。
双唇班报必百波，舌面积结教坚精。
翘舌主争真知道，平舌资则早在增。
擦音发翻飞分复，送气查柴产彻称。
合口呼午枯胡古，开口呼坡歌安康。
撮口虚学寻徐剧，齐齿衣优摇业英。
前鼻恩因烟弯稳，后鼻昂迎中拥生。
咬紧字头归字尾，阴阳上去记变声。
循序渐进坚持练，不难达到纯和清。

施氏食狮史

赵元任

石室诗士施氏，嗜狮，誓食十狮。施氏时时适市视狮。十时，适十狮适市。是时，适施氏适市。施氏视是十狮，恃矢势，使是十狮逝世。氏拾是十狮尸，适石室。石室湿，氏使侍拭石室。石室拭，氏始试食是十狮。食时，始识是十狮，实十石狮尸。试释是事。

老姥姥

老姥姥恼姥姥，姥姥老恼老姥姥，麻妈妈问妈妈，妈妈老问麻妈妈。

牛驮油

九十九头牛，驮着九十九个篓。每篓装着九十九斤油，牛背油篓扭着走，
油篓磨坏篓漏油，九十九斤一个篓，还剩六十六斤油。你说漏了几十几斤油？

任命不是人名

任命是任命，人名是人名，任命不是人名，人名不是任命，人名不能任命，人是人，名是名，任是任，命是命，人、任、名、命要分清。

3. 诗词练习

龟虽寿

东汉·曹操

神龟虽寿，犹有竟时。
腾蛇乘雾，终为土灰。

老骥伏枥，志在千里。
烈士暮年，壮心不已。
盈缩之期，不但在天。
养怡之福，可得永年。
幸甚至哉，歌以咏志。

月下独酌四首·其一

唐·李白

花间一壶酒，独酌无相亲。
举杯邀明月，对影成三人。
月既不解饮，影徒随我身。
暂伴月将影，行乐须及春。
我歌月徘徊，我舞影零乱。
醒时同交欢，醉后各分散。
永结无情游，相期邈云汉。

水调歌头

宋·苏轼

明月几时有？把酒问青天。不知天上宫阙，今夕是何年。我欲乘风归去，又恐琼楼玉宇，高处不胜寒。起舞弄清影，何似在人间。

转朱阁，低绮户，照无眠。不应有恨，何事长向别时圆？人有悲欢离合，月有阴晴圆缺，此事古难全。但愿人长久，千里共婵娟。

卖花声·雨花台

清·朱彝尊

衰柳白门湾，潮打城还。小长干接大长干。歌板酒旗零落尽，剩有渔竿。
秋草六朝寒，花雨空坛。更无人处一凭栏。燕子斜阳来又去，如此江山。

南乡子·登京口北固亭有怀

宋·辛弃疾

何处望神州？满眼风光北固楼。千古兴亡多少事？悠悠。不尽长江滚滚流。
年少万兜鍪，坐断东南战未休。天下英雄谁敌手？曹刘。生子当如孙仲谋。

雪花的快乐

徐志摩

假如我是一朵雪花，
翩翩的在半空里潇洒，
我一定认清我的方向——
飞扬，飞扬，飞扬，——

这地面上有我的方向。
不去那冷寞的幽谷，
不去那凄清的山麓，
也不上荒街去惆怅——
飞扬，飞扬，飞扬，——
你看，我有我的方向！
在半空里娟娟的飞舞，
认明了那清幽的住处，
等着她来花园里探望——
飞扬，飞扬，飞扬，——
啊，她身上有朱砂梅的清香！
那时我凭借我的身轻，
盈盈的，沾住了她的衣襟，
贴近她柔波似的心胸——
消溶，消溶，消溶——
溶入了她柔波似的心胸

沁园春·长沙

毛泽东

独立寒秋，湘江北去，橘子洲头。看万山红遍，层林尽染；漫江碧透，百舸争流。鹰击长空，鱼翔浅底，万类霜天竞自由。怅寥廓，问苍茫大地，谁主沉浮？

携来百侣曾游，忆往昔峥嵘岁月稠。恰同学少年，风华正茂；书生意气，挥斥方遒。指点江山，激扬文字，粪土当年万户侯。曾记否，到中流击水，浪遏飞舟？

4. 语段练习

（1）语段 1。

周庄其实是个岛，孤悬在一汪江南的湖水上。两纵两横的四条河巷边的一片明清古屋留存到今天。这样“小桥流水人家”的江南景致，在别处怕是再难寻觅了。如此大规模又格局完整的明清民居群落，在中国是独一无二的。

建筑大师贝聿铭一来到周庄，就惊叹地说“周庄是国宝”。在这约 0.47 平方公里的区域内，留存着自元代起建造的 14 座古桥，60%以上的民居为明清建筑，其结构布局一如当年。而其中，又以规格宏大的沈厅和别出机杼的张厅最具代表性，堪称“江南传统民居的双璧”。地处鱼米江南，周庄又多的是名士骚客，更留下了沈万三、柳亚子、叶楚伧、沈体兰等诸多历史名人的印记。周庄人迄今生活在这个古镇里，还保存着完整的江南水乡生活形态和民间传统礼俗，使周庄极具社会和人文价值。周庄，也就成为中国江南水乡文化最为典型的代表和最为完整的人文景观，被人们誉为“中国第一水乡”，并且成为响当当的古镇旅游品牌，为国内外市场所青睐。历史在得天独厚的周庄埋藏了一笔绝无仅有的财富。

但时光荏苒，历史又掀开了新的一页。改革开放促使古镇走出昔日的沉寂，越来越多的游客来到这里寻找正在逝去的江南水乡的神韵，国际友人也纷纷来到周庄一探。2005 年，周庄共接待游客 265 万人次。其中，境外游客占 15%。从避处一隅的小镇，到今日闻名海内外的旅游景区，周庄人把保护文化遗产与发掘传统文化价值相结合，成功地将丰厚的旅游资源转变为旅游产品。二十年间，被世人遗忘的小镇变为一个规划合理、设施健全、环境优良、管理优秀、经济社会效益显著的旅游景区。

2000 年，周庄获得了国家 4A 级旅游景区称号。随后，周庄又先后摘取了中国首批十大历史文化名镇、迪拜国际改善居住环境最佳范例奖、联合国亚太地区世界文化遗产保护杰出成就奖、世界最佳魅力水乡、中国最值得外国人去的地方等一系列殊荣，并被联合国列入世界文化遗产预备名单。

（资料来源：作者根据有关资料整理改写）

（2）语段 2。

时间是食物的挚友，时间也是食物的死敌。为了保存食物，我们虽然已经拥有了多种多样的科技化方式，然而腌腊、风干、糟醉和烟熏等等古老的方法，在保鲜之余，也曾意外地让我们获得了与鲜食截然不同、有时甚至更加醇厚鲜美的味道。时至今日，这些被时间二次“制造”出的食物，依然影响着中国人的日常饮食，并且蕴藏着中华民族对于滋味和世道人心的某种特殊的感触。

秋日的清晨，古老的呼兰河水流过原野。它发源于小兴安岭，蜿蜒曲折地注入松花江。金顺姬从小在呼兰河边长大，对她来说，故乡，就是这种让她魂牵梦萦的泡菜的味道。菜园里的白菜是母亲每年 7 月头伏时种下的，为了做成泡菜，所以选用的都是心紧叶嫩的品种。今天，女儿第一次和妈妈学习做泡菜。朝鲜族泡菜品目繁多，而且即便只是一个品种，也可以呈现出多种不同的味道：凉食的清爽，烹炒的鲜香，等等。漫长的冬日里，有了脆辣、鲜甜的辣白菜的陪伴，再寡淡的日子，仿佛也会变得温暖、富足而且有滋有味。

香港的阿添和家人一起经营着自家的腊味店。每天早上，他都是店里最忙碌的人，对于这份工作，他已经拥有 10 年的经验。和兴腊味家有着 60 年的历史，因用料新鲜、考究，在顾客中建立了良好的信誉和口碑。如今，阿添和他的父亲、大伯一起，打理照料店里的一切。

而在内地的湖南，稻田里的禾花开了，也到了苗族人制作腌鱼和做腊肉的时节。湘西木材丰富，熏烤腊肉的燃料以硬木为佳，如茶树和杨梅树。熏烤时，要把腌制好的肉挂在取暖做饭的火塘之上，还不断将松果、茶壳、桔皮等放入火塘，这样熏烤出来的腊肉，就会带着茶果的香味。

（资料来源：时间的味道.舌尖上的中国：第四集，2012 年）

项目二

普通话语流音变现象训练

任务一　变调训练

任务导入

普通话共有四种声调，音高分为五级（1 最低，5 最高），每种声调都有固定的调值。其中，阴平是高平调，调值为 55；阳平是中升调，调值为 35；上声是降升调，调值为 214；去声是全降调，调值为 51。

任务准备

在连续的语流中，有些音节的声调会发生一定的变化，与单独发音时的调值不同，这种声调的变化即为变调。在普通话中，常见的变调包括：上声的变调，阴、阳、去声的变调，“一”和“不”的变调，“七”和“八”的变调等。

任务实施

变调训练

1. 上声变调

上声在阴平、阳平、上声、去声、轻声前都会产生变调，只有在单念或处在词语、句子的末尾才读原调。上声的变调有以下几种情况。

（1）上声+非上声。上声在非上声前，即在阴平、阳平、去声前，变“半上”，调值由 214 变为半上声 211，非上声音节声调不变：上声+非上声→半上+非上声。例如：

上声+阴平：　火车　许多　打击　纺织　祖先

上声+阳平：　总结　考察　履行　讲台　典型

上声+去声：　老练　海燕　铁路　感谢　坦率

（2）上声+上声。两个上声相连，前一个上声的调值变为 35。实验证明，前字上声、后字上声构成的组合与前字阳平、后字上声构成的组合在声调模式上是相同的。说明两个上声相连，前字上声的调值变得跟阳平的调值一样。变调调值描写为 214 → 35：上声+上声→阳平+上声。例如：

法语　粉笔　表演　稳妥　管理　举止　友好　了解　勉强

（3）上声+轻声。

①如果轻声音节的本调为非上声，轻声前的上声音节读“半上”声：上声+轻声（非上声转化）→半上+轻声。例如：

五个　我的　锁上　走着　好处　尾巴　里头　起来

②如果轻声音节的本调为上声，轻声前的上声音节有两种不同的变调，一种是近似阳平的 35 调：上声+轻声（上声转化）→阳平+轻声。例如：

小姐　打扫　老虎　手脚　哪里　走走　想起　讲讲

另一种是“半上”的211调：上声+轻声（上声转化）→半上+轻声。例如：

板子　椅子　奶奶　姥姥　马虎　耳朵　宝宝　痒痒

（4）三个上声相连的变调。三个上声相连，如果后面没有其他音节，也不带什么语气，末尾音节一般不变调。开头、当中的上声音节有两种变调。

①当词语的组合是“2+1”时，前两个音节调值变为近似阳平的35，即阳平+阳平+上声。例如：

蒙古语　展览馆　管理组　选举法　洗脸水　水彩笔　打靶场

②当词语的组合是“1+2”时，开头音节处在被强调的逻辑重音时，读作“半上”，调值变为211，当中音节则按两字组变调规律变为35，即半上+阳平+上声。例如：

纸老虎　很勇敢　小拇指　老古董　冷处理　买礼品

（5）多个上声相连。遇多个上声相连的句子，可将句子划分为由不同音节组成的词语，再根据上声变调规则，确定发音变化。例如：

请你往北走找柳组长取讲演稿。

qǐngnǐ　wǎngběi　zǒu　zhǎo　Liǔzǔzhǎng　qǔ　jiǎngyǎngǎo。

（6）上声变调中有一些特例。例如：

法子（35 轻）　主意（35 轻）　晌午（21 轻）/（24 轻）

知识拓展

上声变调小结

在普通话中，上声读全调的情况较少。通常第一个音节读211，第二个音节读轻音。另外，上声读35的情况仅次于读半上211的，读轻声的情况比读211、35的机会少。但是，不论上声如何变调，都是原调范围内的变化，所以拼音拼写时仍用原调号。

2. 阴平、阳平、去声变调

（1）阴平的变调规则。阴平音节在非阴平音节前，读原调值55不变；两个阴平音节相连时，前一个音节的调值变为44，第二个音节的调值不变，保持55。例如：

宗教 zōngjiào　聪颖 cōngyǐng　争夺 zhēngduó　天天 tiāntiān

干戈 gāngē　拎包 līnbāo

（2）阳平的变调规则。阳平音节在非阳平音节前，读原调值35不变；两个阳平音节相连时，前一个音节的调值变为34，第二个音节的调值不变，保持35。例如：

明天 míngtiān　劳动 láodòng　晨曦 chénxī　昂扬 ángyáng

辽宁 Liáoníng　颓唐 tuítáng

（3）去声的变调规则。去声音节在非去声音节前，读原调值51不变；两个去声相连，前一个音节的调值变为53，第二个音节的调值不变，保持51。例如：

硕果 shuòguǒ　卖出 màichū　对于 duìyú　重要 zhòngyào

促进 cùjìn　落日 luòrì

3. “一”和“不”的变调

(1)“一”的变调。

①当“一”单念、位于句末、表示序数时读原调，即阴平调。例如：

一差二错 yīchāèrcuò　　一分为二 yìfēnwéièr

表里如一 biǎolǐrúyī

②“一”位于去声音节之前时，变为阳平调。例如：

一步到位 yíbùdàowèi　　一目了然 yímùliǎorán

一泻千里 yíxièqiānlǐ

③“一”位于阴平、阳平、上声音节前时，变为去声调。例如：

一模一样 yìmúyíyàng　　一鸣惊人 yìmíngjīngrén

一举两得 yìjúliǎngdé

④“一”夹在相同的动词中间时读轻声。例如：

动一动 dǒng・yidǒng　　走一走 zǒu・yizǒu

听一听 tīng・yitīng

(2)“不”的变调。

①在非去声音节前，单念、放句尾时，“不”仍读去声。例如：

他偏不 tāpiānbù　不吃 bùchī　不开 bùkaī　不同 bùtóng

不详 bùxiáng　不好 bùhǎo

②在去声音节前面时，“不”要变读为阳平调。例如：

不是 búshì　不怕 búpà　不看 búkàn　不像 búxiàng

③“不”夹在词语中间读轻声。例如：

买不买 mǎi・bumǎi　来不来 lái・bulái　开不开 kāi・bukāi　找不找 zhǎo・buzhǎo

4. “七”和“八”的变调

“七”和“八”在去声字前时，其调值可变为 35，也可不变。在其他情况下，通常读原阴平调值 55。例如：

七万 qī/qíwàn　七块 qī/qíkuài　八万 bā/báwàn　八块 bā/bákuài

七周 qīzhōu　八周 bāzhōu　七年 qīnián　八年 bānián

任务检测

1. 上声变调练习

[上声+阴平]

喜欢　展出　组织　等车　老师　普通　主张　小心　北方

口腔　北京　许多　体操　果汁　警钟　马鞍　缓坡　晚安

[上声+阳平]

祖国　敏捷　考查　语流　草原　口才　羽毛　指责　主持

好人　漂白　口诀　几何　主食　钾肥　旅行　品德　起航

[上声＋上声]

美好	手表	可以	所有	老板	场所	古老	转角	采访
老虎	处理	尽管	雨伞	领土	橄榄	岬角	抖擞	匕首

[上声＋去声]

笔画	满意	好像	努力	考试	体育	丑恶	美丽	本质
处分	反应	柏树	感谢	比赛	琐碎	改造	朗诵	广大

[上声＋上声＋上声]

影响好	处理品	水彩笔	手写体	老保守	洗脸水	蒙古语
小拇指	孔乙己	米老鼠	耍笔杆	很理想	好总理	很理解

[多音节上声相连]

展览馆里有好几百种展览品。

我很了解你。

请你把美好理想给领导讲讲。

2. “一”和“不”变调训练

一时	一代	一律	一贯	一件	一脸	一口	一撇
不理	不安	不愧	不惑	不羁	不菲	不用	不妥

一心一意	一模一样	一好一坏	一草一木
不卑不亢	不紧不慢	不大不小	不管不顾

任务二　轻声训练

轻声训练

任务导入

轻声是指在普通话的词和句子中，有些音节因受前后音节的影响而失去了原有的声调，变成一种软而轻的调子。例如：爸爸（bà · ba）、点心（diǎn · xin）等，这类词中第二个音节的声调在实际读音中变得轻软模糊，属于轻声。

任务准备

1. 轻声的作用

轻声不单纯是一种语音现象，它不但与词义、词性有关系，而且还与语法有很大的关系。

（1）区别词义。

冷战（非轻声）：国家间进行的战争形式之外的敌对行动。

冷战（轻声）：身体突然发抖。

大人（非轻声）：对长辈的尊称，多用于书信。

大人（轻声）：成年人；旧时称地位高的官长。

（2）既区别词义又区分词性。

自然（非轻声）：名词，指自然界。

自然（轻声）：形容词，不勉强，不局促，不呆板。

大意（非轻声）：名词，主要的意思。

大意（轻声）：形容词，疏忽，粗心。

对头（非轻声）：形容词，正确。

对头（轻声）：名词，仇敌，冤家。

2. 轻声的变读规律

普通话里大多数轻声都与词汇、语法上的意义有密切关系。下面一些成分在普通话中通常读轻声。

（1）重叠式的名词，末尾的音节大多念轻声。例如：

妈妈mā·ma　姐姐jiě·jie　娘娘niáng·niang　爷爷yé·ye

爸爸bà·ba　星星xīng·xing

（2）以“子”“头”为后缀的名词，“子”一般念作轻声，“头”绝大部分也念作轻声。例如：

儿子ér·zi　桌子zhuō·zi　凳子dèng·zi　椅子yǐ·zi

想头xiǎng·tou　芋头yù·tou

（3）在以“们”为后缀的表复数的人称代词或指人的名词性词语中，“们”念作轻声。例如：

来宾们láibīn·men　女士们nǚshì·men　祖先们zǔxiān·men　人们rén·men

他们tā·men

（4）以“上”“里”等为后缀，仅表方位意义的词语或词素，其后缀一般念轻声。例如：

路上lù·shang　面上miàn·shang　顶上dǐng·shang　背地里bèidì·li

夜里yè·li

（5）以“头”“边”为后缀构成的合成方位词，其后缀一般念作轻声。例如：

前头qián·tou　后头hòu·tou　外头wài·tou　外边wài·bian

左边zuǒ·bian

（6）语气词“吗”“呢”“吧”“啦”，动态助词“着”“了”“过”，结构助词“的”“地”“得”等，均念作轻声。例如：

走吗zǒu·ma　好吗hǎo·ma　你呢nǐ·ne　不呢bù·ne

看过kàn·guo　完了wán·le　好的hǎo·de

（7）附着于中心词之后的趋向动词作补语时，念作轻声。若中心词与趋向动词之间插入了“不”“得”时，“不”“得”念作轻声，趋向动词一般改念原调。例如：

看出kàn·chu　看上kàn·shang　起来qǐ·lai　看不出kàn·buchū

看得上kàn·deshàng

（8）重叠动词连用时，重叠的音节念作轻声；若重叠连用的动词中间插入了“一”“不”时，“一”“不”念轻声，重叠音节念原调。例如：

走走zǒu·zou　看看kàn·kan　走一走zǒu·yizǒu　看一看kàn·yikàn

说不说shuō·bushuō

(9) 有些词语中的轻声音节是约定俗成的。

①阴平+轻声。例如：

薪水 xīn · shui	差事 chāi · shi	掺和 chān · huo	风筝 fēng · zheng
玻璃 bō · li	清楚 qīng · chu	哆嗦 duō · suo	衣服 yī · fu
折腾 zhē · teng	思量 sī · liang		

②阳平+轻声。例如：

节气 jié · qi	匀称 yún · chen	妯娌 zhóu · li	门面 mén · mian
盘算 pán · suan	篱笆 lí · ba	活泼 huó · po	玄乎 xuán · hu
狐狸 hú · li	学生 xué · sheng		

③上声+轻声。例如：

扭捏 niǔ · nie	脑袋 nǎo · dai	口袋 kǒu · dai	老爷 lǎo · ye
老婆 lǎo · po	摆布 bǎi · bu	嘴巴 zuǐ · ba	指头 zhǐ · tou
姐夫 jiě · fu	马虎 mǎ · hu		

④去声+轻声。例如：

自在 zì · zai	忘性 wàng · xing	吓唬 xià · hu	相公 xiàng · gong
力气 lì · qi	漂亮 piào · liang	算盘 suàn · pan	队伍 duì · wu
地方 dì · fang	豆腐 dòu · fu		

任务实施

普通话水平测试用轻声词语表

[说明]

(1) 本表根据《普通话水平测试用普通话词语表》编制。

(2) 本表供普通话水平测试第二项——读多音节词语（100 个音节）测试使用。

(3) 本表共收词 545 条（其中“子”尾词 206 条），按汉语拼音字母顺序排列。

(4) 条目中的非轻声音节只标本调，不标变调；条目中的轻声音节，注音不标调号，注音前加圆点，如“明白 míng · bai”。

A

爱人 ài · ren	案子 àn · zi

B

把子 bà · zi	板子 bǎn · zi	棒槌 bàng · chui	爸爸 bà · ba
帮手 bāng · shou	棒子 bàng · zi	巴掌 bā · zhang	白净 bái · jing
梆子 bāng · zi	包袱 bāo · fu	把子 bǎ · zi	班子 bān · zi
膀子 bǎng · zi	包涵 bāo · han	包子 bāo · zi	豹子 bào · zi
杯子 bēi · zi	被子 bèi · zi	本事 běn · shi	本子 běn · zi
鼻子 bí · zi	比方 bǐ · fang	鞭子 biān · zi	扁担 biǎn · dan

辫子biàn・zi　别扭biè・niu　饼子bǐng・zi　脖子bó・zi
簸箕bò・ji　补丁bǔ・ding　不由得bùyóu・de　不在乎bùzài・hu
步子bù・zi　部分bù・fen

C

财主cái・zhu　裁缝cái・feng　苍蝇cāng・ying　差事chāi・shi
柴火chái・huo　肠子cháng・zi　厂子chǎng・zi　场子chǎng・zi
车子chē・zi　称呼chēng・hu　池子chí・zi　尺子chǐ・zi
虫子chóng・zi　绸子chóu・zi　除了chú・le　锄头chú・tou
畜生chù・sheng　窗户chuāng・hu　窗子chuāng・zi　锤子chuí・zi
刺猬cì・wei　凑合còu・he　村子cūn・zi

D

耷拉dā・la　答应dā・ying　打扮dǎ・ban　打点dǎ・dian
打发dǎ・fa　打量dǎ・liang　打听dǎ・ting　大方dà・fang
大爷dà・ye　大夫dài・fu　带子dài・zi　袋子dài・zi
单子dān・zi　耽搁dān・ge　耽误dān・wu　胆子dǎn・zi
担子dàn・zi　刀子dāo・zi　道士dào・shi　稻子dào・zi
灯笼dēng・long　凳子dèng・zi　提防dī・fang　笛子dí・zi
底子dǐ・zi　地道dì・dao　地方dì・fang　弟弟dì・di
弟兄dì・xiong　点心diǎn・xin　调子diào・zi　钉子dīng・zi
东家dōng・jia　东西dōng・xi　动静dòng・jing　动弹dòng・tan
豆腐dòu・fu　豆子dòu・zi　嘟囔dū・nang　肚子dǔ・zi
肚子dù・zi　缎子duàn・zi　队伍duì・wu　对付duì・fu
对头duì・tou　多么duō・me

E

蛾子é・zi　儿子ér・zi　耳朵ěr・duo

F

贩子fàn・zi　房子fáng・zi　废物fèi・wu　份子fèn・zi
风筝fēng・zheng　疯子fēng・zi　福气fú・qi　斧子fǔ・zi

G

盖子gài・zi　甘蔗gān・zhe　杆子gān・zi　杆子gǎn・zi
干事gàn・shi　杠子gàng・zi　高粱gāo・liang　膏药gāo・yao
稿子gǎo・zi　告诉gào・su　疙瘩gē・da　哥哥gē・ge
胳膊gē・bo　鸽子gē・zi　格子gé・zi　个子gè・zi
根子gēn・zi　跟头gēn・tou　工夫gōng・fu　弓子gōng・zi
公公gōng・gong　功夫gōng・fu　钩子gōu・zi　姑姑gū・gu
姑娘gū・niang　谷子gǔ・zi　骨头gǔ・tou　故事gù・shi

寡妇guǎ・fu 褂子guà・zi 怪物guài・wu 关系guān・xi

官司guān・si 罐头guàn・tou 罐子guàn・zi 规矩guī・ju

闺女guī・nü 鬼子guǐ・zi 柜子guì・zi 棍子gùn・zi

锅子guō・zi 果子guǒ・zi

H

蛤蟆há・ma 孩子hái・zi 含糊hán・hu 汉子hàn・zi

行当háng・dang 合同hé・tong 和尚hé・shang 核桃hé・tao

盒子hé・zi 红火hóng・huo 猴子hóu・zi 后头hòu・tou

厚道hòu・dao 狐狸hú・li 胡萝卜húluó・bo 胡琴hú・qin

糊涂hú・tu 护士hù・shi 皇上huáng・shang 幌子huǎng・zi

活泼huó・po 火候huǒ・hou 伙计huǒ・ji

J

机灵jī・ling 脊梁jǐ・liang 记号jì・hao 记性jì・xing

夹子jiā・zi 家伙jiā・huo 架势jià・shi 架子jià・zi

嫁妆jià・zhuang 尖子jiān・zi 茧子jiǎn・zi 剪子jiǎn・zi

见识jiàn・shi 毽子jiàn・zi 将就jiāng・jiu 交情jiāo・qing

饺子jiǎo・zi 叫唤jiào・huan 轿子jiào・zi 结实jiē・shi

街坊jiē・fang 姐夫jiě・fu 姐姐jiě・jie 戒指jiè・zhi

金子jīn・zi 精神jīng・shen 镜子jìng・zi 舅舅jiù・jiu

橘子jú・zi 句子jù・zi 卷子juàn・zi

K

咳嗽ké・sou 客气kè・qi 空子kòng・zi 口袋kǒu・dai

口子kǒu・zi 扣子kòu・zi 窟窿kū・long 裤子kù・zi

快活kuài・huo 筷子kuài・zi 框子kuàng・zi 阔气kuò・qi

L

喇叭lǎ・ba 喇嘛lǎ・ma 篮子lán・zi 懒得lǎn・de

浪头làng・tou 老婆lǎo・po 老实lǎo・shi 老太太lǎotài・tai

老头子lǎotóu・zi 老爷lǎo・ye 老子lǎo・zi 姥姥lǎo・lao

累赘léi・zhui 篱笆lí・ba 里头lǐ・tou 力气lì・qi

厉害lì・hai 利落lì・luo 利索lì・suo 例子lì・zi

栗子lì・zi 痢疾lì・ji 连累lián・lei 帘子lián・zi

凉快liáng・kuai 粮食liáng・shi 两口子liǎngkǒu・zi 料子liào・zi

林子lín・zi 翎子líng・zi 领子lǐng・zi 溜达liū・da

聋子lóng・zi 笼子lóng・zi 炉子lú・zi 路子lù・zi

轮子lún・zi 萝卜luó・bo 骡子luó・zi 骆驼luò・tuo

M

妈妈mā·ma　麻烦má·fan　麻利má·li　麻子má·zi
马虎mǎ·hu　买卖mǎi·mai　麦子mài·zi　馒头mán·tou
忙活máng·huo　冒失mào·shi　帽子mào·zi　眉毛méi·mao
媒人méi·ren　妹妹mèi·mei　门道mén·dao　眯缝mī·feng
迷糊mí·hu　面子miàn·zi　苗条miáo·tiao　苗头miáo·tou
名堂míng·tang　名字míng·zi　明白míng·bai　模糊mó·hu
蘑菇mó·gu　木匠mù·jiang　木头mù·tou

N

那么nà·me　奶奶nǎi·nai　难为nán·wei　脑袋nǎo·dai
脑子nǎo·zi　能耐néng·nai　你们nǐ·men　念叨niàn·dao
念头niàn·tou　娘家niáng·jia　镊子niè·zi　奴才nú·cai
女婿nǚ·xu　暖和nuǎn·huo　疟疾nüè·ji

P

拍子pāi·zi　牌楼pái·lou　牌子pái·zi　盘算pán·suan
盘子pán·zi　胖子pàng·zi　狍子páo·zi　盆子pén·zi
朋友péng·you　棚子péng·zi　脾气pí·qi　皮子pí·zi
痞子pǐ·zi　屁股pì·gu　片子piān·zi　便宜pián·yi
骗子piàn·zi　票子piào·zi　漂亮piào·liang　瓶子píng·zi
婆家pó·jia　婆婆pó·po　铺盖pū·gai

Q

欺负qī·fu　旗子qí·zi　前头qián·tou　钳子qián·zi
茄子qié·zi　亲戚qīn·qi　勤快qín·kuai　清楚qīng·chu
亲家qìng·jia　曲子qǔ·zi　圈子quān·zi　拳头quán·tou
裙子qún·zi

R

热闹rè·nao　人家rén·jia　人们rén·men　认识rèn·shi
日子rì·zi　褥子rù·zi

S

塞子sāi·zi　嗓子sǎng·zi　嫂子sǎo·zi　扫帚sào·zhou
沙子shā·zi　傻子shǎ·zi　扇子shàn·zi　商量shāng·liang
晌午shǎng·wu　上司shàng·si　上头shàng·tou　烧饼shāo·bing
勺子sháo·zi　少爷shào·ye　哨子shào·zi　舌头shé·tou
身子shēn·zi　什么shén·me　婶子shěn·zi　生意shēng·yi
牲口shēng·kou　绳子shéng·zi　师父shī·fu　师傅shī·fu
虱子shī·zi　狮子shī·zi　石匠shí·jiang　石榴shí·liu

石头shí・tou	时候shí・hou	实在shí・zai	拾掇shí・duo
使唤shǐ・huan	世故shì・gu	似的shì・de	事情shì・qing
柿子shì・zi	收成shōu・cheng	收拾shōu・shi	首饰shǒu・shi
叔叔shū・shu	梳子shū・zi	舒服shū・fu	舒坦shū・tan
疏忽shū・hu	爽快shuǎng・kuai	思量sī・liang	算计suàn・ji
岁数suì・shu	孙子sūn・zi		

T

他们tā・men	它们tā・men	她们tā・men	台子tái・zi
太太tài・tai	摊子tān・zi	坛子tán・zi	毯子tǎn・zi
桃子táo・zi	特务tè・wu	梯子tī・zi	蹄子tí・zi
挑剔tiāo・ti	挑子tiāo・zi	条子tiáo・zi	跳蚤tiào・zao
铁匠tiě・jiang	亭子tíng・zi	头发tóu・fa	头子tóu・zi
兔子tù・zi	妥当tuǒ・dang	唾沫tuò・mo	

W

挖苦wā・ku	娃娃wá・wa	袜子wà・zi	晚上wǎn・shang
尾巴wěi・ba	委屈wěi・qu	为了wèi・le	位子wèi・zi
蚊子wén・zi	稳当wěn・dang	我们wǒ・men	屋子wū・zi

X

稀罕xī・han	席子xí・zi	媳妇xí・fu	喜欢xǐ・huan
瞎子xiā・zi	匣子xiá・zi	下巴xià・ba	吓唬xià・hu
先生xiān・sheng	乡下xiāng・xia	箱子xiāng・zi	相声xiàng・sheng
消息xiāo・xi	小伙子xiǎohuǒ・zi	小气xiǎo・qi	小子xiǎo・zi
笑话xiào・hua	谢谢xiè・xie	心思xīn・si	星星xīng・xing
猩猩xīng・xing	行李xíng・li	性子xìng・zi	兄弟xiōng・di
休息xiū・xi	秀才xiù・cai	秀气xiù・qi	袖子xiù・zi
靴子xuē・zi	学问xué・wen		

Y

丫头yā・tou	鸭子yā・zi	衙门yá・men	哑巴yǎ・ba
胭脂yān・zhi	烟筒yān・tong	眼睛yǎn・jing	燕子yàn・zi
秧歌yāng・ge	养活yǎng・huo	样子yàng・zi	吆喝yāo・he
妖精yāo・jing	钥匙yào・shi	椰子yē・zi	爷爷yé・ye
叶子yè・zi	一辈子yībèi・zi	衣服yī・fu	衣裳yī・shang
椅子yǐ・zi	意思yì・si	银子yín・zi	影子yǐng・zi
应酬yìng・chou	柚子yòu・zi	冤枉yuān・wang	院子yuàn・zi
月饼yuè・bing	月亮yuè・liang	云彩yún・cai	运气yùn・qi

Z

在乎 zài · hu　　咱们 zán · men　　早上 zǎo · shang　　怎么 zěn · me
扎实 zhā · shi　　眨巴 zhǎ · ba　　栅栏 zhà · lan　　宅子 zhái · zi
寨子 zhài · zi　　张罗 zhāng · luo　　丈夫 zhàng · fu　　帐篷 zhàng · peng
丈人 zhàng · ren　　帐子 zhàng · zi　　招呼 zhāo · hu　　招牌 zhāo · pai
折腾 zhē · teng　　这个 zhè · ge　　这么 zhè · me　　枕头 zhěn · tou
芝麻 zhī · ma　　知识 zhī · shi　　侄子 zhí · zi　　指甲 zhǐ · jia（zhī · jia）
指头 zhǐ · tou（zhí · tou）　　种子 zhǒng · zi　　珠子 zhū · zi
竹子 zhú · zi　　主意 zhǔ · yi（zhú · yi）　　主子 zhǔ · zi
柱子 zhù · zi　　爪子 zhuǎ · zi　　转悠 zhuàn · you　　庄稼 zhuāng · jia
庄子 zhuāng · zi　　壮实 zhuàng · shi　　状元 zhuàng · yuan　　锥子 zhuī · zi
桌子 zhuō · zi　　字号 zì · hao　　自在 zì · zai　　粽子 zòng · zi
祖宗 zǔ · zong　　嘴巴 zuǐ · ba　　作坊 zuō · fang　　琢磨 zuó · mo

任务检测

朗读下列词语，感受轻声的变读规律。

奶奶　晚上　影子　脑袋　本子　爸爸　燕子　势力　报酬　故事
他的　师傅　关上　抽屉　三个　亲戚　公道　家里　天上　星星
什么　毛病　围着　脖子　容易　明白　学问　舒坦　算盘　挑唆
打个比方　怎么搞的　想着母亲　喜欢打扮　写在纸上

任务三　儿化训练

儿化的发音

任务导入

词尾“儿”本是一个独立的音节，但由于在口语中长期与前面的音节流利地连读而产生了音变，“儿”音节“黏着”到了前一个音节上，只保留了一个卷舌动作，这种现象就是儿化，带有卷舌色彩的韵母叫儿化韵。儿化音节的拼写，一般是在原音节之后加上一个表示卷舌动作的符号r即可。例如“鸟儿”拼写成niǎor，“亮儿”拼写成liàngr。儿化音节虽然用两个汉字表示，但是读成一个音节。

需要注意的是，词末尾有“儿”字不一定就是儿化音，如“小女儿”“可爱的鱼儿”中的“儿”，就是独立的音节er，而不是儿化音。

任务准备

1. 儿化的作用

普通话中的儿化现象与词汇、语法有着密切的关系，儿化在表达词语的语法意义和修辞色彩上都起着积极的作用。

（1）区别词性。兼动、名两类词或形容词，儿化后就固定为名词；有的名词、动词儿化后借用为量词。例如：

盖（动词）—盖儿（名词）　　个（量词）—个儿（名词）
亮（形容词）—亮儿（名词）　　手（名词）—一手儿（量词）
堆（动词）—一堆儿（量词）

（2）区别词义。有的词儿化后具有比喻义。例如：

头（脑袋）—头儿（领导、首领）　　信（信件）—信儿（信息）
眼（眼睛）—眼儿（窟窿）

有的词儿化后可区分同音词。例如：

开伙（办伙食）—开火儿（交战）　　拉练（野营训练）—拉链儿（拉锁）

（3）表示喜爱、温婉的感情色彩。例如：

小曲儿　　小鸟儿　　鲜花儿　　大婶儿
来玩儿　　慢慢儿走　　说说话儿

（4）表示细小、轻微的事物或状态。例如：

小鱼儿　　门缝儿　　一会儿　　针尖儿
办事儿

儿化是普通话语音比较明显的特征，儿化词不仅限于名词，动词、形容词、副词、代词等也有儿化现象，口语中应用较多，如“那儿”“玩儿”“好好儿”“顺便儿”等。这些词交际时如果去掉儿化，不仅语感生硬，也会影响表达效果，因此正确使用儿化词是学习普通话的一个重要方面。

2. 儿化韵的变化规律

普通话韵母除ê、er之外都可以儿化。儿化时由于舌头上翘，俗称卷舌，致使舌位较高、较前的韵尾i、n发不成而丢失，同时使韵腹元音也受影响而央化，还使后鼻音韵尾ng丢失而使韵腹元音鼻音化，即让元音带鼻音色彩。具体儿化发音变化规律如下。

（1）韵母为a、o、e、u的音节，儿化后主要元音基本不变，后面直接加上表示卷舌动作的r。例如：

号码儿hàomǎr　　山坡儿shānpōr　　纸盒儿zhǐhér　　水珠儿shuǐzhūr

（2）韵母ia、ua、ao、ou、uo和iao、iou等，儿化后主要元音或韵尾基本不变，直接加r。例如：

一下儿yíxiàr　　桃花儿táohuār　　手稿儿shǒugǎor　　封口儿fēngkǒur

（3）韵母i、ü儿化后在原韵母之后加上er，i、ü仍保留。例如：

小米儿xiǎomǐr　读作xiǎomǐer　　米粒儿mǐlìr　读作mǐlìer
有趣儿yǒuqùr　读作yǒuqùer　　小雨儿xiǎoyǔr　读作xiǎoyǔer

（4）韵母-i（前）、-i（后）儿化后失去原韵母，加er。例如：

喜字儿xǐzìr　读作xǐzèr　　戏词儿xìcír　读作xìcér
锯齿儿jùchǐr　读作jùchěr　　果汁儿guǒzhīr　读作guǒzhēr

（5）以i或n为韵尾的韵母，儿化后丢掉韵尾，主要元音后面加r。例如：

木牌儿mùpáir　读作mùpár　　鞋带儿xiédàir　读作xiédàr

一块儿 yíkuàir　读作 yíkuàr　　树根儿 shùgēnr　读作 shùgēr

饭馆儿 fànguǎnr　读作 fànguǎr　　冰棍儿 bīnggùnr　读作 bīnggùr

（6）以 ng 为韵尾的韵母，儿化后丢掉韵尾 ng，主要元音鼻化，同时在鼻化元音后加上 r。例如：

瓜瓤儿 guārángr　读作 guārár（鼻化）　　板凳儿 bǎndèngr　读作 bǎndèr（鼻化）

蜜蜂儿 mìfēngr　读作 mìfēr（鼻化）　　镜框儿 jìngkuàngr　读作 jìngkuàr（鼻化）

（7）韵母 in、ün 儿化后，丢掉韵尾 n，主要元音保留，后面加上 er；韵母 ing 儿化后，丢掉韵尾 ng，主要元音保留，后面加上鼻化的 er。例如：

手印儿 shǒuyìnr　读作 shǒuyèr　　使劲儿 shǐjìnr　读作 shǐjièr

花裙儿 huāqúnr　读作 huāquér　　花瓶儿 huāpíngr　读作 huāpiér

拼注儿化韵的音节，只在音节末尾加一个 r，韵母具体的变化不需要在拼写上表示出来。

任务实施

普通话水平测试用儿化词语表

［说明］

（1）本表参照《普通话水平测试用普通话词语表》及《现代汉语词典》编制，加*的是以上二者未收，根据测试需要酌增的条目。

（2）本表仅供普通话水平测试第二项——读多音节词语（100 个音节）测试使用。本表儿化音节，在书面上一律加“儿”，但并不表明所列词语在任何语用场合都必须儿化。

（3）本表共收词 189 条，按儿化韵母的汉语拼音顺序排列。

（4）本表列出原型的韵母和所对应的儿化韵，用>表示条目中儿化音节的注音，只在基本形式后加 r，不标语音上的实际变化。

a>ar

刀把儿 dāobàr　　号码儿 hàomǎr　　戏法儿 xìfǎr　　在哪儿 zàinǎr

找茬儿 zhǎochár　　打杂儿 dǎzár　　板擦儿 bǎncār

ai>ar

名牌儿 míngpáir　　鞋带儿 xiédàir　　壶盖儿 húgàir　　小孩儿 xiǎoháir

加塞儿 jiāsāir

an>ar

快板儿 kuàibǎnr　　老伴儿 lǎobànr　　蒜瓣儿 suànbànr　　脸盘儿 liǎnpánr

脸蛋儿 liǎndànr　　收摊儿 shōutānr　　栅栏儿 zhàlánr　　包干儿 bāogānr

笔杆儿 bǐgǎnr　　门槛儿 ménkǎnr

ang>ar（鼻化）

药方儿 yàofāngr　　赶趟儿 gǎntàngr　　香肠儿 xiāngchángr　　瓜瓤儿 guārángr

ia>iar

掉价儿diàojiàr　一下儿yíxiàr　豆芽儿dòuyár

ian>iar

小辫儿xiǎobiànr　照片儿zhàopiānr　扇面儿shànmiànr　差点儿chàdiǎnr
一点儿yìdiǎnr　雨点儿yǔdiǎnr　聊天儿liáotiānr　拉链儿lāliànr
冒尖儿màojiānr　坎肩儿kǎnjiānr　牙签儿yáqiānr　露馅儿lòuxiànr
心眼儿xīnyǎnr

iang>iar（鼻化）

鼻梁儿bíliángr　透亮儿tòuliàngr　花样儿huāyàngr

ua>uar

脑瓜儿nǎoguār　大褂儿dàguàr　麻花儿máhuār　笑话儿xiào·huar
牙刷儿yáshuār

uai>uar

一块儿yíkuàir

uan>uar

茶馆儿cháguǎnr　饭馆儿fànguǎnr　火罐儿huǒguànr　落款儿luòkuǎnr
打转儿dǎzhuànr　拐弯儿guǎiwānr　好玩儿hǎowánr　大腕儿dàwànr

uang>uar（鼻化）

蛋黄儿dànhuángr　打晃儿dǎhuàngr　天窗儿tiānchuāngr

üan>üar

烟卷儿yānjuǎnr　手绢儿shǒujuànr　出圈儿chūquānr　包圆儿bāoyuánr
人缘儿rényuánr　绕远儿ràoyuǎnr　杂院儿záyuànr

ei>er

刀背儿dāobèir　摸黑儿mōhēir

en>er

老本儿lǎoběnr　花盆儿huāpénr　嗓门儿sǎngménr　把门儿bǎménr
哥们儿gē·menr　纳闷儿nàmènr　后跟儿hòugēnr　刀刃儿dāorènr
别针儿biézhēnr　一阵儿yízhènr　走神儿zǒushénr　大婶儿dàshěnr
小人儿书xiǎorénrshū　杏仁儿xìngrénr　高跟儿鞋gāogēnrxié

eng>er（鼻化）

钢镚儿gāngbèngr　夹缝儿jiāfèngr　脖颈儿bógěngr　提成儿tíchéngr

ie>ier

半截儿bànjiér　小鞋儿xiǎoxiér

üe> üer

旦角儿dànjuér　主角儿zhǔjuér

uei>uer

跑腿儿pǎotuǐr　一会儿yìhuìr　耳垂儿ěrchuír　墨水儿mòshuǐr
围嘴儿wéizuǐr　走味儿zǒuwèir

uen>uer

打盹儿dǎdǔnr　胖墩儿pàngdūnr　砂轮儿shālúnr　冰棍儿bīnggùnr
没准儿méizhǔnr　开春儿kāichūnr

ueng>uer（鼻化）

小瓮儿xiǎowèngr

-i（前）>er

瓜子儿guāzǐr　石子儿shízǐr　没词儿méicír　挑刺儿tiāocìr

-i（后）>er

墨汁儿mòzhīr　锯齿儿jùchǐr　记事儿jìshìr

i>i: er

针鼻儿zhēnbír　垫底儿diàndǐr　肚脐儿dùqír　玩意儿wányìr

in>i: er

有劲儿yǒujìnr　送信儿sòngxìnr　脚印儿jiǎoyìnr

ing>i: er（鼻化）

花瓶儿huāpíngr　打鸣儿dǎmíngr　图钉儿túdīngr　门铃儿ménlíngr
眼镜儿yǎnjìngr　蛋清儿dànqīngr　火星儿huǒxīngr　人影儿rényǐngr

ü> ü: er

毛驴儿máolǘr　小曲儿xiǎoqǔr　痰盂儿tányúr

ün> ü: er

合群儿héqúnr

e>er

模特儿mótèr　逗乐儿dòulèr　唱歌儿chànggēr　挨个儿āigèr
打嗝儿dǎgér　饭盒儿fànhér　在这儿zàizhèr

u>ur

碎步儿suìbùr　没谱儿méipǔr　儿媳妇儿érxí · fur　梨核儿líhúr
泪珠儿lèizhūr　有数儿yǒushùr

ong>or（鼻化）

果冻儿guǒdòngr　门洞儿méndòngr　胡同儿hútòngr　抽空儿chōukòngr

酒盅儿 jiǔzhōngr　　小葱儿 xiǎocōngr

iong>ior（鼻化）

小熊儿 xiǎoxióngr

ao>aor

红包儿 hóngbāor　　灯泡儿 dēngpàor　　半道儿 bàndàor　　手套儿 shǒutàor
跳高儿 tiàogāor　　叫好儿 jiàohǎor　　口罩儿 kǒuzhàor　　绝招儿 juézhāor
口哨儿 kǒushàor　　蜜枣儿 mìzǎor

iao>iaor

鱼漂儿 yúpiāor　　火苗儿 huǒmiáor　　跑调儿 pǎodiàor　　面条儿 miàntiáor
豆角儿 dàujiǎor　　开窍儿 kāiqiàor

ou>our

衣兜儿 yīdōur　　老头儿 lǎotóur　　年头儿 niántóur　　小偷儿 xiǎotōur
门口儿 ménkǒur　　纽扣儿 niǔkòur　　线轴儿 xiànzhóur　　小丑儿 xiǎochǒur
加油儿 jiāyóur

iou>iour

顶牛儿 dǐngniúr　　棉球儿 miánqiúr　　抓阄儿 zhuājiūr

uo>uor

火锅儿 huǒguōr　　大伙儿 dàhuǒr　　做活儿 zuòhuór　　小说儿 xiǎoshuōr
邮戳儿 yóuchuōr　　被窝儿 bèiwōr

（o）>or

耳膜儿 ěrmór　　粉末儿 fěnmòr

任务检测

1. 词语练习

锅贴儿　板擦儿　没事儿　泥胎儿　摆摊儿　跑腿儿　旦角儿
唱片儿　烟卷儿　出圈儿　鼻梁儿　聊天儿　巧劲儿　影片儿
爆肚儿　豆角儿　小辫儿　小曲儿　烟嘴儿　沿边儿　腰板儿
咬字儿　爷们儿　一溜儿　一顺儿　应名儿　影片儿　有门儿　杂拌儿
早早儿　掌勺儿　找茬儿　照面儿　照片儿　针鼻儿　中间儿　抓阄儿

2. 绕口令练习

（1）进了门儿，倒杯水儿，喝了两口运运气儿。顺手拿起小唱本儿，唱了一曲儿又一曲儿，练完了嗓子练嘴皮子儿，绕口令儿，练字音儿，还有快板儿对口词儿，越说越唱越带劲儿。

（2）有个小孩儿叫小兰儿，口袋儿里装着几个钱儿，又打醋，又买盐儿，还买了个小饭碗儿。小饭碗儿，真好玩儿，红花儿绿叶儿镶金边儿，中间儿还有个小红点儿。

（3）小老头儿，上山头儿，砍木头，砍了这头儿砍那头儿，对面儿来了个小丫头儿，给老头儿送来一盘儿小馒头儿，没留神儿撞上一块大木头，栽了个小跟头儿。

任务四　语气词“啊”的音变训练

“啊”的音变

任务导入

语气词“啊”用于句子末尾，在语流中常受前一音节、最后一个音素的影响，而发生音变现象。“啊”是一个零声母音节，语流中根据前面音节的不同变读为ya、wa、na、ra、nga等，文字随之写为“呀”“哇”“哪”等。

任务准备

1.“啊”的音变规律

（1）前面音节的末尾音素是ɑ、o、e、ê、i、ü的，读作yɑ，汉字可写作“呀”。例如：

你去请他呀（tāyɑ）！　　快跟他说呀（shuōyɑ）！

天气真热呀（rèyɑ）！　　去向叔叔道谢呀（xièyɑ）！

你得拿定主意呀（yìyɑ）！　　我来买几条鱼呀（yúyɑ）！

（2）前面音节的末尾音素是u（包括ɑo，iɑo）的读作wɑ，汉字可写作“哇”。例如：

你在哪儿住哇（zhùwɑ）？　　这座山真高哇（gāowɑ）！

那个人的口气真不小哇（xiǎowɑ）！

（3）前面音节的末尾音素是n的，读作nɑ，汉字可写作“哪”。例如：

公园里的空气多清新哪（xīnnɑ）！　　多么可爱的年轻人哪（rénnɑ）！

你的判断真准哪（zhǔnnɑ）！

（4）前面音节的末尾音素是ng的，读作ngɑ，汉字可写作“啊”。例如：

这花真漂亮啊（liàngngɑ）！　　你要专心听啊（tīngngɑ）！

你怎么那么忙啊（mángngɑ）？

（5）前面音节的末尾音是-i（前）的，读作rɑ，汉字可写作“啊”。例如：

你到北京去过几次啊（cìrɑ）？　　要写好钢笔字啊（zìrɑ）！

他可真自私啊（sīrɑ）！

（6）前面音节的末尾音是-i（后）的，读作rɑ，汉字可写作“啊”。例如：

我想要几张信纸啊（zhǐrɑ）。　　你赶快吃啊（chīrɑ）！

他有什么事啊（shìrɑ）？　　今天谁值日啊（rìrɑ）？

以上六个方面是指“啊”实际发音时的声音变化。一般拼写、拼注仍可以按汉字“啊”的读音写作ɑ。

2. “啊”的音变规律简表

常见的“啊”的音变规律见表 2-1。

表 2-1 “啊”的音变规律

前面音节的韵母	前面音节末尾的音素	末尾的音素的音变	汉字写法
a ia ua o uo ei eüe	a o e ê	ya	呀
i ai uai ei uei ü	i ü		
u ou iou ao iao	u	wa	哇
an ian uan	n	na	哪
üan en in uen ün			
ang iang uang eng	ng	nga	啊
ueng ing ong iong			
-i（后） （只出现在 zh、ch、sh、r 声母后面）er	-i（后）er	ra	啊
-i（前） （只出现在 z、c、s 后面）	-i（前）	ra	啊

任务检测

朗读下列一组词语，感受“啊”的音变规律。

口渴啊　下来啊　干活啊　棉袄啊　药啊　听啊　值日啊　写字啊
吃饭啊　优秀啊　梳头啊　开门儿啊　果汁儿啊　瓜子儿啊　困难啊　首饰啊
很酷啊　诗词啊　鸡蛋啊　上课啊　图书馆啊　新鲜啊　忙啊　面包啊

任务五　词语轻重格式训练

任务导入

轻重格式是普通话里一种约定俗成的无规律的音变现象。

任务准备

1. 词语的轻重格式

普通话语流大多以双音节词语构句，在音节与音节的构成中除了声、韵、调的区别外，约定俗成的发音习惯使得双音节或三音节、四音节词有了音强上的不同变化，被称为词的轻重格式。

从发音习惯来看，音节的强弱可分为重、中、轻三种变化，将短而弱的音节称为轻，长而强的音节称为重，介于二者之间的称为中。还有的把中分为中和次轻，通过声学仪器测试会有明显的区别。

2. 轻重格式的组成

词的构成音节不同可组成不同的轻重格式。在双音节和多音节词里，各音节的轻重分量、强弱等级是不同的，往往有一个音节读音比较重，这个音节就是词重音音节。

从音量的强弱上分析，词的轻重音可分为四个等级：重音、中音、次轻音、最轻音。重音是词的重读音节，一般情况下不产生变调，多处在双音节和多音节的末尾。中音是不强调重读也不特别轻读的一般音节。次轻音是比中音略轻，比轻声略重的轻读音。最轻音即轻声。

（1）双音节词。双音节词的轻重格式可分为中重、重中、重轻三种。

①中重格式。例如：

人民　集团　强化　言行　达到　飘渺　宝贵

②重中格式。例如：

任务　战士　消息　命运　视觉　听觉

③重轻格式（必读轻声词）。例如：

面子　相声　意思　唠叨　价钱　便宜　玫瑰

（2）三音节词。三音节词的轻重格式可分为中中重、中重轻、中轻重三种。

①中中重格式。例如：

展览馆　唯心论　建军节　起重机　太行山

②中重轻格式。例如：

打拍子　编辫子　拉关系　好意思　小姑娘

③中轻重格式。例如：

想不起　放不下　数得着　犯不着　对不起

（3）四音节词。四音节词的轻重格式大部分与词的结构关系有关，可分为中重中重、中轻中重、重中中重三种。

①中重中重格式。有许多中重中重格式的词属于联合关系，还包括一部分四音节成语。例如：

改革开放　防微杜渐　翻江倒海　五光十色

②中轻中重格式。大部分四音节专用名词、叠音形容词和象声词要读中轻中重格式，其中四音节专用名词的第二个音节比第一个音节轻，但要注意不能失去原调。例如：

集体主义　社会主义　清清楚楚　漂漂亮亮

③重中中重格式。大部分具有修饰与被修饰、陈述与被陈述和支配与被支配关系的四音节成语要读重中中重格式。例如：

妙不可言　相形见绌　信口雌黄　诸如此类

3. 轻重格式的作用

（1）区别同音词。例如：

重中：散布　报道　　中重：散步　报到

（2）区别词性。例如：

生气—重中：名词　　生气—中重：动词

词的轻重格式

1. 双音节词的轻重格式及发音训练

（1）中重格式。

日常 大同 交通 领域 当代 小诗 出路 黄金 碧绿 时代 容颜
假如 晶莹 自然 减色 宝贵 人生 本身 阅读 当时 信奉 理论
飞沙 麦浪 波纹 演化 妥协 演变 词汇 烟火 仿佛 国际 货币
咕咚 轰隆 蝴蝶 沙发 尼龙 雷锋 出版 草鞋 放心 本身

（2）重中格式。

经验 视觉 听觉 界限 颜色 温度 声音 形象 重量 气味 性质
美好 情感 感官 价值 风气 背景 作品 标准 要求 思想 声响
柔和 突然 责任 古典 西式 记者 价值 声音 形象 含蓄 凄凉
人类 恬静 况且 工人 春天 质量 动作 爱戴 父亲 消极 作家

（3）重轻格式。

清楚 唠叨 力气 喉咙 荤腥

2. 三音节词的轻重格式及发音训练

（1）中中重格式。

播音员 收音机 呼吸道 东方红 天安门 展览馆 居委会 共产党
共青团 常委会 党支部 国际歌 科学院 招待会 唯物论 井冈山
辩证法 护身符 滑翔机 芭蕾舞 尼古丁 五一节 话务员 黄梅节
回旋曲 火力点 贫困线 建筑物

（2）中重轻格式。

枪杆子 命根子 过日子 拿架子 吊嗓子 臭架子 卖关子 半拉子
打底子 拉冷子 洋鬼子 刀把子 两口子 老头子 搭架子 鼻梁子
打冷战 打摆子 硬骨头 小姑娘 拉关系 抽工夫 不由得 撑门面
背地里 抱委屈 山核桃 好意思 胡萝卜 明摆着 牛脾气

（3）中轻重格式。

保不齐 备不住 小不点 吃不消 大不了 动不动 对不起 过不来
说不得 生意经 冷不防 数得着 喜洋洋 的确良 红领巾 无线电

3. 四音节词的轻重格式及发音训练

（1）中重中重格式。

丰衣足食 日积月累 轻歌曼舞 心平气和 无独有偶 五光十色
天灾人祸 年富力强 耳濡目染 枪林弹雨 奇装异服 花好月圆
赴汤蹈火 奇风异俗 独断专行 根深蒂固 心猿意马 龙飞凤舞

鹤发童颜　　翻江倒海　　儿童广播　　友谊第一　　安居乐业　　飞黄腾达

（2）中轻中重格式。

社会主义　　集体经济　　化学工业　　巴黎公社　　南京大学　　最后通牒
奥林匹克　　慢慢腾腾　　高高兴兴　　模模糊糊　　亮亮堂堂　　跌跌撞撞
整整齐齐　　清清楚楚　　大大方方　　和和美美　　叮叮咚咚　　嘻嘻哈哈
劈劈啪啪　　稀里哗啦　　二氧化碳　　拉拉扯扯

（3）重中中重格式。

惨不忍睹　　义不容辞　　敬而远之　　诸如此类　　形象之下　　一扫而空
面如刀刮

项目三

普通话水平等级测试训练

任务一　单音节字词训练

单音节字词应试指导

任务导入

读单音节字词是普通话水平测试的组成部分之一，测试内容包括100个音节（不含轻声、儿化音节），限时3.5分钟，共10分。目的是测查应试人声母、韵母、声调读音的标准程度。

任务实施

1. 难读字训练

绺liǔ　瞥piē　黏nián　撅juē　幂mì
蹿cuān　噎yē　冗rǒng　掳lǔ　咂zā
胚pēi　坯pī　癖pǐ　缫sāo　罄qìng
馨xīn　秸jiē　啮niè　撂liào　畦qí
眸móu　臻zhēn　蔫niān　衍yǎn　靳Jìn
寅yín　锉cuò　佟Tóng　舜shùn　穴xué
粤yuè　饷xiǎng　揪jiū　钡bèi　氛fēn
肋lèi（lē）　嗤chī　垄lǒng　簧huáng　鬓bìn
孽niè　拨bō　惩chéng　凝níng　仍réng
铡zhá　扼è　窘jiǒng　戳chuō　囊náng（nāng）
舂chōng　攫jué　佯yáng　拈niān　僧sēng
芯xīn（xìn）　沁qìn　蕊ruǐ　拎līn　窖jiào
允yǔn　吮shǔn　羹gēng　拢lǒng　苇wěi
灸jiǔ　谬miù　镍niè　溺nì　簇cù
妃fēi　瞟piǎo　砚yàn　帆fān　撰zhuàn
凑còu　掏tāo　憎zēng　癣xuǎn　霎shà
剖pōu　涧jiàn　躬gōng　敛liǎn　酉yǒu
滨bīn　薰xūn　嫡dí　滇Diān　恒héng
窦dòu　苑yuàn　瑟sè　蔑miè　鳖biē
盏zhǎn　屯tún（zhūn）　捏niē　垒lěi　膘biāo
淤yū　沾zhān　庵ān　抠kōu　纂zuǎn
攥zuàn　汞gǒng　呕ǒu　髓suǐ　踹chuài
钳qián　鼾hān　绕rào　蛹yǒng　酥sū
炯jiǒng　倪ní　脊jǐ　酌zhuó　券quàn（xuàn）
镁měi　贼zéi　裘qiú　僻pì　蹭cèng
霖lín　诀jué　疮chuāng　蒸zhēng　廓kuò

吠fèi 昧mèi 汝rǔ 冢zhǒng 迸bèng
螯áo 筛shāi 钵bō 揪jiū 歼jiān
厩jiù 妄wàng 辖xiá 甫fǔ 酶méi
榻tà 腭è

2. 易错字训练

A

挨紧āi 挨饿受冻ái 白皑皑ái 狭隘ài 不谙水性ān
熬菜āo 煎熬áo 鏖战áo 拗断ǎo 拗口令ào

B

扳平bān 剥皮bāo 炮羊肉bāo 同胞bāo 薄纸báo
蓓蕾bèi 投奔bèn 迸发bèng 奴颜婢膝bì 包庇bì
麻痹bì 刚愎自用bì 复辟bì 针砭biān 濒临bīn
屏气bǐng 摒弃bìng 剥削bō 波涛bō 菠菜bō
奔波bō 停泊bó 淡薄bó 哺育bǔ

C

粗糙cāo 嘈杂cáo 参差cēncī 差错chā 偏差chā
差距chā 搽粉chá 猹chá 刹那chà 差遣chāi
谄媚chǎn 忏悔chàn 徜徉cháng 场院cháng 赔偿cháng
一场雨cháng 绰起chāo 风驰电掣chè 瞠目结舌chēng 乘机chéng
惩前毖后chéng 驰骋chěng 痴呆chī 痴心妄想chī 白痴chī
奢侈chǐ 整饬chì 炽热chì 叱咤风云chìzhà 忧心忡忡chōng
憧憬chōng 崇拜chóng 惆怅chóuchàng 踌躇chóuchú 相形见绌chù
揣摩chuǎi 椽子chuán 创伤chuāng 凄怆chuàng 啜泣chuò
辍学chuò 宽绰chuò 瑕疵cī 伺候cì 烟囱cōng
从容cóng 淙淙流水cóng 一蹴而就cù 璀璨cuǐcàn 忖度cǔnduó
蹉跎cuōtuó 挫折cuò

D

答应dā 呆板dāi 逮老鼠dǎi 逮捕dài 殚精竭虑dān
虎视眈眈dān 肆无忌惮dàn 档案dàng 当（本）年dàng 追悼dào
提防dī 瓜熟蒂落dì 缔造dì 掂掇diān・duo 玷污diàn
装订dìng 订正dìng 恫吓dònghè 句读dòu 兑换duì
踱步duó

E

阿谀ēyú 婀娜ēnuó 扼要è

F

菲薄fěi 沸点fèi 氛围fēn 肤浅fū 敷衍塞责fū

仿佛 fú　浮水 fú　篇幅 fú　辐射 fú　果脯 fǔ
随声附和 fù

G

准噶尔 gá　大动干戈 gē　诸葛亮 gě　脖颈 gěng　提供 gōng
供销 gōng　供给 gōng　供不应求 gōng　供认 gòng　口供 gòng
佝偻 gōu · lóu　勾当 gòu　骨朵儿 gū　骨气 gǔ　蛊惑 gǔ
商贾 gǔ　桎梏 gù　粗犷 guǎng　皈依 guī　瑰丽 guī
刽子手 guì　聒噪 guō

H

哈达 hǎ　尸骸 hái　稀罕 han　引吭高歌 háng　沆瀣一气 hàngxiè
干涸 hé　一丘之貉 hé　上颌 hé　喝彩 hè　负荷 hè
蛮横 hèng　飞来横祸 hèng　发横财 hèng　一哄而散 hòng　糊口 hú
囫囵吞枣 húlún　华山 Huà　怙恶不悛 hùquān　豢养 huàn　病入膏肓 huāng
讳疾忌医 huì　诲人不倦 huì　阴晦 huì　污秽 huì　浑水摸鱼 hún
混淆 hùnxiáo　和泥 huó　搅和 huo　豁达 huò　霍乱 huò

J

茶几 jī　畸形 jī　羁绊 jī　羁旅 jī　放荡不羁 jī
无稽之谈 jī　跻身 jī　通缉令 jī　汲取 jí　即使 jí
开学在即 jí　疾恶如仇 jí　嫉妒 jí　棘手 jí　贫瘠 jí
狼藉 jí　一触即发 jí　脊梁 jǐ　人才济济 jǐ　给予 jǐyǔ
觊觎 jìyú　成绩 jì　事迹 jì　雪茄 jiā　信笺 jiān
歼灭 jiān　草菅人命 jiān　缄默 jiān　渐染 jiān　眼睑 jiǎn
间断 jiàn　矫枉过正 jiǎo　缴纳 jiǎo　校对 jiào　开花结果 jiē
结尾 jié　结冰 jié　反诘 jié　拮据 jiéjū　攻讦 jié
桔梗 jiégěng　押解 jiè　情不自禁 jīn　根茎叶 jīng　长颈鹿 jǐng
杀一儆百 jǐng　强劲 jìng　劲敌 jìng　劲旅 jìng　痉挛 jìngluán
抓阄儿 jiū　针灸 jiǔ　韭菜 jiǔ　内疚 jiù　既往不咎 jiù
狙击 jū　咀嚼 jǔjué　循规蹈矩 jǔ　矩形 jǔ　沮丧 jǔ
龃龉 jǔyǔ　前倨后恭 jù　镌刻 juān　隽永 juàn　角色 jué
口角 jué　角斗 jué　角逐 jué　倔强 juéjiàng　崛起 jué
猖獗 jué　一蹶不振 jué　诡谲 jué　矍铄 juéshuò　攫取 jué
细菌 jūn　龟裂 jūn　俊杰 jùn　崇山峻岭 jùn　竣工 jùn
俊秀 jùn

K

同仇敌忾 kài　不卑不亢 kàng　坎坷 kě　可汗 kèhán　恪守 kè
倥偬 kǒngzǒng　会计 kuài　窥探 kuī　傀儡 kuǐlěi

L

邋遢lāta 拉家常lā 丢三落四là 书声琅琅láng 唠叨láo
落枕lào 奶酪lào 勒索lè 勒紧lēi 擂鼓léi
羸弱léi 果实累累léi 罪行累累lěi 擂台lèi 罹难lí
潋滟liàn 打量liang 量入为出liàng 撩水liāo 撩拨liáo
寂寥liáo 瞭望liào 趔趄lièqie 恶劣liè 雕镂lòu
贿赂lù 棕榈lǘ 掠夺lüè

M

抹桌子mā 阴霾mái 埋怨mán 耄耋màodié 联袂mèi
闷热mēn 扪心自问mén 愤懑mèn 蒙头转向mēng 蒙头盖脸méng
靡费mí 萎靡不振mǐ 静谧mì 分娩miǎn 酩酊mǐngdǐng
荒谬miù 脉脉mò 抹墙mò 蓦然回首mò 牟取móu
模样mú

N

羞赧nǎn 呶呶不休náo 泥淖nào 口讷nè 气馁něi
拟人nǐ 隐匿nì 拘泥nì 亲昵nì 拈花惹草niān
宁死不屈nìng 泥泞nìng 忸怩niǔní 执拗niù 驽马nú
虐待nüè 偶然ǒu

P

扒手pá 迫击炮pǎi 心宽体胖pán 蹒跚pán 滂沱pāngtuó
彷徨páng 炮制páo 咆哮páoxiào 炮烙páoluò 胚胎pēi
香喷喷pēn 抨击pēng 澎湃péngpài 纰漏pī 毗邻pí
癖好pǐ 否极泰来pǐ 媲美pì 扁舟piān 大腹便便pián
剽窃piāo 饿殍piǎo 乒乓pīngpāng 湖泊pō 居心叵测pǒ
糟粕pò 解剖pōu 前仆后继pū 奴仆pú 风尘仆仆pú
玉璞pú 匍匐púfú 瀑布pù 一曝十寒pù

Q

休戚与共qī 蹊跷qīqiāo 祈祷qí 颀长qí 歧途qí
绮丽qǐ 修葺qì 休憩qì 关卡qiǎ 悭吝qiān
掮客qián 潜移默化qián 虔诚qián 天堑qiàn 戕害qiāng
强迫qiǎng 勉强qiǎng 强求qiǎng 牵强附会qiǎng 襁褓qiǎngbǎo
翘首远望qiáo 讥诮qiào 怯懦qiè 提纲挈领qiè 锲而不舍qiè
惬意qiè 衾枕qīn 倾盆大雨qīng 引擎qíng 亲家qìng
曲折qū 祛除qū 黢黑qū 水到渠成qú 清癯qú
瞿塘峡Qú 通衢大道qú 龋齿qǔ 兴趣qù 面面相觑qù
债券quàn 商榷què 逡巡qūn 麇集qún

R

围绕rào　荏苒rěnrǎn　稔知rěn　妊娠rènshēn　仍然réng
冗长rǒng

S

缫丝sāo　稼穑jiàsè　堵塞sè　刹车shā　芟除shān
潸然泪下shān　禅让shàn　讪笑shàn　赡养shàn　折本shé
慑服shè　退避三舍shè　海市蜃楼shèn　舐犊之情shì　教室shì
有恃无恐shì　狩猎shòu　倏忽shū　束缚shùfù　刷白shuà
游说shuì　吸吮shǔn　瞬息万变shùn　怂恿sǒngyǒng　塑料sù
簌簌sù　虽然suī　鬼鬼祟祟suì　婆娑suō

T

趿拉tā・la　鞭挞tà　叨光tāo　熏陶táo　体己tī
孝悌tì　倜傥tìtǎng　恬不知耻tián　殄灭tiǎn　轻佻tiāo
调皮tiáo　妥帖tiē　请帖tiě　字帖tiè　恸哭tòng
如火如荼tú　湍急tuān　颓废tuí　蜕化tuì　囤积tún

W

逶迤wēiyí　违反wéi　崔嵬wéi　冒天下之大不韪wěi
为虎作伥wèichāng　龌龊wòchuò　斡旋wò　深恶痛疾wùjí

X

膝盖xī　檄文xí　狡黠xiá　厦门Xià　纤维xiānwéi
翩跹xiān　屡见不鲜xiān　垂涎三尺xián　勾股弦xián　鲜见xiǎn
肖像xiào　采撷xié　叶韵xié　纸屑xiè　机械xiè
省亲xǐng　不朽xiǔ　铜臭xiù　星宿xiù　长吁短叹xū
自诩xǔ　抚恤金xù　酗酒xù　煦暖xù　眩晕xuànyùn
炫耀xuàn　洞穴xué　戏谑xuè　驯服xùn　徇私舞弊xùn

Y

倾轧yà　揠苗助长yà　殷红yān　湮没yān　筵席yán
百花争妍yán　河沿yán　偃旗息鼓yǎn　奄奄一息yǎn　赝品yàn
佯装yáng　怏怏不乐yàng　安然无恙yàng　杳无音信yǎo　窈窕yǎotiǎo
发疟子yào　耀武扬威yào　因噎废食yē　揶揄yéyú　陶冶yě
呜咽yè　摇曳yè　拜谒yè　笑靥yè　甘之如饴yí
颐和园Yí　迤逦yǐlǐ　旖旎yǐnǐ　自怨自艾yì　游弋yì
后裔yì　奇闻逸事yì　络绎不绝yì　造诣yì　友谊yì
肄业yì　熠熠闪光yì　一望无垠yín　荫凉yìn　应届yīng
应承yìng　应用文yìng　应试教育yìng　邮递员yóu　黑黝黝yǒu
良莠不齐yǒu　迂回yū　向隅而泣yú　愉快yú　始终不渝yú

逾越yú　年逾古稀yú　娱乐yú　伛偻yǔlǚ　舆论yú
尔虞我诈yú　囹圄yǔ　参与yù　驾驭yù　家喻户晓yù
熨帖yù　寓情于景yù　鹬蚌相争yù　卖儿鬻女yù　断瓦残垣yuán
苑囿yuànyòu　头晕yūn　允许yǔn　晕船yùn　酝酿yùnniàng

Z

扎小辫zā　柳荫匝地zā　登载zǎi　载重zài　载歌载舞zài
怨声载道zài　拒载zài　暂时zàn　臧否zāngpǐ　宝藏zàng
确凿záo　啧啧称赞zé　咋舌zé　谮言zèn　憎恶zēng
赠送zèng　驻扎zhā　咋呼zhā　挣扎zhá　札记zhá
择菜zhái　占卜zhān　客栈zhàn　破绽zhàn　精湛zhàn
战栗zhàn　高涨zhǎng　涨价zhǎng　着慌zháo　沼泽zhǎo
召开zhào　肇事zhào　折腾zhē　动辄得咎zhéjiù　蛰伏zhé
贬谪zhé　砧铁zhēn　日臻完善zhēn　甄别zhēn　箴言zhēn
缜密zhěn　赈灾zhèn　症结zhēng　拯救zhěng　症候zhèng
诤友zhèng　挣脱zhèng　脂肪zhī　踯躅zhízhú　近在咫尺zhǐ
博闻强识zhì　标志zhì　质量zhì　脍炙人口zhì　鳞次栉比zhì
对峙zhì　中听zhōng　中肯zhòng　刀耕火种zhòng　胡诌zhōu
啁啾zhōu　压轴zhòu　贮藏zhù　撰稿zhuàn　谆谆zhūn
弄巧成拙zhuō　灼热zhuó　卓越zhuó　啄木鸟zhuó　着陆zhuó
穿着打扮zhuó　恣意zì　浸渍zì　作坊zuō　柞蚕zuò

3. 统读字训练

癌ái　霭ǎi　蔼ǎi　隘ài　谙ān
埯ǎn　昂áng　凹āo　坳ào　拔bá
白bái　傍bàng　胞bāo　龅bào　爆bào
焙bèi　惫bèi　鄙bǐ　俾bǐ　笔bǐ
比bǐ　庇bì　髀bì　避bì　婢bì
痹bì　壁bì　蝙biān　遍biàn　傧bīn
缤bīn　濒bīn　髌bìn　柄bǐng　波bō
播bō　菠bō　帛bó　勃bó　钹bó
箔bó　醭bú　哺bǔ　捕bǔ　𫛛bǔ
埠bù　残cán　惭cán　灿càn　糙cāo
嘈cáo　螬cáo　厕cè　岑cén　猹chá
搽chá　阐chǎn　羼chàn　韂chàn　伥chāng
钞chāo　巢cháo　耖chào　痴chī　吃chī
弛chí　褫chǐ　豉chǐ　侈chǐ　炽chì
舂chōng　储chǔ　触chù　搐chù　绌chù
黜chù　闯chuǎng　疵cī　雌cí　赐cì

从cóng	从cóng	脆cuì	措cuò	搭dā
呆dāi	傣Dǎi	档dàng	蹈dǎo	导dǎo
悼dào	纛dào	凳dèng	羝dī	堤dī
抵dǐ	蒂dì	缔dì	谛dì	跌diē
蝶dié	订dìng	堆duī	吨dūn	盾dùn
多duō	咄duō	裰duō	踱duó	婀ē
伐fá	阀fá	砝fǎ	法fǎ	帆fān
藩fān	梵fàn	妨fáng	防fáng	肪fáng
沸fèi	汾Fén	讽fěng	肤fū	敷fū
俘fú	浮fú	拂fú	辐fú	幅fú
甫fǔ	复fù	缚fù	噶gá	冈gāng
刚gāng	港gǎng	隔gé	亘gèn	佝gōu
锢gù	犷guǎng	庋guǐ	刽guì	聒guō
蝈guō	壑hè	褐hè	鹤hè	黑hēi
亨hēng	訇hōng	讧hòng	囫hú	瑚hú
蝴hú	桦huà	徊huái	踝huái	浣huàn
黄huáng	诲huì	贿huì	蠖huò	霍huò
获huò	羁jī	击jī	芨jī	圾jī
戢jī	疾jí	汲jí	棘jí	嫉jí
脊jǐ	绩jì	迹jì	寂jì	浃jiā
甲jiǎ	歼jiān	鞯jiān	趼jiǎn	俭jiǎn
缰jiāng	膙jiǎng	较jiào	酵jiào	嗟jiē
疖jiē	睫jié	馑jǐn	觐jìn	浸jìn
茎jīng	粳jīng	鲸jīng	境jìng	痉jìng
窘jiǒng	究jiū	纠jiū	鞠jū	鞫jū
掬jū	苴jū	俱jù	揩kāi	慨kǎi
忾kài	勘kān	慷kāng	拷kǎo	疴kē
恪kè	刻kè	眍kōu	矻kū	酷kù
框kuàng	矿kuàng	傀kuǐ	篑kuì	括kuò
垃lā	邋lā	罱lǎn	缆lǎn	琅láng
捞lāo	劳láo	醪láo	镭léi	羸léi
蕾lěi	喱lí	连lián	敛liǎn	恋liàn
劣liè	捩liè	趔liè	拎līn	遴lín
蛉líng	榴líu	虏lǔ	掳lǔ	榈lǘ
孪luán	挛luán	掠lüè	囵lún	牤māng
芒máng	铆mǎo	瑁mào	虻méng	盟méng
祢mí	娩miǎn	缈miǎo	皿mǐn	闽Mǐn
茗míng	酩mǐng	谬miù	摸mō	膜mó
嬷mó	墨mò	耱mò	沫mò	蝻nǎn

蛲náo 讷nè 馁něi 嫩nèn 恁nèn
妮nī 拈niān 鲇nián 酿niàng 嗫niè
忸niǔ 脓nóng 暖nuǎn 衄nù 殴ōu
呕ǒu 杷pá 琶pá 牌pái 湃pài
爿pán 蹒pán 畔pàn 乓pāng 滂pāng
脬pāo 胚pēi 澎péng 坯pī 披pī
匹pǐ 僻pì 譬pì 剽piāo 聘pìn
乒pīng 颇pō 剖pōu 扑pū 蹼pǔ
戚qī 漆qī 期qī 蛴qí 畦qí
萁qí 骑qí 企qǐ 绮qǐ 杞Qǐ
槭qì 洽qià 签qiān 潜qián 嵌qiàn
戕qiāng 襁qiǎng 跄qiàng 橇qiāo 怯qiè
挈qiè 侵qīn 衾qīn 噙qín 倾qīng
穹qióng 黢qū 渠qú 瞿Qú 蠼qú
龋qǔ 趣qù 髯rán 攘rǎng 桡ráo
绕rào 妊rèn 扔rēng 容róng 糅róu
茹rú 孺rú 蠕rú 辱rǔ 挼ruó
靸sǎ 噻sāi 埽sào 森sēn 啥shá
衫shān 姗shān 墒shāng 猞shē 慑shè
摄shè 射shè 娠shēn 蜃shèn 胜shèng
室shì 殊shū 蔬shū 疏shū 叔shū
淑shū 菽shū 署shǔ 曙shǔ 漱shù
戍shù 蟀shuài 孀shuāng 硕shuò 蒴shuò
艘sōu 嗾sǒu 速sù 塑sù 虽suī
绥suí 髓suǐ 唢suǒ 索suǒ 趿tā
鳎tǎ 獭tǎ 探tàn 涛tāo 悌tì
佻tiāo 听tīng 庭tíng 骰tóu 凸tū
突tū 颓tuí 蜕tuì 臀tún 唾tuò
娲wā 挖wā 㖞wāi 蜿wān 玩wán
惋wǎn 脘wǎn 往wǎng 忘wàng 微wēi
巍wēi 薇wēi 危wēi 韦wéi 违wéi
唯wéi 纬wěi 伪wěi 萎wěi 文wén
闻wén 紊wěn 喔wō 蜗wō 硪wò
诬wū 梧wú 牾wǔ 杌wù 骛wù
夕xī 汐xī 晰xī 析xī 皙xī
昔xī 溪xī 悉xī 熄xī 蜥xī
螅xī 惜xī 锡xī 樨xī 袭xí
檄xí 峡xiá 暇xiá 锨xiān 涎xián
弦xián 陷xiàn 霰xiàn 向xiàng 淆xiáo

哮xiào 些xiē 携xié 偕xié 挟xié
械xiè 馨xīn 囟xìn 芎xiōng 朽xiǔ
煦xù 癣xuǎn 穴xué 学xué 雪xuě
谑xuè 寻xún 驯xùn 逊xùn 徇xùn
殉xùn 蕈xùn 押yā 崖yá 亚yà
筵yàn 沿yán 焰yàn 夭yāo 肴yáo
杳yǎo 舀yǎo 曜yào 耀yào 椰yē
噎yē 屹yì 轶yì 谊yì 懿yì
诣yì 萦yíng 映yìng 庸yōng 臃yōng
壅yōng 拥yōng 踊yǒng 咏yǒng 泳yǒng
莠yǒu 愚yú 娱yú 愉yú 伛yǔ
屿yǔ 跃yuè 酝yùn 匝zā 杂zá
簪zān 咱zán 暂zàn 凿záo 摘zhāi
沼zhǎo 照zhào 遮zhē 蛰zhē 辙zhé
贞zhēn 侦zhēn 帧zhēn 胗zhēn 枕zhěn
诊zhěn 振zhèn 知zhī 织zhī 脂zhī
植zhí 指zhǐ 掷zhì 质zhì 蛭zhì
秩zhì 栉zhì 炙zhì 诌zhōu 骤zhòu
烛zhú 逐zhú 筑zhù 撞zhuàng 拙zhuó
茁zhuó 灼zhuó 卓zhuó 纵zòng 粽zòng
镞zú 组zǔ 佐zuǒ 唑zuò

任务二　多音节词语训练

多音节词语应试指导

任务导入

读多音节字词是普通话水平测试的组成部分之一，测试内容包括100个音节，限时2.5分钟，共20分。目的是测查应试人声母、韵母、声调和变调、轻声、儿化读音的标准程度。

任务实施

1. 难读词语训练

狭隘xiá'ài 蝙蝠biānfú 同胞tóngbāo 编纂biānzuǎn 蚌埠Bèngbù
哺育bǔyù 匕首bǐshǒu 萝卜luó · bo 胳膊gē · bo 巡捕xúnbǔ
粗糙cūcāo 差错chācuò 炽热chìrè 唱片chàngpiān 创伤chuāngshāng
对称duìchèn 绰号chuòhào 忏悔chànhuǐ 参差cēncī 提防dī · fang
档次dàngcì 癫痫diānxián 追悼zhuīdào 订正dìngzhèng 呆板dāibǎn
而且érqiě 阿谀ēyú 复杂fùzá 腹腔fùqiāng 气氛qì · fēn

仿佛 fǎngfú	讣告 fùgào	果脯 guǒfǔ	供给 gōngjǐ	山冈 shāngāng
供认 gòngrèn	疙瘩 gē·da	楼阁 lóugé	混乱 hùnluàn	几乎 jīhū
教诲 jiàohuì	罕见 hǎnjiàn	奇数 jīshù	雪茄 xuějiā	间断 jiànduàn
俊俏 jùnqiào	颈椎 jǐngzhuī	根茎 gēnjīng	校对 jiàoduì	比较 bǐjiào
疾病 jíbìng	细菌 xìjūn	解数 xièshù	阶段 jiēduàn	畸形 jīxíng
内疚 nèijiù	发酵 fājiào	汲取 jíqǔ	脊梁 jǐ·liáng	针灸 zhēnjiǔ
矩形 jǔxíng	夹层 jiācéng	一刻钟 yīkèzhōng	俘虏 fúlǔ	质量 zhìliàng
露天 lùtiān	两栖 liǎngqī	蓓蕾 bèilěi	伪劣 wěiliè	度量衡 dùliànghéng
例外 lìwài	风靡 fēngmǐ	模具 mújù	勉强 miǎnqiǎng	联袂 liánmèi
模糊 mó·hu	呕吐 ǒutù	糟粕 zāopò	活泼 huópō	包庇 bāobì
关卡 guānqiǎ	翘首 qiáoshǒu	怯懦 qiènuò	侵略 qīnlüè	强劲 qiángjìng
悄然 qiǎorán	恰当 qiàdàng	围绕 wéirào	妊娠 rènshēn	塞车 sāichē
漱口 shùkǒu	游说 yóushuì	塑料 sùliào	虽然 suīrán	骨髓 gǔsuǐ
收缩 shōusuō	结束 jiéshù	常识 chángshí	栓塞 shuānsè	熟悉 shú·xi
丧钟 sāngzhōng	赡养 shànyǎng	扫帚 sào·zhou	狩猎 shòuliè	矢口 shǐkǒu
标志 biāozhì	调皮 tiáopí	蜕变 tuìbiàn	可恶 kěwù	纤维 xiānwéi
违章 wéizhāng	肖像 xiàoxiàng	眩晕 xuànyùn	侮辱 wǔrǔ	向往 xiàngwǎng
兴奋 xīngfèn	琴弦 qínxián	混淆 hùnxiáo	挟持 xiéchí	穴位 xuéwèi
徇私 xùnsī	削弱 xuēruò	乳臭 rǔxiù	膝盖 xīgài	木屑 mùxiè
咆哮 páoxiào	分析 fēnxī	亚洲 Yàzhōu	河沿 héyán	造诣 zàoyì
酝酿 yùnniàng	友谊 yǒuyì	参与 cānyù	殷红 yānhóng	应用 yìngyòng
打战 dǎzhàn	暂时 zànshí	脂肪 zhīfáng	运转 yùnzhuǎn	碰撞 pèngzhuàng
钻探 zuāntàn	笨拙 bènzhuō	作坊 zuō·fang	着重 zhuózhòng	证券 zhèngquàn
挣脱 zhèngtuō	高涨 gāozhǎng	沼泽 zhǎozé	雕琢 diāozhuó	浙江 Zhèjiāng
挣扎 zhēngzhá	确凿 quèzáo			

2. 多音字训练

A

阿　①ā 阿罗汉　阿姨　　②ē 阿附　阿胶

挨　①āi 挨个儿　挨近　　②ái 挨打　挨说

拗　①ào 拗口　　②niù 执拗

B

扒　①bā 扒开　扒拉　　②pá 扒手

把　①bǎ 把握　把持　把柄　　②bà 印把子　刀把儿　话把儿

蚌　①bàng 蛤蚌　　②bèng 蚌埠

薄　①báo 〈口语单用〉纸薄　　②bó 〈书面组词〉单薄　稀薄

堡　①bǎo 碉堡　堡垒　　②bǔ 瓦窑堡　吴堡

　③pù 十里堡

暴 ①bào 暴露　②pù 同“曝”

背 ①bēi 背包　背带　②bèi 脊背　背景

奔 ①bēn 奔跑　奔波　②bèn 投奔

臂 ①bì 手臂　臂膀　②bei 胳臂

辟 ①bì 复辟　②pì 开辟
③pī 辟头（同“劈头”）

扁 ①biǎn 扁担　②piān 扁舟

便 ①biàn 方便　②pián 便宜

骠 ①biāo 黄骠马　②piào 骠勇

屏 ①bīng 屏营　②bǐng 屏息屏气
③píng 屏幕　屏风　屏障

剥 ①bō 〈书面组词〉剥削（xuē）　②bāo 〈口语单用〉剥皮

泊 ①bó 淡泊　停泊　漂泊　②pō 湖泊　血泊

伯 ①bó 老伯　伯父　②bǎi 大伯子（夫兄）

簸 ①bǒ 颠簸　②bò 簸箕

卜 ①bo 萝卜　②bǔ 占卜

藏 ①cáng 矿藏　②zàng 宝藏

差 ①chā 〈书面组词〉偏差　差错　②chà 〈口语单用〉差点儿
③cī 参差

禅 ①chán 禅师　②shàn 禅让　封禅

颤 ①chàn 颤动　颤抖　②zhàn 颤栗

场 ①cháng 场院　②chǎng 场合　冷场　场面　场地

嘲 ①cháo 嘲讽　嘲笑　②zhāo 嘲哳（zhā）

车 ①chē 车马　车辆　②jū（象棋子名称）

称 ①chèn 称心　对称　②chēng 称呼　称道
③chèng 旧同“秤”

澄 ①chéng 〈书面〉澄清（问题）　②dèng 〈口语〉澄清（使液体变清）

匙 ①chí 汤匙　②shi 钥匙

冲 ①chōng 冲锋　冲击　②chòng 冲床　冲子

臭 ①chòu 遗臭万年　②xiù 乳臭　铜臭

处 ①chǔ（动作义）处罚　处置　②chù（名词义）处所　妙处

畜 ①chù（名物义）畜生　②xù（动作义）畜养　畜牧

创 ①chuàng 创作　创造　②chuāng 重创　创伤

绰 ①chuò 绰绰有余　②chāo 绰起

伺 ①cì 伺候　②sì 伺机　环伺

枞 ①cōng 枞树　②zōng 枞阳（地名）

攒 ①cuán 攒动　攒射　②zǎn 积攒

撮 ①cuō 一撮儿盐　②zuǒ 一撮毛

D

答 ①dā 答应 答言 ②dá 答案 答复 答卷

大 ①dà 大夫（官名） ②dài 大夫（医生） 山大王

逮 ①dǎi 〈口语单用〉逮蚊子 逮小偷 ②dài 〈书面组词〉逮捕

单 ①dān单独 孤单 ②chán 单于
③Shàn 单县 单姓

当 ①dāng 当场 当今 当时 当年（均指已过去） 当日（当初）
②dàng 当日（当天） 当年（同一年） 当真

倒 ①dǎo 颠倒 倒戈 倒嚼 ②dào 倒粪 倒药 倒退

提 ①dī 提防 提溜 ②tí 提高 提取

得 ①dé 得意扬扬 ②de 好得很
③děi 得喝水了

的 ①dī 的士 ②dí 的当 的确
③dì 目的 ④de（结构助词）好的

都 ①dōu 都来了 ②dū 都市

度 ①duó 忖度 揣度 ②dù 程度 度量

囤 ①dùn 粮囤 ②tún 囤积

F

发 ①fā 发表 打发 ②fà 理发 结发

坊 ①fāng 牌坊 坊巷 ②fáng 粉坊 染坊

分 ①fēn 区分 分数 ②fèn 分子（一员）

缝 ①féng 缝合 ②fèng 缝隙

服 ①fú 服毒 服药 ②fù（量词）

G

杆 ①gān 旗杆 栏杆（粗、长） ②gǎn 枪杆 烟杆（细、短）

葛 ①gé 葛巾 瓜葛 ②Gě 葛姓

革 ①gé 革命 皮革 ②jí 病革

合 ①gě（一合等于十分之一升） ②hé 合作 合计

给 ①gěi 〈口语单用〉给力 ②jǐ 〈书面组词〉补给 配给

更 ①gēng 更换 少不更事 ②gèng 更加 更好

颈 ①jǐng 颈项 颈联 ②gěng 脖颈儿

供 ①gōng 供给 供销 ②gòng 口供 上供

枸 ①gōu 枸橘 ②gǒu 枸杞
③jǔ 枸橼

估 ①gū 估计 估量 ②gù 估衣

呱 ①gū 呱呱 ②guā 呱呱叫
③guǎ 拉呱儿

骨 ①gū 骨碌 骨朵儿 ②gǔ 骨肉 骨干

谷 ①gǔ 谷子 谷雨 ②yù 吐谷浑（族名）

冠 ①guān（名物义）弹冠相庆 ②guàn（动作义）冠军 沐猴而冠

桧 ①guì（树名） ②huì（人名）

过 ①Guō 过姓 ②guò 经过

H

虾 ①há ②xiā 对虾

哈 ①hā 哈萨克族 哈腰 ②hǎ 哈达 哈姓 ③hà 哈什蚂

汗 ①hán 可汗 大汗 ②hàn 汗水 汗颜

巷 ①hàng 巷道 ②xiàng 街巷

吭 ①háng 引吭高歌 ②kēng 吭声

号 ①háo 呼号 号叫 ②hào 称号 号召

和 ①hé 和睦 和谐 ②hè 应和 和诗 ③hú（麻将纸牌游戏用语，意为赢） ④huó 和面 和泥 ⑤huò 和药

貉 ①hé 〈书面〉一丘之貉 ②háo 〈口语〉貉绒 貉子

喝 ①hē 喝水 ②hè 喝彩 喝令

横 ①héng 横行 纵横 ②hèng 蛮横 横财

虹 ①hóng 〈书面组词〉彩虹 虹吸 ②jiàng 〈口语单用〉

划 ①huá 划船 划算 ②huà 划分 计划

晃 ①huǎng 明晃晃 晃眼 ②huàng 摇晃 晃动

会 ①huì 会合 都会 ②kuài 会计 财会

混 ①hún 混浊 ②hùn 混合 混沌

哄 ①hōng 哄堂大笑 ②hǒng 哄骗 ③hòng 起哄

豁 ①huō 豁口 ②huò 豁亮 豁达 ③huá 豁拳

J

奇 ①jī 奇偶 ②qí 奇怪 奇异

缉 ①jī 通缉 缉拿 ②qī 缉鞋口

几 ①jī 茶几 几案 ②jǐ 几何 几个

济 ①jǐ 济宁 济济 ②jì 救济 同舟共济

纪 ①Jǐ 纪姓（近年也有读Jì的） ②jì 纪念 纪律

偈 ①jì 偈语 ②jié 其人晖且偈（勇武）

系 ①jì 系紧缰绳 系好缆绳 ②xì 系马

茄 ①jiā 雪茄 ②qié 茄子

夹 ①jiā 夹攻 夹杂 ②jiá 夹裤 夹袄 ③gā 夹肢窝（同“胳肢窝”）

假 ①jiǎ 真假 假借 ②jià 假期 假日

间 ①jiān 中间 晚间 ②jiàn 间断 间谍

将 ①jiāng 将军 将来 ②jiàng 将校 将兵
③qiāng 〈书面〉将进酒

嚼 ①jiáo 〈口语〉嚼舌 ②jué 〈书面〉咀嚼

侥 ①jiǎo 侥幸 ②yáo 僬侥（传说中的矮人）

角 ①jiǎo 号角 口角（嘴边） ②jué 角色 角斗 口角（吵嘴）

脚 ①jiǎo 根脚 脚本 ②jué 旧同“角”

剿 ①jiǎo 围剿 剿匪 ②chāo 剿说

教 ①jiāo 教书 教给 ②jiào 教导 教派

校 ①jiào 校场 校勘 ②xiào 学校 院校

解 ①jiě 解除 解渴 ②jiè 解元 押解
③xiè 解县

结 ①jiē 结果 结实 ②jié 结网 结合

藉 ①jiè 枕藉 慰藉 ②jí 狼藉

矜 ①jīn 矜夸 矜持 ②qín 锄镰棘矜（矛戟等的柄）

仅 ①jǐn 仅有 ②jìn 有仅（将近）万人

劲 ①jìn 干劲 劲头 ②jìng 强劲 疾风劲草

龟 ①jūn 龟裂 ②guī 乌龟
③Qiū 龟兹

咀 ①jǔ 咀嚼 ②zuǐ 尖沙咀

菌 ①jūn 细菌 霉菌 ②jùn 香菌 菌子（同蕈xùn）

K

卡 ①kǎ 卡车 卡片 ②qiǎ 关卡 卡子

看 ①kān 看守 看管 ②kàn 看待 看茶

坷 ①kē 坷垃 ②kě 坎坷

壳 ①ké 〈口语〉贝壳 脑壳 ②qiào 〈书面〉地壳 甲壳

可 ①kě 可恨 可以 ②kè 可汗

空 ①kōng 领空 空洞 ②kòng 空白 空闲

溃 ①kuì 溃决 溃败 ②huì 溃脓

L

烙 ①lào 烙印 烙铁 ②luò 炮（páo）烙

勒 ①lè 〈书面组词〉勒令 勒索 ②lēi 〈口语单用〉勒紧点儿

擂 ①léi 擂鼓 ②lèi 擂台 打擂

累 ①lèi（受劳义）劳累 ②léi（多余义）累赘
③lěi（牵连义）牵累

蠡 ①lí 管窥蠡测 ②lǐ 蠡县

俩 ①liǎ（口语，不带量词）咱俩 ②liǎng 伎俩

量 ①liáng 丈量　②liàng 量入为出　计量
踉 ①liáng 跳踉（跳跃）　②liàng 踉跄（走路不稳）
潦 ①liáo 潦草　潦倒　②lǎo 〈书面〉积潦（积水）
淋 ①lín 淋浴　淋漓　②lìn 淋盐
馏 ①liú 蒸馏　②liù 〈口语单用〉馏饭
镏 ①liú 镏金（涂金）　②liù 金镏子（金戒指）
碌 ①liù 碌碡　②lù 庸碌　劳碌
笼 ①lóng（名物义）牢笼　②lǒng（动作义）笼络　笼统
偻 ①lóu 佝偻　②lǚ 伛偻
露 ①lù 〈书面〉露天　露骨　②lòu 〈口语〉露头　露马脚
捋 ①lǚ 捋胡子　②luō 捋袖子
绿 ①lǜ 〈口语〉绿地　绿茵　②lù 〈书面〉绿林　鸭绿江
络 ①luò 络绎　经络　②lào 络子
落 ①luō 大大落落　②luò 〈书面组词〉落魄　着落
③lào 〈常用口语〉落枕　落色　④là（遗落义）丢三落四　落下

M

脉 ①mò 脉脉　②mài 脉络　山脉
埋 ①mái 埋伏　埋葬　②mán 埋怨
蔓 ①màn 〈书面〉蔓延　枝蔓　②wàn 〈口语〉瓜蔓　压蔓
③mán 蔓菁
氓 ①máng 流氓　②méng（古指百姓）　氓之蚩蚩
蒙 ①mēng 蒙骗　②méng 蒙昧
③měng 蒙古包
眯 ①mí 眯眼　②mī 眯瞪
靡 ①mí 靡费　奢靡　②mǐ 萎靡　披靡
秘 ①bì 秘鲁　秘姓　②mì 秘密　秘诀
泌 ①mì〈口语〉分泌　②Bì 〈书面〉泌阳
模 ①mó 模范　模型　②mú 模具　模样
摩 ①mó 摩擦　摩挲（用手抚摩）　②mā 摩挲（sɑ）（轻按着并移动）
缪 ①móu 绸缪　②miù 纰缪
③Miào 缪姓

N

难 ①nán 困难　难兄难弟（多为贬义）　②nàn 责难　难兄难弟（共患难的人）
宁 ①níng 安宁　宁静　②nìng 宁可　宁姓
弄 ①nòng 玩弄　②lòng 弄堂
疟 ①nüè 〈书面〉疟疾　②yào 〈口语〉发疟子
娜 ①nuó 袅娜　婀娜　②nà（用于人名）安娜

P

排 ①pái 排除 排行 ②pǎi 排子车

迫 ①pǎi 迫击炮 ②pò 逼迫

胖 ①pán 心宽体胖 ②pàng 肥胖

刨 ①páo 刨除 刨土 ②bào 刨床 刨冰

炮 ①bāo 炮羊肉 ②páo 炮制 炮烙 ③pào 火炮 高炮

喷 ①pēn 喷射 喷泉 ②pèn 喷香

片 ①piàn 片花 ②piān 唱片儿

缥 ①piāo 缥缈 ②piǎo 缥（青白色的丝织品）

撇 ①piē 撇开 撇弃 ②piě 撇嘴 撇到脑后

仆 ①pū 前仆后继 ②pú 仆从

朴 ①pǔ 俭朴 朴质 ②pō 朴刀 ③pò 厚朴 朴树 ④Piáo 朴姓

瀑 ①pù 瀑布 ②Bào 瀑河（水名）

曝 ①pù 一曝十寒 ②bào 曝光

Q

栖 ①qī 两栖 栖息 ②xī 栖栖

蹊 ①qī 蹊跷 ②xī 蹊径

稽 ①qǐ 稽首 ②jī 滑稽

荨 ①qián 〈书面〉荨麻 ②xún 〈口语〉荨麻疹

镪 ①qiāng 镪水 ②qiǎng 银镪

强 ①qiáng 强渡 强取 强制 ②qiǎng 勉强 强迫 强词夺理 ③jiàng 倔强

悄 ①qiāo 悄悄 悄悄话 ②qiǎo 悄然 悄寂

翘 ①qiào 〈口语〉翘尾巴 ②qiáo 翘首 连翘

切 ①qiē 切磋 切割 ②qiè 急切 切实

趄 ①qiè 趄坡儿 趔趄 ②jū 趑趄

亲 ①qīn 亲近 亲密 ②qìng 亲家

曲 ①qū 曲折 大曲 弯曲 ②qǔ 曲调 曲艺 曲牌

雀 ①qiāo 雀子 ②qiǎo 雀盲眼 ③què 雀斑 雀跃 麻雀

R

任 ①Rén 任丘（地名） 任姓 ②rèn 任务 任命

S

散 ①sǎn 懒散 零散（不集中、分散） ②sàn 散布 散失

丧 ①sāng 丧服 丧乱 丧事 丧钟 ②sàng 丧失 丧权辱国

色　①sè 〈书面〉色彩　色泽　②shǎi 〈口语〉落色　色子

塞　①sè（书面，动作义）堵塞　阻塞　②sāi（口语，名动义）活塞　塞车　③sài 塞翁失马　边塞　塞外

煞　①shā 煞尾　收煞　②shà 煞白　恶煞

厦　①shà 广厦　大厦　②xià 厦门　噶厦

杉　①shān 〈书面〉红杉　水杉　②shā〈口语〉杉篙　杉木

苫　①shàn（动作义）苫屋草　②shān（名物义）草苫子

折　①shé 折本　②zhē 折腾　③zhé 折合

舍　①shě 舍弃　抛舍　②shè 校舍　退避三舍

什　①shén 什么　②shí 什物　什锦

葚　①shèn 〈书面〉桑葚　②rèn 〈口语〉桑葚儿

识　①shí 识别　识字　②zhì 款识　博闻强识

似　①shì 似的　②sì 相似

熟　①shóu 〈口语〉熟了　②shú 熟识

说　①shuì 游说　②shuō 说话　说辞　说客

数　①shuò 数见不鲜　②shǔ 数落　数数（shù）　③shù 数字　数目

遂　①suí 半身不遂　②suì 遂心　毛遂自荐

缩　①suō 缩小　收缩　②sù 缩砂密（植物名）

T

沓　①tà 杂沓　复沓　纷至沓来　②dá 沓子

苔　①tái 〈书面〉苍苔　苔藓　青苔　②tāi 〈口语〉舌苔

调　①tiáo 调皮　调配（调和，配合）　②diào 调换　调配（调动分配）

帖　①tiē 妥帖　伏帖　②tiě 帖子　③tiè 碑帖　法帖　习字帖　画帖

吐　①tǔ 谈吐　吐露　吐字　②tù 吐沫　吐血

拓　①tuò 拓荒　拓宽　②tà 拓本　拓片

W

瓦　①wǎ 瓦当　瓦蓝　砖瓦　②wà 瓦刀

圩　①wéi 圩子　②xū 圩场

委　①wēi 委蛇（同逶迤）　②wěi 委曲（qū）委屈（qu）

尾　①wěi 尾巴　②yǐ 马尾罗

尉　①wèi 尉官　尉姓　②Yù 尉迟（姓）尉犁（地名）

乌　①wū 乌黑　乌拉（lā 藏奴劳役）　②wù 乌拉草（la 草名）

X

吓　①xià 吓唬　吓人　②hè 威吓　恐吓

鲜 ①xiān 鲜美 鲜明 ②xiǎn 鲜见 鲜为人知

纤 ①xiān 纤长 纤毫 ②qiàn 纤夫 纤绳 纤手

相 ①xiāng 相当 相反 ②xiàng 相册 相片 相机

行 ①xíng 举行 发行 ②háng 行市 行伍 ③hàng 树行子 ④héng 道行

省 ①xǐng 反省 省亲 ②shěng 省份 省略

宿 ①xiù 星宿 二十八宿 ②xiǔ 半宿（用以计夜） ③sù 宿舍 宿主

削 ①xuē〈书面〉剥削 瘦削 ②xiāo〈口语〉切削 削皮

血 ①xuè〈书面组词〉贫血 心血 ②xiě〈口语常用〉鸡血 流了点血

熏 ①xūn 熏染 熏陶 ②xùn 被煤气熏着了（中毒）

Y

哑 ①yā 哑哑（象声词） ②yǎ 哑然 哑场

殷 ①yān 殷红 ②yīn 殷实 殷切 殷朝 ③yǐn 殷殷（象声词，形容雷声）

咽 ①yān 咽喉 ②yàn 狼吞虎咽 ③yè 呜咽

钥 ①yào〈口语〉钥匙 ②yuè〈书面〉锁钥

叶 ①yè 叶落归根 ②xié 叶韵（和谐义）

艾 ①yì 自怨自艾 惩艾 ② ài 方兴未艾 艾草

应 ①yīng 应届 应许 ②yìng 应付 应承

佣 ①yōng 雇佣 佣工 ②yòng 佣金 佣钱

熨 ①yù 熨贴 ②yùn 熨烫

与 ①yǔ 给与 ②yù 参与

吁 ①yù 呼吁 吁求 ②yū 吁（象声词，吆喝牲口的声音） ③xū 长吁短叹 气喘吁吁

晕 ①yūn 晕倒 头晕 ②yùn 月晕 晕车

Z

载 ①zǎi 登载 转载 千载难逢 ②zài 装载 载运 载歌载舞

择 ①zé 选择 抉择 ②zhái 择菜 择席 择不开

扎 ①zhá 挣扎 ②zhā 扎根 扎实 ③zā 扎彩（捆束义）一扎啤酒

轧 ①zhá 轧钢 轧辊（挤制义） ②yà 倾轧 轧棉花 轧场（碾轧义） ③gá 轧朋友

粘 ①zhān（动词义）粘贴 粘连 ②nián（形容词）粘稠 粘土

涨 ①zhǎng 涨落 高涨 ②zhàng 头昏脑涨

着 ①zháo 着急 着迷 着凉 ②zhuó 着落 着重 着手 ③zhāo 失着 着数 高着（招）儿

正　①zhēng 正月　正旦（农历正月初一）
　　②zhèng 正常　正旦（戏曲角色行当，青衣的旧称）
殖　①zhí 繁殖　殖民　②shi 骨殖（尸骨）
中　①zhōng 中国　人中（穴位）　②zhòng 中奖　中靶
种　①chóng 种姓　②zhǒng 种类　种族　点种（点播种子）
　　③zhòng 耕种　种植　点种（点播）
轴　①zhóu 画轴　轮轴　②zhòu 大轴子　压轴戏
属　①zhǔ 属望　属文　属意　②shǔ 种属　亲属
著　①zhù 著名　著述　②zhe 旧同助词“着”
　　③zhuó 同动词“着”
转　①zhuǎi 转文　②zhuǎn 转运　转折
　　③zhuàn 转动　转速
幢　① zhuàng 一幢楼房　②chuáng 经幢
综　① zèng（织机零件之一）　②zōng 综合　错综
钻　① zuān 钻探　钻孔　②zuàn 钻床　钻杆
柞　① zuò 柞蚕　柞丝绸　②Zhà 柞水（在陕西）
作　① zuō 作坊　铜器作　②zuò 工作　习作

3. 易错成语训练

螳臂当（dāng）车	斗转参（shēn）横	参（cēn）差不齐	自怨自艾（yì）
方兴未艾（ài）	安步当（dàng）车	大腹便便（pián）	便（biàn）宜行事
箪食（shí）壶浆	穷形尽相（xiàng）	相（xiāng）得益彰	为（wèi）虎作伥
为（wéi）恶不悛	饮食（shí）起居	载歌载（zài）舞	千载（zǎi）难逢
飞来横（hèng）祸	屡见不鲜（xiān）	鲜（xiǎn）为人知	横（héng）行霸道
只（zhǐ）争朝夕	前仆（pū）后继	风尘仆仆（pú）	形单影只（zhī）
和（hé）衷共济	窗明几（jī）净	几（jǐ）次三番	曲高和（hè）寡
拈（niān）轻怕重	息事宁（níng）人	宁（nìng）缺毋滥	刀耕火种（zhòng）
强（qiáng）弩之末	哄（hōng）堂大笑	一哄（hòng）而散	牵强（qiǎng）附会
一声不吭（kēng）	称（chèn）心如意	称（chēng）兄道弟	引吭（háng）高歌
参差（cī）不齐	忍俊不禁（jīn）	禁（jìn）网疏阔	差（chā）强人意
同仇敌忾（kài）	乳臭（xiù）未干	臭（chòu）味相投	垂涎（xián）三尺
硕果累累（léi）	度（dù）日如年	度（duó）德量力	危如累（lěi）卵
通衢（qú）广陌	靡靡（mí）之音	寡廉鲜（xiǎn）耻	舍（shě）本逐末
量（liàng）体裁衣	魂牵梦萦（yíng）	退避三舍（shè）	荷（hè）枪实弹
一脉（mài）相承	含情脉脉（mò）	泥（nì）古不化	兵不血（xuè）刃
呼天抢（qiāng）地	茅塞（sè）顿开	处（chǔ）心积虑	数（shǔ）典忘祖
顺藤（téng）摸瓜	犯而不校（jiào）	反躬自省（xǐng）	图穷匕见（xiàn）
未雨绸缪（móu）	人才济济（jǐ）	如法炮（páo）制	虚与委蛇（wēiyí）
归心似（sì）箭	丢三落（là）四	供（gōng）不应求	暴虎冯（píng）河

万象更（gēng）新
一曝（pù）十寒
步履蹒（pán）跚
功亏一篑（kuì）
鬼鬼祟祟（suì）
怙（hù）恶不悛（quān）
含英咀（jǔ）华
吹毛求疵（cī）
麻痹（bì）大意
噤（jìn）若寒蝉
赧（nǎn）颜苟活
奴颜婢（bì）膝
沁（qìn）人心脾
振聋发聩（kuì）
暴殄（tiǎn）天物
蚍蜉（pífú）撼大树
不胫（jìng）而走
罄（qìng）竹难书
疾首蹙（cù）额
命途多舛（chuǎn）
飞扬跋扈（hù）
暴戾（lì）恣睢（suī）
忧心忡忡（chōng）
卖官鬻（yù）爵
羽扇纶（guān）巾
草菅（jiān）人命
寥（liáo）若晨星
锲（qiè）而不舍
恬（tián）不知耻
杳（yǎo）如黄鹤

呱呱（gū）坠地
余勇可贾（gǔ）
封妻荫（yìn）子
长吁（xū）短叹
官运亨（hēng）通
莘莘（shēn）学子
擘（bò）肌分理
汗流浃（jiá）背
甘之如饴（yí）
推本溯（sù）源
怏怏（yàng）不乐
一蹴（cù）而就
针砭（biān）时弊
稗（bài）官野史
别出机杼（zhù）
焚膏继晷（guǐ）
扪（mén）心自问
因噎（yē）废食
咄咄（duó）逼人
前倨（jù）后恭
穷兵黩（dú）武
鞭辟（pì）入里
一蹶（jué）不振
风驰电掣（chè）
浑（hún）水摸鱼
矫（jiǎo）枉过正
面面相觑（qù）
咫（zhǐ）尺天涯
如火如荼（tú）

心宽体胖（pán）
博闻强识（zhì）
休戚（qī）相关
股肱（gōng）之臣
屏（bǐng）声息气
戛（jiá）然而止
插科打诨（hún）
大笔如椽（chuán）
秣（mò）马厉兵
喟（kuì）然长叹
一丘之貉（hé）
皮开肉绽（zhàn）
杀一儆（jǐng）百
炙（zhì）手可热
缠绵悱（fěi）恻
刚愎（bì）自用
繁文缛（rù）节
众口铄（shuò）金
睚眦（yázì）必报
并行不悖（bèi）
时乖命蹇（jiǎn）
越俎（zǔ）代庖
脍（kuài）炙人口
色厉内荏（rěn）
卷帙（zhì）浩繁
弦（xián）外之音
相形见绌（chù）
无耻谰（lán）言
呕（ǒu）心沥血

病入膏肓（huāng）
负隅（yú）顽抗
不容置喙（huì）
光风霁（jì）月
绚（xuàn）丽多彩
身陷囹圄（língyǔ）
舐（shì）犊情深
犄（jī）角之势
沆瀣（hàngxiè）一气
惴惴（zhuì）不安
揠（yà）苗助长
纵横捭阖（bǎihé）
歃（shà）血为盟
瞠（chēng）目结舌
良莠（yǒu）不齐
风声鹤唳（lì）
蛊（gǔ）惑人心
老骥（jì）伏枥
鳞次栉（zhì）比
茕茕（qióng）孑立
相形见绌（chù）
饮鸩（zhèn）止渴
不落窠（kē）臼
亘（gèn）古未有
佶（jí）屈聱牙
管窥蠡（lí）测
提纲挈（qiè）领
韬（tāo）光养晦
徇（xùn）私枉法

朗读概述

任务三　朗读综合训练

任务导入

朗读是指把书面语言转化为形象生动、发音规范的有声语言的再创作活动。朗读不同于一般意义的阅读，它是一种创造性的读书形式，是有声语言的艺术表现形式。它能够让富于技巧、富于情味的声音形象弥补文字表达的不足。声音美就是通过朗读实现的。朗读者在理解作品的基础上，激发其内心感受，产生真实的情感，通过富有感染力的声音，准确生动地再现作品的思想内容，再创造文学作品的艺术形象，使听众身临其境地受到感染，引起共鸣，从而加深其对作品的理解。

任务准备

1. 朗读的要求

（1）语音准确、声音清晰。这是普通话水平朗读测试的基本要求。朗读测试评分标准中的语音错误，主要是指读错字音。因此，为保证语音准确、声音清晰，应做到如下几点。

①忠于原作，避免加字、漏字、改字、回读。

②克服方音影响，通过“末尾音节饱满法”，即在朗读语句时把语句最末尾的一个音节的声调读得饱满一些（若末尾音节为轻声，则把轻声前一音节读得饱满些），念准声母、韵母、声调。

③根据1985年公布的《普通话异读词审音表》中审定的读音朗读异读词。

④根据意义确定多音字的读音。

⑤按照对应的音变规律朗读在语句中发生语流音变的词语。

⑥保持良好精神面貌，让发音器官处于积极状态，增加吐字力度，避免因字音清晰度不够而引起的语音失误。

（2）语意明了、语调自然。朗读是代替作者说话。在把书面语言转换成口头语言的过程中，应努力做到语意明了、语调自然，从而准确再现作者的意图和情感。因此，在练习和测试时，应把握以下两点。

①向说话靠拢，努力做到流畅自然。向说话靠拢，即注意培养读“话”的习惯，努力克服语音障碍，使语流顺畅起来。同时，可以通过录音发现朗读中明显不流畅的部分，加以反复练习，纠正朗读时一字一顿、忽快忽慢、忽高忽低等不良习惯。

②综合运用朗读技巧，精确再现作者意图。在朗读时，应按不同文体、不同内容，综合运用朗读的语言技巧，以精准再现作者意图。

（3）把握基调、多加练习。基调是指作品总的态度感情，总的色彩。作品的基调是一个整体概念，是层次、段落、语句中具体思想感情的综合表露。任何一篇作品，都会有一个统一完整的基调，朗读作品必须把握作品的基调。

要把握好基调，必须深入分析、理解作品的思想内容，力求从作品的体裁、主题、结构、语言，以及综合各种要素而形成的风格等方面入手，进行认真、充分和有效的解析。只有经过这样复杂的过程，作品的思想才能成为朗读者的思想，作品的感情才能成为朗读者的感情，作品的语言表达的内容才能成为朗读者要说的话。也只有经过这样复杂的过程，朗读者才能从作品思想内容出发，把握基调。

（4）把握节奏、呼应基调。朗读节奏是由作品展示出来的，表现出了朗读者思想感情的起伏所形成的抑扬顿挫、轻重缓急。常见的节奏有以下几种。

①轻快型：多连少停，多轻少重，多扬少抑，语节少而词的密度大，语流轻快。

②凝重型：多停少连，多重少轻，多抑少扬，语流平衡凝重，语言表达强而有力。

③低沉型：停顿多且长，语调多抑，节拍较长，声音低且沉重，语流沉缓。

④高亢型：多连少停，多重少轻，扬而不抑，语气高昂，语流畅达，语速稍快，节奏较紧。

⑤舒缓型：多连少停，声音清亮，声音较高但不着力，气长音清，语气舒展。

⑥紧张型：多连少停，多重少轻，多扬少抑，节奏拖长，语气紧张。

2. 朗读的技巧

（1）语速。

①根据内容掌握语速。朗诵的内容表达悲痛、深沉的情感或叙述的内容平铺直叙时，语速要力求平稳、不紧不慢；朗诵的内容表达欢快、激动或紧张的情感时，语速要稍快一些。

②根据体裁掌握语速。《普通话水平测试大纲》中所选的60篇作品，几乎都是记叙文。一般来说，记事类记叙文要读得快些，记言类记叙文要读得慢些。

（2）语调。

①平调。语调平稳，一般用于叙述说明性内容，以及表达迟疑、深思、冷淡、悼念、追忆等思想感情的句子。

②升调。语调由低逐渐升高，一般用于疑问句、反诘句、短促的表命令的句子，以及表达愤怒、紧张等思想感情和有警示、有号召作用的句子。

③曲调。语调曲折变化，一般用于表达讽刺、讥笑、夸张、惊讶、强调的句子。

④降调。语调由高逐渐降低，一般用于感叹句、祈使句，以及表达坚决、自信、赞扬、祝愿等思想感情的句子。

（3）停顿。

①文法停顿。按照行文的标点符号停顿；按照文章结构停顿。

②语法停顿。按照句子的语法结构停顿，即在某些介词和连词的前面或后面、方位词后面、动词后面等要停顿。

③逻辑停顿。一般较短，相当于顿号的停顿，具体包括强调性停顿、并列式停顿、呼应性停顿、领词和尾词的停顿。

④心理停顿。心理停顿是指由心理情绪决定的停顿，可以达到“此时无声胜有声”的效果。

⑤感情停顿。情感停顿是指朗读时要有节奏地停顿，做到有起伏、有快慢、有轻重。

（4）重音。

①语法重音。在不表达特殊思想感情的情况下，根据语法结构特点，把句子的某些部分重读。

②逻辑重音。面对结构复杂、表意曲折、表达特殊感情的句子，要将其放到特定语言环境中加以推敲，确定其逻辑重音。

③感情重音。根据文章内容的情感需要，对语句中的某些词或词组加以情感色彩的强调。

（5）气息的控制。

①换气。句首的换气要无声到位；句中的换气应小量补充；句间的换气要从容不迫；句尾的换气应余气松托。

②补气。偷气，一般可在稍有停顿的词尾进行，即在紧接词尾处用较快速度从口鼻吸入少量气流，无声补充气息。

③抢气：当句子较长、节奏急促或感情强烈时，需要在句与句之间可停顿的地方急速补充气息，就是抢气。这种方式以口部进气为主，会带有吸气声，在朗诵与配音中使用较多，使用时需注意对气息的控制，不要让噪声过大。

④就气。就气是指在语言表达过程中，并不急于补充气息，而是利用体内存有的余气将话

说完。这种方式可使句子保持完整，同时增加语言的感情色彩，是常见的气息控制方法。

3. 普通话测试朗读作品分析

（1）普通话测试朗读作品共计60篇，其文体分类如下。

①记叙文（23篇），分别是2号《差别》、4号《达瑞的故事》、7号《二十美金的价值》、10号《父亲的爱》、15号《胡适的白话电报》、19号《坚守你的高贵》、20号《金子》、21号《捐诚》、23号《课不能停》、26号《落花生》、27号《麻雀》、28号《迷途笛音》、33号《散步》、35号《世间最美的坟墓》、39号《陶行知的"四块糖果"》、41号《天才的造就》、42号《我的母亲独一无二》、47号《香港：最贵的一棵树》、50号《一分钟》、51号《一个美丽的故事》、52号《永远的记忆》、53号《语言的魅力》、54号《赠你四味长寿药》。

② 散文（21篇），分别是1号《白杨礼赞》、3号《丑石》、5号《第一场雪》、8号《繁星》、9号《风筝畅想曲》、12号《海滨仲夏夜》、14号《和时间赛跑》、16号《火光》、17号《济南的冬天》、18号《家乡的桥》、22号《可爱的小鸟》、24号《莲花和樱花》、25号《绿》、30号《牡丹的拒绝》、32号《朋友和其他》、38号《泰山极顶》、48号《鸟的天堂》、49号《野草》、57号《中国的牛》、58号《住的梦》、59号《紫藤萝瀑布》。

③议论文（9篇），分别是6号《读书人是幸福人》、11号《国家荣誉感》、37号《态度创造快乐》、40号《提醒幸福》、43号《我的信念》、44号《我为什么当教师》、46号《喜悦》、55号《站在历史的枝头微笑》、60号《最糟糕的发明》。

④说明文（7篇），分别是13号《海洋与生命》、29号《莫高窟》、31号《"能吞能吐"的森林》、34号《神秘的"无底洞"》、36号《苏州园林》、45号《西部文化和西部开发》、56号《中国的宝岛——台湾》。

（2）朗读作品语言技巧处理。作品语言的技巧是多种多样的，根据普通话水平测试的实际需要，叙述语言、描写语言、议论语言、抒情语言、人物对话的朗读处理以及不同类型语言的转换处理的基本技巧如下。

①叙述语言。叙述语言一般是作品里的主体语言，所占比重最大。叙述语言的句子一般是陈述句，多由动词充当谓语中心。完成句，一般用降调处理；未完成句，一般用升调处理；完成句用"停"，未完成句用"延"。作品的节奏类型不同，叙述语言的语速语势等也有明显的差异。试着体会一下以下各句的细微差别。

读小学的时候，我的外祖母过世了。
在我依稀记事的时候，家中很穷，一个月难得吃上一次鱼肉。
小学的时候，有一次我们去海边远足，妈妈没有做便饭，给了我十块钱买午餐。

②描写语言。描写语言的句子多为形容词谓语句或动词谓语句，有时还有成串的名词性非主谓句。朗读时一般应该用重音、停延等手段突出形容词谓语或形容词修饰语。试读以下各句。

小草偷偷地从土里钻出来，嫩嫩的，绿绿的。
瞧，它多美丽，娇巧的小嘴，啄理着绿色的羽毛，鸭子样的扁脚，呈现出春草的鹅黄。
她笑眯眯地看着我，短头发，脸圆圆的。

③议论语言。议论语言多为复句或长句形式，且多用关联词，讲求逻辑性。朗读时除了准确把握议论的口气，还要读出层次感。体味下列几句的读法。

你只看到两个人之间的异，却没有看到两个人之间的同：他们同样有反省和进取的精神。

当时，我心中充满感激，而今天，当我自己也成了祖父的时候，突然领悟到他用心之良苦。

④抒情语言。抒情语言一般用感叹句，感叹句多带感叹语气词，句调为降调，句子一般不长。体味下列几句的读法。

哪儿也不如故乡好！

呵！好大的雪啊！

这美丽的南国的树！

⑤人物对话。人物对话实际上是多类型的，关键是要抓住人物的年龄、性别、性格、心情等特征，以准确的口气“说”出来。如《落花生》《上将与下士》《迷途笛音》《二十美元的价值》《差别》等文章的对话就值得用心琢磨。

普通话水平测试用朗读作品60篇

作品1号

朗读提示 这篇文章是一篇托物言志之作，也是一曲献给根据地抗日军民的赞歌，不乏浓浓的诗意和质朴的情感。朗读时语言要热情奔放，气势要雄浑、铿锵有力。

白杨礼赞

那是力争上游的一种树，笔直的干（1），笔直的枝。它的干通常是丈把高，像是加以人工似的（2），一丈以内，绝无旁枝；它所有的丫枝一律向上，而且（3）紧紧靠拢，也像是加以人工似的，成为一束，绝无横斜逸出（4）；它的宽大的叶子（5）也是片片向上，几乎（6）没有斜生的，更不用说倒垂了；它的皮，光滑而有银色的晕圈（7），微微泛出淡青色。这是虽在北方的风雪的压迫下却保持着倔强（8）挺立的一种树！哪怕只有碗来粗细罢，它却努力向上发展，高到丈许，两丈，参天耸立，不折不挠（9），对抗着西北风。

这就是白杨树，西北极普通的一种树，然而决不是平凡的树！

它没有婆娑（10）的姿态，没有屈曲盘旋（11）的虬（12）枝，也许你要说它不美丽——如果美是专指“婆娑”或“横斜逸出”之类而言，那么白杨树算不得树中的好女子；但是它却是伟岸，正直，朴质，严肃，也不缺乏温和，更不用提它的坚强不屈与挺拔，它是树中的伟丈夫！当你在积雪初融（13）的高原上走过，看见平坦的大地上傲然挺立这么一株或一排白杨树，难道你就只觉得树只是树，难道你就不想到它的朴质、严肃、坚强不屈，至少也象征了北方的农民；

难道你竟一点儿也不联想到，在敌后的广大土地上，到处有坚强不屈，就像这白杨树一样傲然挺立的守卫他们家乡的哨兵！难道你又不更远一点想到这样枝枝叶叶靠紧团结、力求上进的白杨树，宛然象征了今天在华北平原纵横决荡用血（14）写出新中国历史的那种精神和意志。

——节选自茅盾《白杨礼赞》

语音提示

（1）干 gàn　　（2）似的 shì · de
（3）而且 érqiě　　（4）横斜逸出 héngxiéyìchū
（5）叶子 yèzi　　（6）几乎 jīhū
（7）晕圈 yùnquān　　（8）倔强 juéjiàng
（9）挠 náo　　（10）婆娑 pósuō
（11）屈曲盘旋 qūqǔpánxuán　　（12）虬 qiú
（13）积雪初融 jīxuěchūróng　　（14）血 xuè

作品 2 号

朗读提示 注意老板话语的朗读，但语气不要太夸张，同时也要注意对比布鲁诺和阿诺德的行为。

差别

两个同龄的年轻人同时受雇于一家店铺，并且拿同样的薪水。

可是一段时间后，叫阿诺德的那个小伙子（1）青云直上，而那个叫布鲁诺的小伙子却仍（2）在原地踏步。布鲁诺很不满意老板的不公正待遇。终于有一天他到老板那儿发牢骚（3）了。老板一边耐心地听着他的抱怨，一边在心里盘算（4）着怎样向他解释清楚（5）他和阿诺德之间的差别。

"布鲁诺先生（6），"老板开口说话了，"您现在到集市上去一下，看看（7）今天早上有什么卖的。"

布鲁诺从集市上回来向老板汇报说，今早集市上只有一个农民拉了一车土豆在卖。

"有多少？"老板问。

布鲁诺赶快戴上帽子又跑到集上，然后回来告诉（8）老板一共四十袋土豆。

"价格是多少？"

布鲁诺又第三次跑到集上问来了价格。

"好吧，"老板对他说，"现在请您坐到这把椅子上一句话也不要说，看看阿诺德怎么说。"

阿诺德很快就从集市上回来了。向老板汇报说到现在为止只有一个农民在卖土豆，一共四十口袋，价格是多少多少。土豆质量很不错，他带回来一个让老板看看。这个农民一个钟头以后还会弄来（9）几箱西红柿，据他看价格非常公道。昨天他们铺子的西红柿卖得很快，库存已经不多了。他想这么便宜（10）的西红柿，老板肯定会要进一些的，所以他不仅带回了一个西红柿做样品，而且把那个农民也带来了，他现在正在外面等回话呢。

此时老板转向了布鲁诺，说："现在您肯定知道为什么阿诺德的薪水比您高了吧！"

——节选自张健鹏、胡足青主编《故事时代》中《差别》

语音提示

(1) 小伙子xiǎohuǒ·zi
(2) 仍réng
(3) 牢骚láosāo
(4) 盘算pán·suan
(5) 清楚qīng·chu
(6) 先生xiān·sheng
(7) 看看kàn·kan
(8) 告诉gào·su
(9) 弄来nònglái
(10) 便宜pián·yi

作品3号

朗读提示 朗读时语气要略带不屑，但也不能太露骨，朗读到那块丑石原来是陨石时，要带有惊奇而又遗憾的心情。

丑石

我常常遗憾我家门前那块丑石：它黑黝黝（1）地卧在那里，牛似的（2）模样（3）；谁（4）也不知道是什么时候留在这里的，谁也不去理会它。只是麦收时节，门前摊了麦子，奶奶总是说：这块丑石，多占地面呀，抽空把它搬走吧。

它不像汉白玉那样的细腻，可以刻字雕花，也不像大青石那样的光滑，可以供来（5）浣纱捶布（6）。它静静地卧在那里，院边的槐荫没有庇覆（7）它，花儿也不再在它身边生长。荒草便繁衍（8）出来，枝蔓上下，慢慢地，它竟锈上了绿苔、黑斑。我们这些做孩子的，也讨厌起它来，曾合伙要搬走它，但力气又不足；虽时时咒骂它，嫌弃它，也无可奈何，只好任它留在那里了。

终有一日，村子里来了一个天文学家。他在我家门前路过，突然发现了这块石头，眼光立即就拉直了。他再没有离开，就住了下来；以后又来了好些人，都说这是一块陨石（9），从天上落下来已经有二三百年了，是一件了不起的东西。不久便来了车，小心翼翼（10）地将它运走了。

这使我们都很惊奇！这又怪又丑的石头，原来是天上的啊！它补过天，在天上发过热、闪过光，我们的先祖或许仰望过它，它给了他们光明、向往、憧憬（11）；而它落下来了，在污土里，荒草里，一躺就是几百年了！

我感到自己的无知，也感到了丑石的伟大，我甚至怨恨它这么多年竟会默默地忍受着这一切！而我又立即深深地感到它那种不屈于误解、寂寞的生存的伟大。

——节选自贾平凹《丑石》

语音提示

(1) 黑黝黝hēiyǒuyǒu
(2) 似的shì·de
(3) 模样múyàng
(4) 谁shéi
(5) 供来gōnglái
(6) 浣纱捶布huànshāchuíbù
(7) 庇覆bìfù
(8) 繁衍fányǎn
(9) 陨石yǔnshí
(10) 小心翼翼xiǎoxīnyìyì
(11) 憧憬chōngjǐng

作品 4 号

朗读提示 这虽然是一篇叙事文章，但富有哲理，可采用自然、深沉的感情基调，并用平实质朴的声音表达出作者的感受。

达瑞的故事

在达瑞八岁的时候，有一天他想去看电影。因为没有钱，他想是向爸妈要钱，还是自己挣钱。最后他选择了后者。他自己调制（1）了一种汽水，向过路的行人出售。可那时正是寒冷的冬天，没有人买，只有两个人例外——他的爸爸和妈妈。

他偶然有一个和非常成功的商人谈话的机会。当他对商人讲述了自己的“破产史（2）”后，商人给了他两个重要的建议：一是尝试为别人解决一个难题；二是把精力集中在你知道的、你会的和你拥有的东西（3）上。

这两个建议很关键。因为对于一个八岁的孩子而言，他不会做的事情很多。于是他穿过大街小巷，不停地思考：人们（4）会有什么难题，他又如何利用这个机会？

一天，吃早饭时父亲让达瑞去取报纸。美国的送报员总是把报纸从花园篱笆（5）的一个特制的管子里塞（6）进来。假如你想穿着睡衣舒舒服服（7）地吃早饭和看报纸，就必须离开温暖的房间，冒着寒风，到花园去取。虽然路短，但十分麻烦。

当达瑞为父亲取报纸的时候，一个主意（8）诞生了。当天他就按响邻居的门铃，对他们说，每个月只需付给他一美元，他就每天早上把报纸塞到他们的房门底下。大多数人都同意了，很快他有了七十多个顾客。一个月后，当他拿到自己赚的钱时，觉得自己简直是飞上了天。

很快他又有了新的机会，他让他的顾客每天把垃圾袋放在门前，然后由他早上运到垃圾桶里，每个月加一美元。之后他还想出了许多孩子赚钱的办法，并把它集结成书，书名为《儿童挣钱的二百五十个主意》。为此（9），达瑞十二岁时就成了畅销书作家，十五岁有了自己的谈话节目，十七岁就拥有了几百万美元。

——节选自［德］博多·舍费尔《达瑞的故事》

语音提示

（1）调制 tiáozhì　（2）破产史 pòchǎnshǐ
（3）东西 dōng·xi　（4）人们 rén·men
（5）篱笆 lí·ba　（6）塞 sāi
（7）舒舒服服 shūshūfūfū　（8）主意 zhǔ·yi
（9）为此 wèicǐ

作品 5 号

朗读提示 这篇文章前一部分主要描写了雪景，朗读时要把作者对美丽雪景的喜爱之情和雪地里孩子们打闹的欢乐情景表现出来，后一部分主要写了大雪对农作物的益处，朗读时要客观、朴素、自然。

第一场雪

这是入冬以来，胶东半岛上第一场雪。

雪纷纷扬扬，下得很大。开始还伴着一阵儿（1）小雨，不久就只见大片大片的雪花，从彤云密布（2）的天空中飘落下来。地面上一会儿（3）就白了。冬天的山村，到了夜里就万籁俱寂（4），只听得雪花簌簌地（5）不断往下落，树木的枯枝被雪压断了，偶尔咯吱（6）一声响。

大雪整整下了一夜。今天早晨，天放晴了，太阳出来了。推开门一看，嗬！好大的雪啊！山川、河流、树木、房屋，全都罩上了一层厚厚的雪，万里江山，变成了粉妆玉砌（7）的世界。落光了叶子的柳树上挂满了毛茸茸（8）亮晶晶的银条儿；而那些冬夏常青的松树和柏树上，则挂满了蓬松松沉甸甸（9）的雪球儿。一阵风吹来，树枝轻轻地摇晃，美丽的银条儿和雪球儿簌簌地落下来，玉屑似的（10）雪末儿随风飘扬，映着清晨的阳光，显出一道道五光十色的彩虹。

大街上的积雪足有一尺多深，人踩上去，脚底下（11）发出咯吱咯吱的响声。一群群孩子在雪地里堆雪人，掷（12）雪球儿。那欢乐的叫喊声，把树枝上的雪都震落下来了。

俗话说，“瑞雪兆丰年”。这个话有充分的科学根据，并不是一句迷信的成语。寒冬大雪，可以冻死一部分越冬的害虫；融化了的水渗（13）进土层深处，又能供应（14）庄稼（15）生长的需要。我相信这一场十分及时的大雪，一定会促进明年春季作物，尤其是小麦的丰收。有经验的老农把雪比作是“麦子的棉被”。冬天“棉被”盖得越厚，明春麦子就长得越好，所以又有这样一句谚语：“冬天麦盖三层被，来年枕着馒头睡。”

我想，这就是人们为什么把及时的大雪称为“瑞雪”的道理吧。

——节选自峻青《第一场雪》

语音提示

（1）一阵儿 yīzhènr　　（2）彤云密布 tóngyúnmìbù
（3）一会儿 yīhuìr　　（4）万籁俱寂 wànlàijùjì
（5）簌簌地 sùsù · de　　（6）咯吱 gēzhī
（7）粉妆玉砌 fěnzhuāngyùqì　　（8）毛茸茸 máoróngróng
（9）沉甸甸 chéndiàndiàn　　（10）玉屑似的 yùxièshì · de
（11）底下 dǐ · xia　　（12）掷 zhì
（13）渗 shèn　　（14）供应 gōngyìng
（15）庄稼 zhuāng · jia

作品 6 号

朗读提示 这是一篇对读书人充满深情厚意的议论文，所以朗读时要把作者语重心长耐人寻味的心声表述出来，语气要厚重、坚实。

读书人是幸福人

我常想读书人是世间幸福人，因为（1）他除了拥有现实的世界之外，还拥有另一个更为浩瀚也更为丰富的世界。现实的世界是人人都有的，而后一个世界却为读书人所独有。由此我想，那些失去或不能阅读的人是多么地不幸，他们（2）的丧失是不可补偿的。世间有诸多（3）的不平等，财富的不平等，权力的不平等，而阅读能力的拥有或丧失却体现为精神的不平等。

一个人的一生，只能经历自己拥有的那一份欣悦，那一份苦难，也许再加上他亲自闻知的那一些关于自身以外的经历和经验。然而，人们通过阅读，却能进入不同时空的诸多他人的世界。这样，具有阅读能力的人，无形间获得了超越有限生命的无限可能性。阅读不仅使他多识了草木虫鱼之名，而且可以上溯（4）远古下及未来，饱览存在的与非存在的奇风异俗。

更为（5）重要的是，读书加惠于人们的不仅是知识的增广，而且还在于精神的感化与陶冶（6）。人们从读书学做人，从那些往哲先贤以及当代才俊的著述中学得他们的人格。人们从《论语》（7）中学得智慧的思考，从《史记》中学得严肃的历史精神，从《正气歌》中学得人格的刚烈，从马克思学得人世的激情，从鲁迅学得批判精神，从托尔斯泰学得道德的执着。歌德的诗句刻写着睿智（8）的人生，拜伦的诗句呼唤着奋斗的热情。一个读书人，一个有机会拥有超乎个人生命体验的幸运人。

——节选自谢冕《读书人是幸福人》

语音提示

（1）因为 yīn・wèi　　（2）他们 tāmén
（3）诸多 zhūduō　　（4）溯 sù
（5）更为 gèngwéi　　（6）陶冶 táoyě
（7）论语 Lúnyǔ　　（8）睿智 ruìzhì

作品 7 号

朗读提示 朗读时要注意把孩子稚嫩和渴望的语言与父亲疲惫、不耐烦的语言进行对比，也要注意区分父亲发怒时和平静之后语言的不同。

二十美金的价值

一天，爸爸下班回到家已经很晚了，他很累也有点儿烦，他发现五岁的儿子靠在门旁正等着他。

“爸，我可以问您一个问题吗？”

“什么问题？”“爸，您一小时可以赚多少钱？”“这与你无关，你为什么问这个问题？”父亲生气地说。

“我只是想知道，请告诉（1）我，您一小时赚多少钱？”小孩儿哀求道，“假如你一定要知道的话，我一小时赚二十美金。”

“哦，”小孩儿低下了头，接着又说，“爸，可以借我十美金吗？”父亲发怒了：“如果你只是要借钱去买毫无意义的玩具的话，给我回到你的房间睡觉去。好好想想（2）为什么你会那么自私。我每天辛苦工作，没时间和你玩儿小孩子的游戏。”

小孩儿默默地回到自己的房间关上门。

父亲坐下来还在生气。后来，他平静下来了，心想他可能对孩子太凶了——或许孩子真的很想买什么东西，再说他平时很少要过钱。

父亲走进孩子的房间：“你睡了吗？”“爸，还没有，我还醒着。”孩子回答。

“我刚才可能对你太凶了，”父亲说，“我不应该发那么大的火儿——这是你要的十美金。”“爸，谢谢您。”孩子高兴地从枕头（3）下拿出一些被弄皱（4）的钞票，慢慢地数着（5）。

“为什么你已经有钱了还要？”父亲不解地问。

“因为原来不够，但现在凑够了。”孩子回答，“爸，我现在有二十美金了，我可以向您买一个小时的时间吗？明天请早一点儿回家——我想和您一起吃晚餐。”

——节选自唐继柳编译《二十美金的价值》

语音提示

（1）告诉 gào・su　　（2）想想 xiǎng・xiang

（3）枕头zhěn · tou　　（4）弄皱nòngzhòu

（5）数着shǔ · zhe

作品 8 号

朗读提示 作品中三次写繁星，由于年龄、阅历、心情和地点、氛围的不同，表现出的意境和感受也不同。朗读时要注意三次写繁星时行文感情处理的不同：第一次是在自家院子，卧看时，所见的天空有限，显得深而且远，因此有回到母亲怀里的感觉；第二次是在南京的菜园地，作者当时挣脱了封建家庭的樊笼，因此觉得星星很亲切，光明无所不在；第三次是在海上，船动星移。

繁星

我爱月夜，但我也爱星天。从前在家乡七八月的夜晚在庭院里纳凉的时候，我最爱看天上密密麻麻的繁星。望着星天，我就会忘记一切，仿佛回到了母亲的怀里似的（1）。三年前在南京我住的地方有一道后门，每晚我打开后门，便看见一个静寂的夜。下面是一片菜园，上面是星群密布的蓝天。星光在我们的肉眼里虽然微小，然而它使我们觉得光明无处不在。那时候我正在读一些天文学的书，也认得一些星星，好像它们就是我的朋友（2），它们常常在和我谈话一样。

如今在海上，每晚和繁星相对，我把它们认得很熟（3）了。我躺在舱面上，仰望天空。深蓝色的天空里悬着无数半明半昧（4）的星。船在动，星也在动，它们是这样低，真是摇摇欲坠呢！渐渐地我的眼睛模糊（5）了，我好像看见无数萤火虫在我的周围飞舞。海上的夜是柔和的，是静寂的，是梦幻的。我望着许多认识的星，我仿佛看见它们在对我眨眼（6），我仿佛听见它们在小声说话。这时我忘记了一切。在星的怀抱中我微笑着，我沉睡着。我觉得自己是一个小孩子（7），现在睡在母亲的怀里了。

有一夜，那个在哥伦波上船的英国人指给我看天上的巨人。他用手指着：那四颗明亮的星是头，下面的几颗是身子，这几颗是手，那几颗是腿和脚，还有三颗星算是腰带。经他这一番指点，我果然看清楚（8）了那个天上的巨人。看，那个巨人还在跑呢！

——节选自巴金《繁星》

语音提示

（1）似的shì · de　　（2）朋友péng · you

（3）熟shú　　（4）半明半昧bànmíngbànmèi

（5）模糊mó · hu　　（6）眨眼zhǎyǎn

（7）小孩子xiǎoháí · zi　　（8）清楚qīng · chu

作品 9 号

朗读提示 这是一篇关于童年美好回忆的作品，语言自然清新。朗读时可以使用甜美的声音，把作者的童趣勾勒出来。最后一个自然段和倒数第二自然段的最后一句话是全文的画龙点睛之笔，朗读时应包含着深深的思乡之情和爱国之情。

风筝畅想曲

假日到河滩上转转（1），看见许多孩子在放风筝。一根根长长的引线，一头系（2）在天上，一头系在地上，孩子同风筝都在天与地之间悠荡（3），连心也被悠荡得恍恍惚惚（4）了，好像又回到了童年。

儿时放的风筝，大多是自己的长辈或家人编扎（5）的，几根削（6）得很薄（7）的篾（8），用细纱线扎成各种鸟兽的造型，糊上雪白的纸片，再用彩笔勾勒出面孔与翅膀的图案。通常扎得最多的是“老雕”“美人儿”“花蝴蝶”等。

我们家前院就有位叔叔，擅扎（9）风筝，远近闻名。他扎的风筝不只体形好看，色彩艳丽，放飞得高远，还在风筝上绷一叶用蒲苇（10）削成的膜片，经风一吹，发出“嗡嗡（11）”的声响，仿佛是风筝的歌唱，在蓝天下播扬，给开阔的天地增添了无尽的韵味，给驰荡的童心带来几分疯狂。

我们那条胡同的左邻右舍（12）的孩子们放的风筝几乎（13）都是叔叔编扎的。他的风筝不卖钱，谁（14）上门去要，就给谁，他乐意自己贴钱买材料。

后来，这位叔叔去了海外，放风筝也渐与孩子们远离了。不过年年叔叔给家乡写信，总不忘提起儿时的放风筝。香港回归之后，他在家信中说道，他这只被故乡放飞到海外的风筝，尽管（15）飘荡游弋（16），经沐风雨，可那线头儿一直在故乡和亲人手中牵着，如今飘得太累了，也该要回归到家乡和亲人身边来了。

是的。我想，不光是叔叔，我们每个人都是风筝（17），在妈妈手中牵着，从小放到大，再从家乡放到祖国最需要的地方去啊！

——节选自李恒瑞《风筝畅想曲》

语音提示

（1）转转 zhuàn · zhuan　　（2）系 jì
（3）悠荡 yōudàng　　（4）恍恍惚惚 huǎnghuǎnghūhū
（5）编扎 biānzā　　（6）削 xiāo
（7）薄 báo　　（8）篾 miè
（9）擅扎 shànzā　　（10）蒲苇 púwěi
（11）嗡嗡 wēngwēng　　（12）左邻右舍 zuǒlínyòushè
（13）几乎 jīhū　　（14）谁 shéi
（15）尽管 jǐnguǎn　　（16）游弋 yóuyì
（17）风筝 fēng · zheng

作品 10 号

朗读提示 注意区分朗读爸爸的行为和妈妈的行为。在朗读爸爸的行为时要责备中带有理解和含蓄，以及最后对爸爸深沉的爱的眷顾。

父亲的爱

爸不懂得怎样表达爱，使我们一家人融洽相处（1）的是我妈。他只是每天上班下班，而妈则把我们做过的错事开列清单，然后由他来责骂我们。

有一次我偷了一块糖果，他要我把它送回去，告诉卖糖的说是我偷来的，说我愿意替他拆箱卸货作为赔偿。但妈妈却明白我只是个孩子。

我在运动场荡秋千跌断了腿，在前往医院的途中一直抱着我的，是我妈。爸把汽车停在急诊室门口，他们叫他驶开，说那空位（2）是留给紧急车辆停放的。爸听了便叫嚷（3）道：“你以为这是什么车？旅游车？”

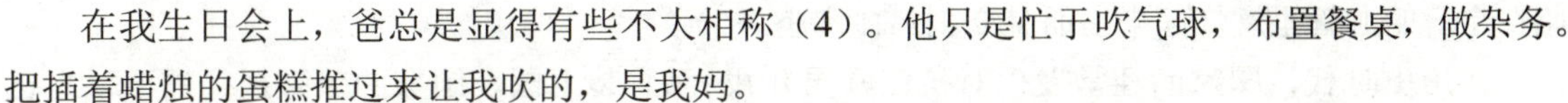

在我生日会上，爸总是显得有些不大相称（4）。他只是忙于吹气球，布置餐桌，做杂务。把插着蜡烛的蛋糕推过来让我吹的，是我妈。

我翻阅照相册时，人们总是问："你爸爸是什么样子的？"天晓得！他老是忙着替别人拍照。妈和我笑容可掬（5）地一起拍的照片（6），多得不可胜数（7）。

我记得妈有一次叫他教（8）我骑自行车。我叫他别放手，但他却说是应该放手的时候（9）了。我摔倒之后，妈跑过来扶我，爸却挥手要她走开。我当时生气极了，决心要给他点儿颜色看。于是我马上爬上自行车，而且自己骑给他看。他只是微笑。

我念大学时，所有的家信都是妈写的。他除了寄支票外，还寄过一封短柬（10）给我，说因为我不在草坪上踢足球了，所以他的草坪长得很美。

每次我打电话回家，他似乎都想跟我说话，但结果总是说："我叫你妈来接。"

我结婚时，掉眼泪的是我妈。他只是大声擤（11）了一下鼻子，便走出房间。

我从小到大都听他说："你到哪里去？什么时候回家？汽车有没有汽油？不，不准去。"爸完全不知道怎样表达爱，除非……

会不会是他已经表达了，而我却未能察觉？

——节选自［美］艾尔玛·邦贝克《父亲的爱》

语音提示

（1）相处 xiāngchǔ　　（2）空位 kòngwèi
（3）嚷 rǎng　　（4）相称 xiāngchèn
（5）笑容可掬 xiàoróngkějū　　（6）照片 zhàopiàn
（7）不可胜数 bùkěshèngshǔ　　（8）教 jiāo
（9）时候 shí・hou　　（10）短柬 duǎnjiǎn
（11）擤 xǐng

作品 11 号

朗读提示 本篇写了作者从足球比赛领悟出的感受，朗读时应该注意语调自然，感情真切，节奏明朗适中。

国家荣誉感

一个大问题一直盘踞（1）在我脑袋（2）里：

世界杯怎么会有如此巨大的吸引力？除去足球本身的魅力之外，还有什么超乎其上而更伟大的东西？

近来观看世界杯，忽然从中得到了答案：是由于一种无上崇高的精神情感——国家荣誉感！

地球上的人都会有国家的概念，但未必时时都有国家的感情。往往人到异国，思念家乡，心怀故国，这国家概念就变得有血有肉（3），爱国之情来得非常具体。而现代社会，科技昌达，信息快捷，事事上网，世界真是太小太小，国家的界限似乎也不那么清晰了。再说足球正在快速世界化，平日里各国球员频繁转会，往来随意，致使越来越多的国家联赛都具有国际的因素。球员们不论国籍，只效力于自己的俱乐部，他们比赛时的激情中完全没有爱国主义的因子。

然而，到了世界杯大赛，天下大变。各国球员都回国效力，穿上与光荣的国旗同样色彩的服装。在每一场比赛前，还高唱国歌以宣誓对自己祖国的挚爱与忠诚。一种血缘（4）情感开始在全身的血管里燃烧起来，而且立刻热血沸腾（5）。

在历史时代，国家间经常发生对抗，好男儿戎（6）装卫国。国家的荣誉往往需要以自己的生命去换取。但在和平时代，唯有这种国家之间大规模对抗性的大赛，才可以唤起那种遥远而神圣的情感，那就是：为祖国而战！

——节选自冯骥才《国家荣誉感》

语音提示

（1）盘踞 pánjù　　（2）脑袋 nǎo · dai
（3）有血有肉 yǒuxuèyǒuròu　　（4）血缘 xuèyuán
（5）热血沸腾 rèxuèfèiténg　　（6）戎 róng

作品 12 号

朗读提示 本篇是优美的写景散文。作者抓住夕阳落山不久至月到中天这段时间的光线和色彩的变化，描绘了夏夜海滨特有的景色和劳动者的闲适、欢愉的休憩场面，抒发了对美好生活的赞美之情。所以，朗读时要热情、真切，让听者从声音里感受到大自然的多彩多姿和生活之美。

海滨仲夏夜

夕阳落山不久，西方的天空，还燃烧着一片橘红色的晚霞。大海，也被这霞光染成了红色，而且比天空的景色更要壮观。因为它是活动的，每当一排排波浪涌起（1）的时候（2），那映照在浪峰上的霞光，又红又亮，简直就像一片片霍霍（3）燃烧着的火焰，闪烁着，消失了。而后面的一排，又闪烁着，滚动着，涌了过来。

天空的霞光渐渐地淡下去了，深红的颜色变成了绯红（4），绯红又变为浅红。最后，当这一切红光都消失了的时候，那突然显得高而远了的天空，则呈现出一片肃穆的神色。最早出现的启明星，在这蓝色的天幕上闪烁起来了。它是那么大，那么亮，整个广漠的天幕上只有它在那里放射着令人注目的光辉，活像一盏悬挂在高空的明灯。

夜色加浓，苍空中的“明灯”越来越多了。而城市各处的真的灯火也次第亮了起来，尤其是围绕在海港周围山坡上的那一片灯光，从半空倒映在乌蓝的海面上，随着波浪，晃动（5）着，闪烁着，像一串流动着的珍珠，和那一片片密布在苍穹（6）里的星斗互相辉映，煞（7）是好看。

在这幽美的夜色中，我踏着软绵绵的沙滩，沿着海边，慢慢地向前走去。海水，轻轻地抚摸着细软的沙滩，发出温柔的刷刷声。晚来的海风，清新而又凉爽。我的心里，有着说不出的兴奋（8）和愉快。

夜风轻飘飘地吹拂着，空气中飘荡着一种大海和田禾相混合的香味儿，柔软的沙滩上还残留着白天太阳炙晒（9）的余温。那些在各个工作岗位上劳动了一天的人们，三三两两地来到这软绵绵的沙滩上，他们浴着凉爽的海风，望着那缀满了星星的夜空，尽情地说笑，尽情地休憩（10）。

——选自峻青《海滨仲夏夜》

语音提示

（1）涌起 yǒngqǐ　　（2）时候 shí · hou
（3）霍霍 huòhuò　　（4）绯红 fēihóng
（5）晃动 huàngdòng　　（6）苍穹 cāngqióng

（7）煞 shà
（8）兴奋 xīngfèn
（9）炙晒 zhìshài
（10）休憩 xiūqì

作品 13 号

朗读提示 这是一篇说明文，但字里行间又充满了对生命之源——水的赞美之情，朗读时注意融入这种情感，做到客观说明和情感表达的有机结合。

海洋与生命

生命在海洋里诞生绝不是偶然的，海洋的物理和化学性质，使它成为孕育原始生命的摇篮。

我们知道，水是生物的重要组成部分，许多动物组织的含水量在百分之八十以上，而一些海洋生物的含水量高达百分之九十五。水是新陈代谢的重要媒介，没有它，体内的一系列生理和生物化学反应就无法进行，生命也就停止。因此，在短时期内动物缺水要比缺少食物更加危险。水对今天的生命是如此重要，它对脆弱的原始生命，更是举足轻重了。生命在海洋里诞生，就不会有缺水之忧。

水是一种良好的溶剂。海洋中含有许多生命所必需的无机盐，如氯（1）化钠、氯化钾、碳酸盐、磷酸盐，还有溶解氧，原始生命可以毫不费力地从中吸取它所需要的元素。

水具有很高的热容量，加之海洋浩大，任凭夏季烈日曝晒（2），冬季寒风扫荡，它的温度变化却比较小。因此，巨大的海洋就像是天然的“温箱”，是孕育原始生命的温床。

阳光虽然为（3）生命所必需，但是阳光中的紫外线却有扼杀原始生命的危险。水能有效地吸收紫外线，因而又为（4）原始生命提供了天然的“屏障”。这一切都是原始生命得以产生和发展的必要条件。

——节选自童裳亮《海洋与生命》

语音提示

（1）氯 lǜ
（2）曝晒 pùshài
（3）为 wéi
（4）为 wèi

作品 14 号

朗读提示 朗读前半部分时语速缓慢，表现悲痛、不解、低沉的心情，朗读后半部分时要带有坚定、沉稳的心情，语速稍快。

和时间赛跑

读小学的时候（1），我的外祖母去世了。外祖母生前最疼爱我，我无法排除自己的忧伤，每天在学校的操场上一圈儿又一圈儿地跑着，跑得累倒在地上，扑在草坪上痛哭。

那哀痛的日子（2），断断续续地持续了很久，爸爸妈妈（3）也不知道如何安慰我。他们知道与其骗我说外祖母睡着了（4），还不如对我说实话：外祖母永远不会回来了。

“什么是永远不会回来呢？”我问着。

“所有时间里的事物，都永远不会回来。你的昨天过去，它就永远变成昨天，你不能再回到昨天。爸爸以前也和你一样小，现在也不能回到你这么小的童年了；有一天你会长大，你会像外祖母一样老；有一天你度过了你的时间，就永远不会回来了。”爸爸说。

爸爸等于给我一个谜语，这谜语比课本上的“日历挂在墙壁，一天撕去一页，使我心里着急（5）”和“一寸光阴一寸金，寸金难买寸光阴”还让我感到可怕；也比作文本上的“光阴似箭，日月如梭”更让我觉得（6）有一种说不出的滋味。

时间过得那么飞快，使我的小心眼儿里不只是着急，而是悲伤。有一天我放学回家，看到太阳快落山了，就下决心说：“我要比太阳更快地回家。”我狂奔回去，站在庭院前喘气的时候，看到太阳还露着（7）半边脸，我高兴地跳跃（8）起来，那一天我跑赢了太阳。以后我就时常做那样的游戏，有时和太阳赛跑，有时和西北风比快，有时一个暑假才能做完的作业，我十天就做完了；那时我三年级，常常把哥哥五年级的作业拿来做。每一次比赛胜过时间，我就快乐（9）得不知道怎么形容。

如果将来我有什么要教给我的孩子，我会告诉他：假若你一直和时间比赛，你就可以成功！

——节选自林清玄《和时间赛跑》

语音提示

（1）时候 shí・hou（2）日子 rì・zi
（3）爸爸妈妈 bà・bamā・ma（4）睡着了 shuìzháo・le
（5）着急 zháojí（6）觉得 jué・de
（7）露着 lòu・zhe（8）跳跃 tiàoyuè
（9）快乐 kuàilè

作品 15 号

朗读提示 本篇文章的对话比较多，特别注意学生和胡适两种角色语言的区别，朗读时稍加夸张，把两者截然不同的观点通过自己的声音鲜明地突显出来。

胡适的白话电报

三十年代初，胡适在北京大学任教授。讲课时他常常对白话文大加称赞，引起一些只喜欢文言文而不喜欢白话文的学生（1）的不满。

一次，胡适正讲得得意的时候，一位姓魏的学生突然站了起来，生气地问：“胡先生，难道说白话文就毫无缺点吗？”胡适微笑着回答说：“没有。”那位学生更加激动了：“肯定有！白话文废话太多，打电报用字多，花钱多。”胡适的目光顿时变亮了，轻声地解释说：“不一定吧！前几天有位朋友给我打来电报，请我去政府部门工作，我决定不去，就回电拒绝了。复电是用白话写的，看来也很省字。请同学们根据我这个意思，用文言文写一个回电，看看究竟是白话文省字，还是文言文省字？”胡教授刚说完，同学们立刻认真地写了起来。

十五分钟过去，胡适让同学举手，报告用字的数目，然后挑了一份用字最少的文言电报稿，电文是这样写的：

“才疏学浅（2），恐难胜任，不堪从命。”白话文的意思是：学问不深，恐怕很难担任这个工作，不能服从安排。

胡适说，这份写得确实不错，仅用了十二个字。但我的白话电报却只用了五个字：

“干不了，谢谢！”

胡适又解释说：“干不了”就有才疏学浅、恐难胜任的意思；“谢谢”既对朋友的介绍表示感

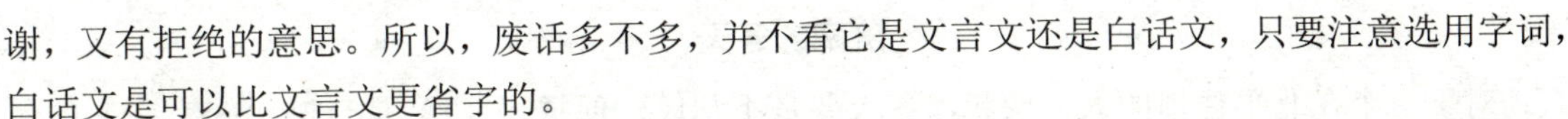

谢，又有拒绝的意思。所以，废话多不多，并不看它是文言文还是白话文，只要注意选用字词，白话文是可以比文言文更省字的。

——节选自陈灼主编《实用汉语中级教程》（上）《胡适的白话电报》

语音提示

（1）学生 xué • shēng　　（2）才疏学浅 cáishūxuéqiǎn

作品 16 号

朗读提示 文章展现了黑暗中的火光，可以冲破朦胧的夜色，闪闪发亮，令人神往，给人以希望，给人以力量。朗读时要表达出文中体现的对火光的敬意。

火光

很久以前，在一个漆黑的秋天的夜晚，我泛舟在西伯利亚一条阴森森的河上。船到一个转弯处，只见前面黑黢黢（1）的山峰下面一星火光蓦地（2）一闪。

火光又明又亮，好像就在眼前……

“好啦，谢天谢地！”我高兴地说，“马上就到过夜的地方啦！”

船夫扭头朝身后的火光望了一眼，又不以为然地划起（3）桨来。

“远着呢！”

我不相信他的话，因为火光冲破朦胧的夜色，明明在那儿闪烁。不过船夫是对的，事实上，火光的确还远着呢。

这些黑夜的火光的特点是：驱散黑暗，闪闪发亮，近在眼前，令人神往。乍（4）一看，再划几下就到了……其实却还远着呢！……

我们在漆黑如墨的河上又划了很久。一个个峡谷和悬崖，迎面驶来，又向后移去，仿佛消失在茫茫的远方，而火光却依然停在前头，闪闪发亮，令人神往——依然是这么近，又依然是那么远……

现在，无论是这条被悬崖峭壁的阴影笼罩的漆黑的河流，还是那一星明亮的火光，都经常浮现在我的脑际，在这以前和在这以后，曾有许多火光，似乎近在咫尺（5），不止使我一人心驰神往。可是生活之河却仍然在那阴森森的两岸之间流着，而火光也依旧非常遥远。因此，必须加劲划桨……

然而，火光啊……毕竟……毕竟就在前头！

——节选自［俄］柯罗连科《火光》，张铁夫译

语音提示

（1）黑黢黢 hēiqūqū　　（2）蓦地 mòdì

（3）划起 huáqǐ　　（4）乍 zhà

（5）咫尺 zhǐchǐ

作品 17 号

朗读提示 这是一篇充满诗情画意的散文，作者紧紧抓住济南冬天与众不同之处——温情这一特点，表达了对济南冬天的赞美、喜爱之情。朗读时要把这种情感融汇到自己的声音中。

济南的冬天

对于一个在北平住惯的人，像我，冬天要是不刮风，便觉得（1）是奇迹；济南（2）的冬天是没有风声的。对于一个刚由伦敦回来的人，像我，冬天要能看得见日光，便觉得是怪事；济南的冬天是响晴的。自然，在热带的地方（3），日光是永远那么（4）毒，响亮的天气，反有点儿叫人害怕。可是，在北中国的冬天，而能有温晴的天气，济南真的（5）算个宝地。

设若单单是有阳光，那也算不了出奇。请闭上眼睛（6）想：一个老城，有山有水，全在天底下晒着阳光，暖和（7）安适地睡着（8），只等春风来把它们唤醒，这是不是个理想的境界？小山把济南围了个圈儿，只有北边缺着点口儿。这一圈小山在冬天特别可爱，好像是把济南放在一个小摇篮里，它们安静不动地低声地说："你们放心吧，这儿准保暖和。"真的，济南的人们在冬天是面上含笑的。他们一看那些小山，心中便觉得有了着落（9），有了依靠。他们由天上看到山上，便不知不觉地想起："明天也许就是春天了吧？这样的温暖，今天夜里山草也许就绿起来了吧？"就是这点幻想不能一时实现，他们也并不着急（10），因为这样慈善的冬天，干什么还希望别的呢！

最妙的是下点小雪呀。看吧，山上的矮松越发的青黑，树尖儿上顶着一髻儿（11）白花，好像日本看护妇。山尖儿全白了，给蓝天镶上一道银边。山坡上，有的地方雪厚点，有的地方草色还露着（12）；这样，一道儿白，一道儿暗黄，给山们穿上一件带水纹的花衣；看着看着，这件花衣好像被风儿吹动，叫你希望看见一点更美的山的肌肤。等到快日落的时候，微黄的阳光斜射在山腰上，那点薄雪（13）好像忽然害羞，微微露出点粉色。就是下小雪吧，济南是受不住大雪的，那些小山太秀气！

——节选自老舍《济南的冬天》

语音提示

（1）觉得 jué · de
（2）济南 Jǐnán
（3）地方 dì · fang
（4）那么 nà · me
（5）真得 zhēnděi
（6）眼睛 yǎn · jing
（7）暖和 nuǎn · huo
（8）睡着 shuì · zhe
（9）着落 zhuóluò
（10）着急 zháojí
（11）一髻儿 yíjìr
（12）露着 lòu · zhe
（13）薄雪 báoxuě

作品 18 号

朗读提示 这是一篇抒发浓浓乡情的散文，朗读时声音要轻柔、甜美，节奏要鲜明、舒缓。

家乡的桥

纯朴的家乡村边有一条河，曲曲弯弯（1），河中架一弯石桥，弓样的小桥横跨两岸。

每天，不管是鸡鸣晓月，日丽中天，还是月华泻地，小桥都印下串串足迹，洒落串串汗珠。那是乡亲为了追求多棱（2）的希望，兑现美好的遐想。弯弯小桥，不时荡过轻吟低唱，不时露出舒心的笑容。

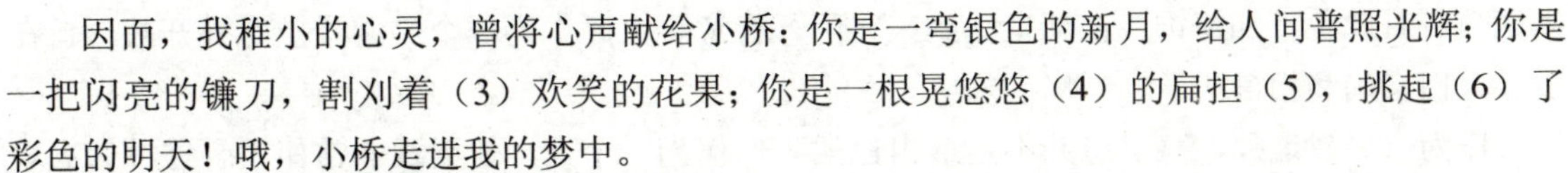

因而，我稚小的心灵，曾将心声献给小桥：你是一弯银色的新月，给人间普照光辉；你是一把闪亮的镰刀，割刈着（3）欢笑的花果；你是一根晃悠悠（4）的扁担（5），挑起（6）了彩色的明天！哦，小桥走进我的梦中。

我在漂泊（7）他乡的岁月，心中总涌动（8）着故乡的河水，梦中总看到弓样的小桥。当我访南疆探北国，眼帘闯进座座雄伟的长桥时，我的梦变得丰满了，增添了赤橙黄绿青蓝紫。

三十多年过去，我带着满头霜花回到故乡，第一紧要的便是去看望小桥。

啊！小桥呢？它躲起来了？河中一道长虹，浴着朝霞熠熠（9）闪光。哦，雄浑的大桥敞开胸怀，汽车的呼啸、摩托的笛音、自行车的叮铃，合奏着进行交响乐；南来的钢筋、花布，北往的柑橙、家禽，绘出交流欢悦图……

啊！蜕变（10）的桥，传递了家乡进步的消息，透露了家乡富裕的声音。时代的春风，美好的追求，我蓦地记起儿时唱给小桥的歌，哦，明艳艳的太阳照耀了，芳香甜蜜的花果捧来了，五彩斑斓的岁月拉开了！

我心中涌动的河水，激荡起甜美的浪花。我仰望一碧蓝天，心底轻声呼喊：家乡的桥啊，我梦中的桥！

——节选自郑莹《家乡的桥》

语音提示

（1）曲曲弯弯 qūqūwānwān　　（2）多棱 duōléng

（3）割刈着 gēyì · zhe　　（4）晃悠悠 huàngyōuyōu

（5）扁担 biǎn · dan　　（6）挑起 tiāoqǐ

（7）漂泊 piāobó　　（8）涌动 yǒngdòng

（9）熠熠 yìyì　　（10）蜕变 tuìbiàn

作品 19 号

朗读提示 朗读时要分成两部分，前一部分是叙事部分，朗读时要平和自然，不必过于夸张，第二部分是最后一个自然段，要使用平稳、沉着的情感基调，不紧不慢地道出哲理来。

坚守你的高贵

三百多年前，建筑设计师莱伊恩受命设计了英国温泽市政府大厅。他运用工程力学的知识（1），依据自己多年的实践，巧妙地设计了只用一根柱子支撑的大厅天花板。一年以后，市政府权威人士进行工程验收时，却说只用一根柱子支撑天花板太危险，要求莱伊恩再多加几根柱子。

莱伊恩自信只要一根坚固的柱子足以保证大厅安全，他的“固执”惹恼（2）了市政官员，险些被送上法庭。他非常苦恼，坚持自己原先的主张吧，市政官员肯定会另找人修改设计；不坚持吧，又有悖（3）自己为人的准则。矛盾了很长一段时间，莱伊恩终于想出了一条妙计，他在大厅里增加了四根柱子，不过这些柱子并未与天花板接触，只不过是装装（4）样子。

三百多年过去了，这个秘密始终没有被人发现。直到前两年，市政府准备修缮（5）大厅的天花板，才发现莱伊恩当年的“弄虚作假”。消息传出后，世界各国的建筑专家和游客云集，当地政府对此也不加掩饰，在新世纪到来之际，特意将大厅作为一个旅游景点对外开放，旨在引导人们崇尚和相信科学。

作为一名建筑师，莱伊恩并不是最出色的。但作为一个人，他无疑非常伟大。这种伟大表现在他始终恪守（6）着自己的原则，给高贵的心灵一个美丽的住所，哪怕是遭遇到最大的阻力，也要想办法抵达胜利。

——节选自游宇明《坚守你的高贵》

语音提示

（1）知识 zhī · shi　　（2）惹恼 rěnǎo

（3）悖 bèi　　（4）装装 zhuāng · zhuang

（5）修缮 xiūshàn　　（6）恪守 kèshǒu

作品 20 号

朗读提示 朗读前一部分时语气略带失望之情，朗读后一部分时要通过声音把主人公顿悟后的欣喜表现出来。

金子

自从传言有人在萨文河畔（1）散步时无意发现了金子后，这里便常有来自四面八方的淘金者。他们都想成为富翁，于是寻遍了整个河床，还在河床上挖出很多大坑，希望借助它们找到更多的金子。的确，有一些人找到了，但另外一些人因为一无所得而只好扫兴归去。

也有不甘心落空的，便驻扎（2）在这里，继续寻找。彼得 · 弗雷特就是其中一员。他在河床附近买了一块没人要的土地，一个人默默地工作。他为了找金子，已把所有的钱都押在这块土地上。他埋头苦干了几个月，直到土地全变成了坑坑洼洼（3），他失望了——他翻遍了整块土地，但连一丁点儿金子都没看见。

六个月后，他连买面包的钱都没有了。于是他准备离开这儿到别处去谋生。

就在他即将离去的前一个晚上，天下起了倾盆大雨，并且一下就是三天三夜。雨终于停了，彼得走出小木屋，发现眼前的土地看上去好像和以前不一样：坑坑洼洼已被大水冲刷平整，松软的土地上长出一层绿茸茸（4）的小草。

“这里没找到金子，”彼得忽有所悟地说，“但这土地很肥沃，我可以用来种花，并且拿到镇上去卖给那些富人，他们一定会买些花装扮他们华丽的客厅。如果真是这样的话，那么我一定会赚许多钱。有朝一日我也会成为富人……”

于是他留了下来。彼得花了不少精力培育花苗，不久田地里长满了美丽鲜艳的各色鲜花。

五年以后，彼得终于实现了他的梦想——成了一个富翁。“我是唯一的一个找到真金的人！”他时常不无骄傲地告诉别人，“别人在这儿找不到金子后便远远地离开，而我的‘金子’是在这块土地里，只有诚实的人用勤劳才能采集到。”

——节选自陶猛译《金子》

语音提示

（1）河畔 hépàn　　（2）驻扎 zhùzhā

（3）坑坑洼洼 kēngkēngwāwā　　（4）绿茸茸 lǜróngróng

作品21号

朗读提示 本篇叙述了作者在加拿大遇到过的两次募捐，行为质朴，感人至深。朗读时要把这种感人至深、令人难以忘怀的情感，融入到娓娓道来的讲述之中。

捐诚

我在加拿大学习期间遇到过两次募捐，那情景至今使我难以忘怀。

一天，我在渥太华的街上被两个男孩子拦住去路。他们十来岁，穿得整整齐齐，每人头上戴着个做工精巧、色彩鲜艳的纸帽，上面写着“为帮助患小儿麻痹（1）的伙伴募捐”。其中的一个，不由分说就坐在小凳上给我擦起皮鞋来，另一个则彬彬有礼地发问：“小姐，您是哪国人？喜欢渥太华吗？”“小姐，在你们国家有没有小孩儿患小儿麻痹？谁给他们医疗费？”一连串的问题，使我这个有生以来头一次在众目睽睽（2）之下让别人擦鞋的异乡人，从近乎狼狈的窘态（3）中解脱出来。我们像朋友一样聊起天儿来……

几个月之后，也是在街上。一些十字路口处或车站坐着几位老人。他们满头银发，身穿各种老式军装，上面布满了大大小小形形色色的徽章、奖章，每人手捧一大束鲜花，有水仙、石竹、玫瑰（4）及叫不出名字的，一色雪白。匆匆过往的行人纷纷止步，把钱投进这些老人身旁的白色木箱内，然后向他们微微鞠躬，从他们手中接过一朵花。我看了一会儿，有人投一两元，有人投几百元，还有人掏出支票填好后投进木箱。那些老军人毫不注意人们捐多少钱，一直不停地向人们低声道谢。同行的朋友告诉我，这是为纪念二次大战中参战的勇士，募捐救济残废军人和烈士遗孀（5），每年一次；认捐的人可谓踊跃，而且秩序井然，气氛（6）庄严。有些地方，人们还耐心地排着队。我想，这是因为他们都知道：正是这些老人们的流血（7）牺牲换来了包括他们信仰自由在内的许许多多。

我两次把那微不足道的一点儿钱捧给他们，只想对他们说声“谢谢”。

——节选自青白《捐诚》

语音提示

（1）麻痹 mábì　（2）众目睽睽 zhòngmùkuíkuí
（3）窘态 jiǒngtài　（4）玫瑰 méi · gui
（5）遗孀 yíshuāng　（6）气氛 qì · fēn
（7）流血 liúxuè

作品22号

朗读提示 这是一篇描绘人与小鸟和谐共存且感情日趋笃厚的抒情散文。朗读时要以声传情，以情感人。

可爱的小鸟

没有一片绿叶，没有一缕炊烟，没有一粒泥土，没有一丝花香，只有水的世界，云的海洋。

一阵台风袭过，一只孤单的小鸟无家可归，落到被卷到洋里的木板上，乘流而下，姗姗（1）而来，近了，近了！……

忽然，小鸟张开翅膀（2），在人们头顶盘旋了几圈儿，“扑棱（3）”一声落到了船上。许是累了？还是发现了“新大陆”？水手撵（4）它，它不走，抓它，它乖乖地落在掌心。可爱的小鸟和善良的水手结成了朋友。

瞧，它多美丽，娇巧的小嘴，啄理（5）着绿色的羽毛，鸭子样的扁脚，呈现出春草的鹅黄。水手们把它带到舱里，给它“搭铺”，让它在船上安家落户，每天，把分到的一塑料筒淡水匀给它喝，把从祖国带来的鲜美的鱼肉分给它吃。天长日久，小鸟和水手的感情日趋笃厚（6）。清晨，当第一束阳光射进舷窗时，它便敞开美丽的歌喉，唱啊唱，嘤嘤（7）有韵，宛如春水淙淙（8）。人类给它以生命，它毫不悭吝（9）地把自己的艺术青春奉献给了哺育它的人。可能都是这样？艺术家们的青春只会献给尊敬他们的人。

小鸟给远航生活蒙上了一层浪漫色调。返航时，人们爱不释手，恋恋不舍地想把它带到异乡。可小鸟憔悴（10）了，给水，不喝！喂肉，不吃！油亮的羽毛失去了光泽。是啊，我们有自己的祖国，小鸟也有它的归宿，人和动物都是一样啊，哪儿也不如故乡好！

慈爱的水手们决定放开它，让它回到大海的摇篮去，回到蓝色的故乡去。离别前，这个大自然的朋友与水手们留影纪念。它站在许多人的头上，肩上，掌上，胳膊上，与喂养过它的人们，一起融进那蓝色的画面……

——节选自王文杰《可爱的小鸟》

语音提示

（1）姗姗 shānshān　　（2）翅膀 chìbǎng

（3）扑棱 pūlēng　　（4）撵 niǎn

（5）啄理 zhuólǐ　　（6）笃厚 dǔhòu

（7）嘤嘤 yīngyīng　　（8）淙淙 cóngcóng

（9）悭吝 qiānlìn　　（10）憔悴 qiáocuì

作品 23 号

朗读提示 这篇文章讲述了“课不能停”这件事情。朗读时要体会学校的良苦用心，节奏应是不紧不慢的，语调应是凝重深沉的。

课不能停

纽约的冬天常有大风雪，扑面的雪花不但令人难以睁开眼睛，甚至呼吸都会吸入冰冷的雪花。有时前一天晚上还是一片晴朗，第二天拉开窗帘，却已经积雪盈尺（1），连门都推不开了。

遇到这样的情况，公司、商店常会停止上班，学校也通过广播，宣布停课。但令人不解的是，唯有公立小学，仍然（2）开放。只见黄色的校车，艰难地在路边接孩子，老师则一大早就口中喷着热气，铲去（3）车子前后的积雪，小心翼翼地开车去学校。

据统计，十年来纽约的公立小学只因为超级暴风雪停过七次课。这是多么令人惊讶的事。犯得着在大人都无须上班的时候让孩子去学校吗？小学的老师也太倒霉了吧？

于是，每逢大雪而小学不停课时，都有家长打电话去骂。妙的是，每个打电话的人，反应全一样——先是怒气冲冲（4）地责问，然后满口道歉，最后笑容满面地挂上电话。原因是，学校告诉家长：

在纽约有许多百万富翁，但也有不少贫困的家庭。后者白天开不起暖气，供不起（5）午餐，孩子的营养全靠学校里免费的中饭，甚至可以多拿些回家当晚餐。学校停课一天，穷孩子

就受一天冻，挨（6）一天饿，所以老师们宁愿自己苦一点儿，也不能停课。

或许有家长会说：何不让富裕的孩子在家里，让贫穷的孩子去学校享受暖气和营养午餐呢？

学校的答复是：我们不愿让那些穷苦的孩子感到他们是在接受救济，因为（7）施舍（8）的最高原则是保持受施者的尊严。

——节选自刘墉《课不能停》

语音提示

（1）盈尺 yíngchǐ　　（2）仍然 réngrán
（3）铲去 chǎnqù　　（4）怒气冲冲 nùqì chōngchōng
（5）供不起 gōngbuqǐ　　（6）挨 ái
（7）因为 yīn·wèi　　（8）施舍 shīshě

作品 24 号

朗读提示 本文是一篇表达中日人民友好的文章，语言通俗易懂，没有抽象的高谈阔论，所以朗读时声音要松弛，语气要自然亲切。

莲花和樱花

十年，在历史上不过是一瞬间。只要稍加注意（1），人们就会发现：在这一瞬间里，各种事物都悄悄经历了自己的千变万化。

这次重新访日，我处处感到亲切和熟悉，也在许多方面发觉了日本的变化。就拿奈良的一个角落来说吧，我重游了为之感受很深的唐招提寺，在寺内各处匆匆走了一遍，庭院依旧，但意想不到还看到了一些新的东西。其中之一，就是近几年从中国移植来的“友谊（2）之莲”。

在存放鉴真遗像的那个院子里，几株中国莲昂然（3）挺立，翠绿的宽大荷叶正迎风而舞，显得十分愉快。开花的季节已过，荷花朵朵已变为莲蓬累累。莲子的颜色正在由青转紫，看来已经成熟了。

我禁不住（4）想：“因”已转化为“果”。

中国的莲花开在日本，日本的樱花开在中国，这不是偶然。我希望这样一种盛况延续不衰。可能有人不欣赏花，但决不会有人欣赏落在自己面前的炮弹。

在这些日子里，我看到了不少多年不见的老朋友，又结识了一些新朋友。大家喜欢涉及的话题之一，就是古长安和古奈良。那还用得着问吗，朋友们缅怀过去，正是瞩望（5）未来。瞩目于未来的人们必将获得未来。

我不例外，也希望一个美好的未来。

为了中日人民之间的友谊，我将不浪费今后生命的每一瞬间。

——节选自严文井《莲花和樱花》

语音提示

（1）注意 zhùyì　　（2）友谊 yǒuyì
（3）昂然 ángrán　　（4）禁不住 jīn·buzhù
（5）瞩望 zhǔwàng

作品 25 号

朗读提示 本文字里行间洋溢着一种浓郁的诗味，所以朗读时语调要舒展柔和，饱含诗情画意。

绿

梅雨潭闪闪的绿色招引着我们，我们开始追捉（1）她那离合的神光了。揪着（2）草，攀着乱石，小心探身下去，又鞠躬（3）过了一个石穹门（4），便到了汪汪一碧的潭边了。

瀑布在襟袖（5）之间，但是我的心中已没有瀑布了。我的心随潭水的绿而摇荡。那醉人的绿呀！仿佛一张极大极大的荷叶铺着，满是奇异的绿呀。我想张开两臂抱住她，但这是怎样一个妄想啊。

站在水边，望到那面，居然觉着（6）有些远呢！这平铺着、厚积着的绿，着实（7）可爱。她松松地皱缬（8）着，像少妇拖着的裙幅（9）；她滑滑的明亮着，像涂了“明油”一般，有鸡蛋清那样软，那样嫩（10）；她又不杂些尘滓（11），宛然一块温润的碧玉，只清清的一色——但你却看不透她！

我曾见过北京什刹海（12）拂地的绿杨，脱不了鹅黄的底子，似乎太淡了。我又曾见过杭州虎跑寺近旁高峻而深密的“绿壁”，丛叠着无穷的碧草与绿叶的，那又似乎太浓了。其余呢，西湖的波太明了，秦淮河的也太暗了。可爱的，我将什么来比拟（13）你呢？我怎么比拟得出呢？大约潭是很深的，故能蕴蓄（14）着这样奇异的绿；仿佛蔚蓝的天融了一块在里面似的（15），这才这般的鲜润啊。

那醉人的绿呀！我若能裁你以为带，我将赠给那轻盈的舞女，她必能临风飘举了。我若能挹（16）你以为眼，我将赠给那善歌的盲妹，她必明眸善睐（17）了。我舍不得你，我怎舍得你呢？我用手拍着你，抚摩着你，如同一个十二三岁的小姑娘。我又掬（18）你入口，便是吻着她了。我送你一个名字，我从此叫你“女儿绿”，好吗？

第二次到仙岩的时候，我不禁惊诧于梅雨潭的绿了。

——节选自朱自清《绿》

语音提示

（1）追捉 zhuīzhuō　（2）揪着 jiū · zhe
（3）鞠躬 jūgōng　（4）石穹门 shíqióngmén
（5）襟袖 jīnxiù　（6）觉着 jué · zhe
（7）着实 zhuóshí　（8）皱缬 zhòuxié
（9）裙幅 qúnfú　（10）嫩 nèn
（11）尘滓 chénzhā　（12）什刹海 Shíchàhǎi
（13）比拟 bǐnǐ　（14）蕴蓄 yùnxù
（15）似的 shì · de　（16）挹 yì
（17）明眸善睐 míngmóushànlài　（18）掬 jū

作品 26 号

朗读提示 这篇文章用落花生质朴的外表但又丰硕的果实来喻征着做人要学花生，不哗众取宠，老老实实本分地做一个有用的人。朗读时要注意角色的区分，父亲的话语重心长，孩子的话语质朴、活泼。

落花生

我们家的后园有半亩空地（1），母亲说："让它荒着怪可惜的，你们那么爱吃花生，就开辟出来种花生吧。"我们姐弟几个都很高兴，买种（2），翻地，播种（3），浇水，没过几个月，居然收获了。

母亲说："今晚我们过一个收获节，请你们父亲也来尝尝（4）我们的新花生，好不好？"我们都说好。母亲把花生做成了好几样食品，还吩咐（5）就在后园的茅亭里过这个节。

晚上天色不太好，可是父亲也来了，实在很难得。

父亲说："你们爱吃花生吗？"

我们争着答应（6）："爱！"

"谁能把花生的好处说出来？"

姐姐说："花生的味美。"

哥哥说："花生可以榨（7）油。"

我说："花生的价钱便宜（8），谁都可以买来吃，都喜欢吃。这就是它的好处。"

父亲说："花生的好处很多，有一样最可贵：它的果实埋在地里，不像桃子、石榴（9）、苹果那样，把鲜红嫩绿的果实高高地挂在枝头上，使人一见就生爱慕之心。你们看它矮矮地长在地上，等到成熟了，也不能立刻分辨出来它有没有果实，必须挖出来才知道。"

我们都说是，母亲也点点头。

父亲接下去说："所以你们要像花生，它虽然不好看，可是很有用，不是外表好看而没有实用的东西。"

我说："那么，人要做有用的人，不要做只讲体面，而对别人没有好处的人了。"

父亲说："对。这是我对你们的希望。"

我们谈到夜深才散。花生做的食品都吃完了，父亲的话却深深地印在我的心上。

——节选自许地山《落花生》

语音提示

（1）空地 kòngdì　（2）买种 mǎizhǒng
（3）播种 bōzhǒng　（4）尝尝 cháng · chang
（5）吩咐 fēnfù　（6）答应 dā · ying
（7）榨 zhà　（8）便宜 pián · yi
（9）石榴 shí · liu

作品 27 号

朗读提示 这篇文章通过老麻雀拯救小麻雀的故事，歌颂了母爱的力量。朗读时要使用略显夸张的语气表现这场搏斗，从而渲染出伟大的母爱。最后两个自然段是作者的感受，要使用崇敬、沉着的语气读出来。

麻雀

我打猎归来，沿着花园的林荫路走着。狗跑在我前边。

突然，狗放慢脚步，蹑足潜行（1），好像嗅到了前边有什么野物。

我顺着林荫路望去，看见了一只嘴边还带黄色、头上生着柔毛的小麻雀。风猛烈地吹打着林荫路上的白桦树，麻雀从巢里（2）跌落下来，呆呆地伏在地上，孤立无援地张开两只羽毛还未丰满的小翅膀。

我的狗慢慢向它靠近。忽然，从附近一棵树上飞下一只黑胸脯的老麻雀，像一颗石子似的（3）落到狗的跟前。老麻雀全身倒竖着羽毛，惊恐万状，发出绝望、凄惨的叫声，接着向露出牙齿、大张着的狗嘴扑去。

老麻雀是猛扑下来救护幼雀的。它用身体掩护着自己的幼儿……但它整个小小的身体因恐怖而战栗（4）着，它小小的声音也变得粗暴嘶哑（5），它在牺牲自己！

在它看来，狗该是多么庞大的怪物啊！然而，它还是不能站在自己高高的、安全的树枝上……一种比它的理智更强烈的力量，使它从那儿扑下身来。

我的狗站住了，向后退了退……看来，它也感到了这种力量。

我赶紧唤住惊慌失措的狗，然后我怀着崇敬（6）的心情，走开了。

是啊，请不要见笑。我崇敬那只小小的、英勇的鸟儿，我崇敬它那种爱的冲动和力量。

爱，我想，比死和死的恐惧更强大。只有依靠它，依靠这种爱，生命才能维持下去，发展下去。

——节选自［俄］屠格涅夫《麻雀》，巴金译

语音提示

（1）潜行 qiánxíng　　（2）巢里 cháolǐ

（3）似的 shì · de　　（4）战栗 zhànlì

（5）嘶哑 sīyǎ　　（6）崇敬 chóngjìng

作品 28 号

朗读提示 朗读这篇文章时可分为两部分：前三个自然段为一部分，描写了迷路的小孩惊慌失措的样子，朗读时节奏感要紧凑，基调要略带惊慌之情；后面为一部分，描写了听到笛音的孩子好像找到了救星，朗读基调要欢快。

迷途笛音

那年我六岁。离我家仅一箭之遥的小山坡旁，有一个早已被废弃的采石场，双亲从来不准我去那儿，其实那儿风景十分迷人。

一个夏季的下午，我随着一群小伙伴偷偷上那儿去了。就在我们穿越了一条孤寂的小路后，他们却把我一个人留在原地，然后奔（1）向“更危险的地带”了。

等他们走后，我惊慌失措（2）地发现，再也找不到要回家的那条孤寂的小道了。像只无头的苍蝇（3），我到处乱钻，衣裤上挂满了芒刺。太阳已经落山，而此时此刻，家里一定开始吃晚餐了，双亲正盼着我回家……想着想着，我不由得背靠着一棵树，伤心地呜呜大哭起来……

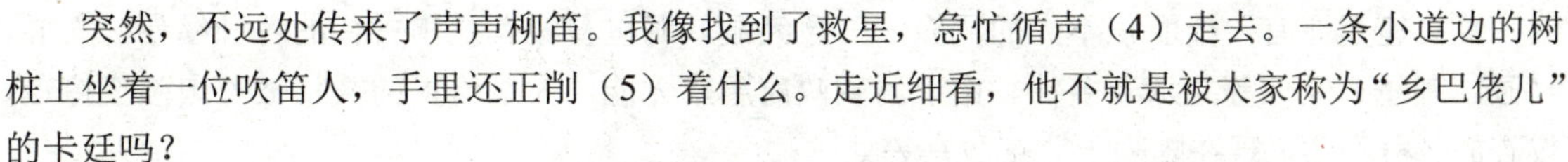

突然，不远处传来了声声柳笛。我像找到了救星，急忙循声（4）走去。一条小道边的树桩上坐着一位吹笛人，手里还正削（5）着什么。走近细看，他不就是被大家称为“乡巴佬儿”的卡廷吗？

“你好，小家伙儿，”卡廷说，“看天气多美，你是出来散步的吧？”

我怯生生（6）地点点头，答道：“我要回家了。”

“请耐心等上几分钟，”卡廷说，“瞧，我正在削一支柳笛，差不多就要做好了，完工后就送给你吧！”

卡廷边削边不时把尚未成形的柳笛放在嘴里试吹一下。没过多久，一支柳笛便递到我手中。我俩在一阵阵清脆悦耳的笛音中，踏上了归途……

当时，我心中只充满感激，而今天，当我自己也成了祖父时，却突然领悟到他用心之良苦！那天当他听到我的哭声时，便判定我一定迷了路，但他并不想在孩子面前扮演“救星”的角色（7），于是吹响柳笛以便让我能发现他，并跟着他走出困境！卡廷先生（8）以乡下人的纯朴，保护了一个小男孩强烈的自尊。

——节选自唐若水编译《迷途笛音》

语音提示

（1）奔 bēn　　（2）惊慌失措 jīnghuāngshīcuò

（3）苍蝇 cāng · ying　　（4）循声 xúnshēng

（5）削 xiāo　　（6）怯生生 qièshēngshēng

（7）角色 juésè　　（8）先生 xiān · sheng

作品 29 号

朗读提示 本文是一篇介绍我国文化遗产莫高窟的文章，作品中除了客观的介绍，还融入了赞美惊叹之情，所以在朗读时应该略带惊奇的语气、赞叹欣赏的口吻。

莫高窟

在浩瀚无垠的沙漠里，有一片美丽的绿洲，绿洲里藏着（1）一颗闪光的珍珠。这颗珍珠就是敦煌莫高窟。它坐落在我国甘肃省敦煌市三危山和鸣沙山的怀抱中。

鸣沙山东麓（2）是平均高度为十七米的崖壁。在一千六百多米长的崖壁上，凿（3）有大小洞窟七百余个，形成了规模宏伟的石窟群。其中四百九十二个洞窟中，共有彩色塑像两千一百余尊，各种壁画共四万五千多平方米。莫高窟是我国古代无数艺术匠师留给人类的珍贵文化遗产。

莫高窟的彩塑，每一尊都是一件精美的艺术品。最大的有九层楼那么高，最小的还不如一个手掌大。这些彩塑个性鲜明，神态各异。有慈眉善目的菩萨，有威风凛凛的天王，还有强壮勇猛的力士……

莫高窟壁画的内容丰富多彩，有的是描绘古代劳动人民打猎、捕鱼（4）、耕田、收割的情景，有的是描绘人们奏乐、舞蹈、演杂技的场面，还有的是描绘大自然的美丽风光。其中最引人注目的是飞天。壁画上的飞天，有的臂挎（5）花篮，采摘（6）鲜花；有的反弹琵琶（7），轻拨银弦（8）；有的倒悬身子，自天而降；有的彩带飘拂（9），漫天遨游（10）；有的舒展着双臂，翩翩起舞。看着这些精美动人的壁画，就像走进了灿烂辉煌的艺术殿堂。

莫高窟里还有一个面积不大的洞窟——藏经洞。洞里曾藏有我国古代的各种经卷、文书、帛画、刺绣、铜像等共六万多件。由于清朝政府腐败无能，大量珍贵的文物被外国强盗掠走。仅存的部分经卷，现在陈列于北京故宫等处。

莫高窟是举世闻名的艺术宝库。这里的每一尊彩塑、每一幅壁画、每一件文物，都是中国古代人民智慧的结晶。

——节选自小学《语文》第六册中《莫高窟》

语音提示

（1）藏着 cáng·zhe　　（2）麓 lù
（3）凿 záo　　（4）捕鱼 bǔyú
（5）挎 kuà　　（6）采摘 cǎizhāi
（7）琵琶 pí·pa　　（8）弦 xián
（9）飘拂 piāofú　　（10）遨游 áoyóu

作品 30 号

朗读提示 这篇文章文笔细腻，感情真挚，富有哲理，耐人寻味。朗读时语气要自然，声音要坚实厚重，节奏明朗，语速要始终如一，以便读出哲理来。

牡丹的拒绝

其实你在很久以前并不喜欢（1）牡丹，因为它总被人作为富贵膜拜（2）。后来你目睹了一次牡丹的落花，你相信所有的人都会为之感动：一阵清风徐来，娇艳鲜嫩的盛期牡丹忽然整朵整朵地坠落（3），铺撒（4）一地绚丽的花瓣。那花瓣落地时依然鲜艳夺目，如同一只奉上祭坛的大鸟脱落的羽毛，低吟着（5）壮烈的悲歌离去。

牡丹没有花谢花败之时，要么烁于（6）枝头，要么归于泥土，它跨越委顿（7）和衰老，由青春而死亡，由美丽而消遁（8）。它虽美却不吝惜（9）生命，即使告别也要展示给人最后一次的惊心动魄。

所以在这阴冷的四月里，奇迹不会发生。任凭游人扫兴和诅咒，牡丹依然安之若素。它不苟且（10）、不俯就、不妥协、不媚俗（11），甘愿自己冷落自己。它遵循自己的花期自己的规律，它有权利为自己选择每年一度的盛大节日。它为什么不拒绝寒冷？

天南海北的看花人，依然络绎不绝地涌入洛阳城。人们不会因牡丹的拒绝而拒绝它的美。如果它再被贬谪（12）十次，也许它就会繁衍出十个洛阳牡丹城。

于是你在无言的遗憾中感悟到，富贵与高贵只是一字之差。同人一样，花儿也是有灵性的，更有品位之高低。品位这东西为气为魂为筋骨为神韵，只可意会。你叹服牡丹卓尔不群之姿，方知品位是多么容易被世人忽略或是漠视的美。

——节选自张抗抗《牡丹的拒绝》

语音提示

（1）喜欢 xǐ·huan　　（2）膜拜 móbài
（3）坠落 zhuìluò　　（4）铺撒 pūsǎ
（5）吟着 yín·zhe　　（6）烁于 shuòyú
（7）委顿 wěidùn　　（8）消遁 xiāodùn

（9）吝惜 lìnxī　　（10）苟且 gǒuqiě

（11）媚俗 mèisú　　（12）贬谪 biǎnzhé

作品 31 号

朗读提示 此文为说明文，朗读时要使用质朴连贯的语气、不紧不慢的语速，力求声音清晰，不宜有任何夸张的情感。

“能吞能吐”的森林

森林涵养水源，保持水土，防止水旱灾害的作用非常大。据专家测算，一片十万亩面积的森林，相当于一个两百万立方米的水库，这正如农谚（1）所说的：“山上多栽树，等于修水库。雨多它能吞，雨少它能吐（2）。”

说起森林的功劳，那还多得很。它除了为人类提供木材及许多种生产、生活的原料之外，在维护生态环境方面也是功劳卓著。它用另一种“能吞能吐”的特殊功能孕育了人类。因为地球在形成之初，大气中的二氧化碳含量很高，氧气很少，气温也高，生物是难以生存的。大约在四亿年之前，陆地才产生了森林。森林慢慢将大气中的二氧化碳吸收，同时吐出新鲜氧气，调节气温：这才具备了人类生存的条件，地球上才最终有了人类。

森林，是地球生态系统的主体，是大自然的总调度室（3），是地球的绿色之肺。森林维护地球生态环境的这种“能吞能吐”的特殊功能是其他任何物体都不能取代的。然而，由于地球上的燃烧物增多，二氧化碳的排放量急剧增加，使得地球生态环境急剧恶化，主要表现为全球气候变暖，水分蒸发加快，改变了气流的循环，使气候变化加剧，从而引发热浪、飓风（4）、暴雨、洪涝及干旱。

为了使地球的这个“能吞能吐”的绿色之肺恢复健壮，以改善生态环境，抑制全球变暖，减少水旱等自然灾害，我们应该大力造林、护林，使每一座荒山都绿起来。

——节选自《中考语文课外阅读试题精选》中《“能吞能吐”的森林》

语音提示

（1）农谚 nóngyàn　　（2）吐 tǔ

（3）调度室 diàodùshì　　（4）飓风 jùfēng

作品 32 号

朗读提示 这是一篇带有作者感情的杂文，既有叙事，又有议论，叙事部分要读得自然朴实，议论部分要读得富有哲理，语调舒缓，声音沉稳。

朋友和其他

朋友即将远行。

暮春时节，又邀了几位朋友在家小聚。虽然都是极熟（1）的朋友，却是终年难得一见，偶尔电话里相遇，也无非是几句寻常话。一锅小米稀饭，一碟大头菜，一盘自家酿制（2）的泡菜，一只巷口买回的烤鸭，简简单单，不像请客，倒像家人团聚。

其实，友情也好，爱情也好，久而久之都会转化为亲情。

说也奇怪，和新朋友会谈文学、谈哲学、谈人生道理，等等，和老朋友却只话家常，柴米油盐，细细碎碎，种种琐事（3）。很多时候，心灵的契合（4）已经不需要太多的言语来表达。

朋友新烫了个头，不敢回家见母亲，恐怕惊骇（5）了老人家，却欢天喜地来见我们，老朋友颇（6）能以一种趣味性的眼光欣赏这个改变。

年少的时候，我们差（7）不多都在为别人而活，为苦口婆心的父母活，为循循善诱（8）的师长活，为许多观念、许多传统的约束力而活。年岁逐增，渐渐挣脱（9）外在的限制与束缚（10），开始懂得为自己活，照自己的方式做一些自己喜欢的事，不在乎别人的批评意见，不在乎别人的诋毁流言，只在乎那一份随心所欲的舒坦自然。偶尔，也能够纵容自己放浪一下，并且有一种恶作剧的窃喜。

就让生命顺其自然，水到渠成吧，犹如窗前的乌桕（11），自生自落之间，自有一份圆融丰满的喜悦。春雨轻轻落着，没有诗，没有酒，有的只是一份相知相属（12）的自在自得。

夜色在笑语中渐渐沉落，朋友起身告辞，没有挽留，没有送别，甚至也没有问归期。

已经过了大喜大悲的岁月，已经过了伤感流泪的年华，知道了聚散原来是这样的自然和顺理成章，懂得这点，便懂得珍惜每一次相聚的温馨，离别便也欢喜。

——节选自杏林子《朋友和其他》

语音提示

（1）熟 shú　　（2）酿制 niàngzhì
（3）琐事 suǒshì　　（4）契合 qìhé
（5）惊骇 jīnghài　　（6）颇 pō
（7）差 chà　　（8）循循善诱 xúnxúnshànyòu
（9）挣脱 zhèngtuō　　（10）束缚 shùfù
（11）乌桕 wūjiù　　（12）相知相属 xiāngzhīxiāngzhǔ

作品 33 号

朗读提示 这篇文章质朴清新，朗读时不必在声音上大加渲染，只需要用娓娓道来的口吻，稳健地读出来。

散步

我们在田野散步：我，我的母亲，我的妻子和儿子（1）。

母亲本不愿出来的。她老了，身体不好，走远一点儿就觉得很累。我说，正因为如此，才应该多走走（2）。母亲信服地点点头，便去拿外套。她现在很听我的话，就像我小时候很听她的话一样。

这南方初春的田野，大块小块的新绿随意地铺着，有的浓，有的淡，树上的嫩芽（3）也密了，田里的冬水也咕咕地起着水泡。这一切都使人想着一样东西（4）——生命。

我和母亲走在前面，我的妻子和儿子走在后面。小家伙（5）突然叫起来：“前面是妈妈和儿子，后面也是妈妈和儿子。”我们都笑了。

后来发生了分歧（6）：母亲要走大路，大路平顺；我的儿子要走小路，小路有意思。不过，一切都取决于我。我的母亲老了，她早已习惯听从她强壮的儿子；我的儿子还小，他还习惯听从他高大的父亲；妻子呢，在外面，她总是听我的。一霎时（7）我感到了责任的重大。我想找一个两全的办法，找不出；我想拆散（8）一家人，分成两路，各得其所，终不愿意。我决定委屈儿子，因为我伴同他的时日还长。我说："走大路。"

但是母亲摸摸孙儿的小脑瓜儿（9），变了主意（10）："还是走小路吧。"她的眼随小路望去：那里有金色的菜花，两行整齐的桑树，尽头一口水波粼粼的鱼塘。"我走不过去的地方，你就背着我。"母亲对我说。

这样，我们在阳光下，向着那菜花、桑树和鱼塘走去。到了一处，我蹲下来，背（11）起了母亲；妻子也蹲下来，背起了儿子。我和妻子都是慢慢地，稳稳地，走得很仔细，好像我背上（12）的同她背上的加起来，就是整个世界。

——节选自莫怀戚《散步》

语音提示

（1）儿子 ér・zi
（2）走走 zǒu・zou
（3）嫩芽 nènyá
（4）东西 dōng・xi
（5）小家伙 xiǎojiā・huo
（6）分歧 fēnqí
（7）霎时 shàshí
（8）拆散 chāisàn
（9）小脑瓜儿 xiǎonǎoguār
（10）主意 zhǔ・yi
（11）背 bēi
（12）背上 bèishàng

作品 34 号

朗读提示 本文是说明文，讲述了人们为寻找无底洞的出口做了哪些实验。朗读时要带有惊奇疑惑而又饶有兴趣的口吻。

神秘的"无底洞"

地球上是否真的存在"无底洞"？按说（1）地球是圆的，由地壳（2）、地幔和地核三层组成，真正的"无底洞"是不应存在的，我们所看到的各种山洞、裂口、裂缝，甚至火山口也都只是地壳浅部的一种现象。然而中国一些古籍却多次提到海外有个深奥莫测的无底洞。事实上地球上确实有这样一个"无底洞"。

它位于希腊亚各斯古城的海滨。由于濒临（3）大海，大涨潮（4）时，汹涌的海水便会排山倒海般地涌入洞中，形成一股湍湍（5）的急流。据测，每天流入洞内的海水量达三万多吨。奇怪的是，如此大量的海水灌入洞中，却从来没有把洞灌满。曾有人怀疑，这个"无底洞"，会不会就像石灰岩地区的漏斗、竖井、落水洞一类的地形。然而从 20 世纪 30 年代以来，人们就做了多种努力企图寻找它的出口，却都是枉费心机（6）。

为了揭开这个秘密，1958 年美国地理学会派出一支考察队，他们把一种经久不变的带色染料溶解在海水中，观察染料是如何随着海水一起沉下去。接着又察看了附近海面以及岛上的各条河、湖，满怀希望地寻找这种带颜色的水，结果令人失望。难道是海水量太大把有色水稀释得太淡，以致无法发现？

至今谁也不知道为什么这里的海水会没完没了地"漏"下去，这个"无底洞"的出口又在哪里，每天大量的海水究竟都流到哪里去了？

——节选自罗伯特・罗威尔《神秘的"无底洞"》

语音提示

(1) 按说 ànshuō　　(2) 地壳 dìqiào
(3) 濒临 bīnlín　　(4) 涨潮 zhǎngcháo
(5) 湍湍 tuāntuān　　(6) 枉费心机 wǎngfèixīnjī

作品 35 号

朗读提示 作者把坟墓的朴素与坟墓主人的伟大进行了强烈的对比，衬托出托尔斯泰伟大的人格魅力，朗读时要把作者的崇敬之情融入其中。

世间最美的坟墓

我在俄国见到的景物再没有比托尔斯泰墓更宏伟、更感人的。

完全按照托尔斯泰的愿望，他的坟墓成了世间最美的，给人印象最深刻的坟墓。它只是树林中的一个小小的长方形土丘，上面开满鲜花——没有十字架，没有墓碑，没有墓志铭，连托尔斯泰这个名字也没有。

这位比谁都感到受自己的声名所累（1）的伟人，却像偶尔被发现的流浪汉，不为人知的士兵，不留名姓地被人埋葬了。谁都可以踏进他最后的安息地，围在四周稀疏的木栅栏（2）是不关闭的——保护列夫·托尔斯泰得以安息的没有任何别的东西，唯有人们的敬意；而通常，人们却总是怀着好奇，去破坏伟人墓地的宁静。

这里，逼人的朴素禁锢（3）住任何一种观赏的闲情，并且不容许你大声说话。夏天，风儿俯临，在这座无名者之墓的树木之间飒飒（4）响着，和暖的阳光在坟头嬉戏；冬天，白雪温柔地覆盖这片幽暗的土地。无论你在夏天或冬天经过这儿，你都想象不到，这个小小的、隆起的长方体里安放着一位当代最伟大的人物。

然而，恰恰是这座不留姓名的坟墓，比所有挖空心思用大理石和奢华装饰建造的坟墓更扣人心弦（5）。在今天这个特殊的日子里，到他的安息地来的成百上千人中间，没有一个有勇气，哪怕仅仅从这幽暗的土丘上摘下一朵花留作纪念。人们重新感到，世界上再没有比托尔斯泰最后留下的、这座纪念碑式的朴素坟墓，更打动人心的了。

——节选自［奥］茨威格《世间最美的坟墓》，张厚仁译

语音提示

(1) 所累 suǒlèi　　(2) 木栅栏 mùzhà · lan
(3) 禁锢 jìngù　　(4) 飒飒 sàsà
(5) 心弦 xīnxián

作品 36 号

朗读提示 这是一篇写景说明文，表达了作者对苏州园林的眷恋和欣赏之情。朗读时语调要自然、明快，通过自己的声音把听者带入如诗如画的景色中。

苏州园林

我国的建筑，从古代的宫殿到近代的一般住房，绝大部分是对称（1）的，左边怎么样，

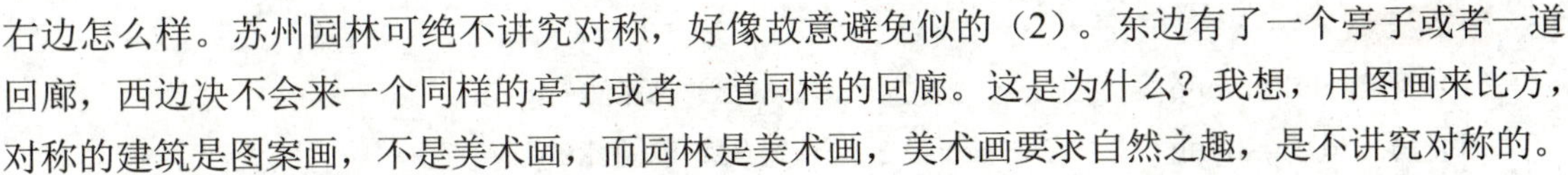

右边怎么样。苏州园林可绝不讲究对称，好像故意避免似的（2）。东边有了一个亭子或者一道回廊，西边决不会来一个同样的亭子或者一道同样的回廊。这是为什么？我想，用图画来比方，对称的建筑是图案画，不是美术画，而园林是美术画，美术画要求自然之趣，是不讲究对称的。

苏州园林里都有假山和池沼（3）。

假山的堆叠，可以说是一项艺术而不仅是技术。或者是重峦叠嶂（4），或者是几座小山配合着竹子花木，全在乎设计者和匠师们生平多阅历，胸中有丘壑（5），才能使游览者攀登的时候忘却苏州城市，只觉得身在山间。

至于池沼，大多引用活水。有些园林池沼宽敞，就把池沼作为全园的中心，其他景物配合着布置。水面假如成河道模样，往往安排桥梁。假如安排两座以上的桥梁，那就一座一个样，决不雷同。

池沼或河道的边沿很少砌（6）齐整的石岸，总是高低屈曲任其自然。还在那儿布置几块玲珑的石头，或者种些花草。这也是为了取得从各个角度看都成一幅画的效果。池沼里养着金鱼或各色鲤鱼，夏秋季节荷花或睡莲开放，游览者看“鱼戏莲叶间”，又是入画的一景。

——节选自叶圣陶《苏州园林》

语音提示

（1）对称 duìchèn （2）似的 shì · de
（3）池沼 chízhǎo （4）重峦叠嶂 chóngluándiézhàng
（5）丘壑 qiūhè （6）砌 qì

作品 37 号

朗读提示 本文主要写了作者从老太太的言语中领悟出的人生哲理：态度创造快乐。朗读时要娓娓道来，语调要深沉、平稳。

态度创造快乐

一位访美中国女作家，在纽约遇到一位卖花的老太太。老太太穿着（1）破旧，身体虚弱，但脸上的神情却是那样祥和兴奋（2）。女作家挑了一朵花说：“看起来，你很高兴。”老太太面带微笑地说：“是的，一切都这么美好，我为什么不高兴呢？”“对烦恼，你倒真能看得开。”女作家又说了一句。没料到，老太太的回答更令女作家大吃一惊：“耶稣在星期五被钉上（3）十字架时，是全世界最糟糕的一天，可三天后就是复活节。所以，当我遇到不幸时，就会等待三天，这样一切就恢复正常了。”

“等待三天”，多么富于哲理的话语，多么乐观的生活方式。它把烦恼和痛苦抛下，全力去收获快乐（4）。

沈从文在“文革”期间，陷入了非人的境地。可他毫不在意，他在咸宁时给他的表侄、画家黄永玉写信说：“这里的荷花真好，你若来……”身陷苦难却仍为荷花的盛开欣喜赞叹不已，这是一种趋于澄明（5）的境界，一种旷达洒脱（6）的胸襟，一种面临磨难坦荡从容的气度，一种对生活童子般的热爱和对美好事物无限向往的生命情感。

由此可见，影响一个人快乐的，有时并不是困境及磨难，而是一个人的心态。如果把自己浸泡在积极、乐观、向上的心态中，快乐必然会占据你的每一天。

——节选自《态度创造快乐》

语音提示

(1) 穿着 chuānzhuó
(2) 兴奋 xīngfèn
(3) 钉上 dìngshàng
(4) 快乐 kuàilè
(5) 澄明 chéngmíng
(6) 旷达洒脱 kuàngdásǎtuō

作品 38 号

朗读提示 这是一篇写景文章，描写了泰山的自然景观和人文景观的美丽。朗读时语气要朴实流畅，感情要饱满、真挚。

泰山极顶

泰山极顶看日出，历来被描绘成十分壮观的奇景。有人说：登泰山而看不到日出，就像一出大戏没有戏眼，味儿终究有点寡淡。

我去爬山那天，正赶上个难得的好天，万里长空，云彩丝儿都不见。素常，烟雾腾腾的山头，显得眉目分明。同伴们都欣喜地说："明天早晨准可以看见日出了。"我也是抱着这种想头（1），爬上山去。

一路从山脚往上爬，细看山景，我觉得挂在眼前的不是五岳独尊的泰山，却像一幅规模惊人的青绿山水画，从下面倒展开来。在画卷中最先露出（2）的是山根底那座明朝建筑岱宗坊（3），慢慢地便现出王母池、斗母宫、经石峪（4）。山是一层比一层深，一叠比一叠奇，层层叠叠，不知还会有多深多奇。万山丛中，时而点染着极其工细的人物。王母池旁的吕祖殿里有不少尊明塑，塑着吕洞宾等一些人，姿态神情是那样有生气，你看了，不禁（5）会脱口赞叹说："活啦。"

画卷继续展开，绿阴森森的柏洞（6）露面不太久，便来到对松山。两面奇峰对峙（7）着，满山峰都是奇形怪状的老松，年纪怕都有上千岁了，颜色竟那么浓，浓得好像要流下来似的。来到这儿，你不妨权当（8）一次画里的写意人物，坐在路旁的对松亭里，看看山色，听听流水和松涛。

一时间，我又觉得自己不仅是在看画卷，却又像是在零零乱乱翻着一卷历史稿本。

——节选自杨朔《泰山极顶》

语音提示

(1) 想头 xiǎng・tou
(2) 露出 lòuchū
(3) 岱宗坊 dàizōngfāng
(4) 经石峪 jīngshíyù
(5) 不禁 bùjīn
(6) 柏洞 bǎidòng
(7) 对峙 duìzhì
(8) 权当 quándāng

作品 39 号

朗读提示 本文记叙了陶行知利用四块糖果教育学生的故事，朗读时注意陶行知的言语，没有任何说教，而是亲切、友好、平等。

陶行知的“四块糖果”

育才小学校长陶行知在校园看到学生王友用泥块砸自己班上的同学，陶行知当即（1）喝止（2）了他，并令他放学后到校长室去。无疑，陶行知是要好好教育这个“顽皮”的学生。那么他是如何教育的呢？

放学后，陶行知来到校长室，王友已经等在门口准备挨训（3）了。可一见面，陶行知却掏出一块糖果送给王友，并说：“这是奖给你的，因为你按时来到这里，而我却迟到了。”王友惊疑地接过糖果。

随后，陶行知又掏出一块糖果放到他手里，说：“这第二块糖果也是奖给你的，因为当我不让你再打人时，你立即就住手了，这说明你很尊重我，我应该奖你。”王友更惊疑了，他眼睛睁得大大的。

陶行知又掏出第三块糖果塞到王友手里，说：“我调查过了，你用泥块砸那些男生，是因为他们不守游戏规则，欺负女生；你砸他们，说明你很正直善良，且有批评不良行为的勇气，应该奖励你啊！”王友感动极了，他流着眼泪后悔地喊道：“陶……陶校长你打我两下吧！我砸的不是坏人，而是自己的同学啊……”

陶行知满意地笑了，他随即掏出第四块糖果递给王友，说：“为你正确地认识错误，我再奖给你一块糖果，只可惜我只有这一块糖果了。我的糖果没有了，我看我们的谈话也该结束了吧！”说完，就走出了校长室。

——节选自《教师博览·百期精华》中《陶行知的“四块糖果”》

语音提示

（1）当即 dāngjí　　（2）喝止 hèzhǐ

（3）挨训 áixùn

作品 40 号

朗读提示 本文用清新而又富有哲理的语言向我们娓娓道来幸福的含义。朗读时语调自然，语速稍缓，语气中带有几分感慨和醒悟。

提醒幸福

享受幸福是需要学习的，当它即将来临的时刻需要提醒。人可以自然而然地学会感官的享乐，却无法天生地掌握幸福的韵律。灵魂的快意同器官的舒适像一对孪生（1）兄弟，时而相傍相依，时而南辕北辙（2）。

幸福是一种心灵的震颤。它像会倾听（3）音乐的耳朵一样，需要不断地训练。

简而言之，幸福就是没有痛苦的时刻。它出现的频率并不像我们想象的那样少。人们常常只是在幸福的金马车已经驶过去很远时，才捡起地上的金鬃毛（4）说，原来我见过它。

人们喜爱回味幸福的标本，却忽略它披着露水（5）散发清香的时刻。那时候我们往往步履匆匆，瞻前顾后不知在忙着什么。

世上有预报台风的，有预报蝗灾的，有预报瘟疫的，有预报地震的。没有人预报幸福。

其实幸福和世界万物一样，有它的征兆。

幸福常常是朦胧的，很有节制地向我们喷洒甘霖（6）。你不要总希望轰轰烈烈的幸福，它多半只是悄悄地扑面而来。你也不要企图把水龙头拧得更大，那样它会很快地流失。你需要静静地以平和之心，体验它的真谛（7）。

幸福绝大多数是朴素的。它不会像信号弹似的，在很高的天际闪烁红色的光芒。它披着本色的外衣，亲切温暖地包裹起我们。

幸福不喜欢喧嚣（8）浮华，它常常在暗淡中降临。贫困中相濡以沫（9）的一块糕饼，患难中心心相印的一个眼神，父亲一次粗糙的抚摸，女友一张温馨的字条……这都是千金难买的幸福啊。像一粒粒缀在旧绸子上的红宝石，在凄凉中愈发熠熠（10）夺目。

——选自毕淑敏《提醒幸福》

语音提示

（1）孪生 luánshēng
（2）南辕北辙 nányuánběizhé
（3）倾听 qīngtīng
（4）鬃毛 zōngmáo
（5）露水 lù · shui
（6）甘霖 gānlín
（7）真谛 zhēndì
（8）喧嚣 xuānxiāo
（9）相濡以沫 xiāngrúyǐmò
（10）熠熠 yìyì

作品 41 号

朗读提示 朗读本文时要把小贝利的执着劲和为了报答教练而挖坑的感人至深的情感读出来。

天才的造就

在里约热内卢的一个贫民窟里，有一个男孩子（1），他非常喜欢足球，可是又买不起，于是就踢塑料盒，踢汽水瓶，踢从垃圾箱里拣来的椰子壳儿（2）。他在胡同里踢，在能找到的任何一片空地（3）上踢。

有一天，当他在一处干涸（4）的水塘里猛踢一个猪膀胱（5）时，被一位足球教练看见了。他发现这个男孩儿踢得很像是那么回事，就主动提出要送给他一个足球。小男孩儿得到足球后踢得更卖劲了。不久，他就能准确地把球踢进远处随意摆放的一个水桶里。

圣诞节到了，孩子的妈妈说：“我们没有钱买圣诞礼物送给我们的恩人，就让我们为他祈祷（6）吧。”

小男孩儿跟随妈妈祈祷完毕，向妈妈要了一把铲子便跑了出去。他来到一座别墅前的花园里，开始挖坑。

就在他快要挖好坑的时候，从别墅里走出一个人来，问小孩儿在干什么，孩子抬起满是汗珠的脸蛋儿，说：“教练，圣诞节到了，我没有礼物送给您，我愿给您的圣诞树挖一个树坑。”

教练把小男孩儿从树坑里拉上来，说，我今天得到了世界上最好的礼物。明天你就到我的训练场去吧。

三年后，这位十七岁的男孩儿在第六届足球锦标赛上独进 21 球，为巴西第一次捧回了金杯。一个原来不为世人所知的名字——贝利，随之传遍世界。

——节选自刘燕敏《天才的造就》

语音提示

（1）男孩子nánhái・zi
（2）椰子壳儿yē・zikér
（3）空地kòngdì
（4）干涸gānhé
（5）膀胱pángguāng
（6）祈祷qídǎo

作品42号

朗读提示 本文赞扬了伟大的母爱，朗读时语气是凝重的、沉缓的，语调略带悲伤，并充满了对母爱的由衷赞美之情。

我的母亲独一无二

记得我十三岁时，和母亲住在法国东南部的耐斯城。母亲没有丈夫（1），也没有亲戚（2），够清苦的，但她经常能拿出令人吃惊的东西摆在我面前。她从来不吃肉，一再说自己是素食者。然而有一天，我发现母亲正仔细（3）地用一小块碎面包擦那给我煎牛排用的油锅。我明白了她称自己为（4）素食者的真正原因。

我十六岁时，母亲成了耐斯市美蒙旅馆的女经理。这时，她更忙碌了。一天，她瘫在椅子上，脸色苍白，嘴唇发灰。马上找来医生，做出诊断：她摄取（5）了过多的胰岛素。直到这时我才知道母亲多年一直对我隐瞒（6）的疾痛（7）——糖尿病。

她的头歪向枕头一边，痛苦地用手抓挠（8）胸口。床架上方，则挂着一枚我1932年赢得耐斯市少年乒乓球冠军的银质奖章。

啊，是对我的美好前途的憧憬（9）支撑着她活下去，为了给她那荒唐的梦至少加一点真实的色彩，我只能继续努力，与时间竞争，直至1938年我被征入空军。巴黎很快失陷，我辗转（10）调到英国皇家空军。刚到英国就接到了母亲的来信。这些信是由在瑞士的一个朋友秘密地转到伦敦，送到我手中的。

现在我要回家了，胸前佩戴着醒目的绿黑两色的解放十字绶（11）带，上面挂着五六枚我终生难忘的勋章，肩上还佩戴着军官肩章。到达旅馆时，没有一个人跟我打招呼（12）。原来，我母亲在三年半以前就已经离开人间了。

在她死前的几天中，她写了近二百五十封信，把这些信交给她在瑞士的朋友，请这个朋友定时寄给我。就这样，在母亲死后的三年半的时间里，我一直从她身上吸取着力量和勇气——这使我能够继续战斗到胜利那一天。

——节选自［法］罗曼・加里《我的母亲独一无二》

语音提示

（1）丈夫zhàng・fu
（2）亲戚qīn・qi
（3）仔细zǐxì
（4）为wéi
（5）摄取shèqǔ
（6）隐瞒yǐnmán
（7）疾痛jítòng
（8）抓挠zhuā・nao
（9）憧憬chōngjǐng
（10）辗转zhǎnzhuǎn
（11）绶shòu
（12）招呼zhāo・hu

作品 43 号

朗读提示 本文是以第一人称的口吻写的，表现了玛丽·居里对生活、事业坚韧不拔的信心，朗读时语调要自信、坚定。

我的信念

生活对于任何人都非易事，我们必须有坚韧不拔的精神。最要紧的，还是我们自己要有信心。我们必须相信，我们对每一件事情都具有天赋的才能，并且，无论付出任何代价，都要把这件事完成。当事情结束的时候，你要能问心无愧地说："我已经尽我所能了。"

有一年的春天，我因病被迫在家里休息数周。我注视着我的女儿们所养的蚕正在结茧（1），这使我很感兴趣。望着这些蚕执着地、勤奋地工作，我感到我和它们非常相似（2）。像它们一样，我总是耐心地把自己的努力集中在一个目标上。我之所以如此，或许是因为有某种力量在鞭策着我——正如蚕被鞭策着去结茧一般。

近五十年来，我致力于科学研究，而研究，就是对真理的探讨。我有许多美好快乐的记忆。少女时期我在巴黎大学，孤独地过着求学的岁月；在后来献身科学的整个时期，我丈夫和我专心致志，像在梦幻中一般，坐在简陋的书房里艰辛地研究，后来我们就在那里发现了镭。

我永远追求安静的工作和简单的家庭生活。为了实现这个理想，我竭力保持宁静的环境，以免受人事的干扰和盛名的拖累（3）。

我深信，在科学方面我们有对事业而不是对财富的兴趣。我的唯一奢望是在一个自由国家中，以一个自由学者的身份从事研究工作。

我一直沉醉于世界的优美之中，我所热爱的科学也不断增加它崭新（4）的远景。我认定科学本身就具有伟大的美。

——节选自［波兰］玛丽·居里《我的信念》，剑捷译

语音提示

（1）结茧 jiéjiǎn　　（2）相似 xiāngsì

（3）拖累 tuōlěi　　（4）崭新 zhǎnxīn

作品 44 号

朗读提示 本文阐述了"我"喜欢当老师的理由，语言质朴清新。在朗读时宜娓娓道来，感情起伏不宜过于强烈。同时，语调自然之中要饱含对教师职业的热爱之情。

我为什么当教师

我为什么非要教书不可？是因为我喜欢当教师的时间安排表和生活节奏。七、八、九三个月给我提供了进行回顾、研究、写作的良机，并将三者有机融合，而善于回顾、研究和总结正是优秀教师素质中不可缺少的成分。

干这行给了我多种多样的"甘泉"去品尝，找优秀的书籍去研读，到"象牙塔"和实际世界里去发现。教学工作给我提供了继续学习的时间保证，以及多种途径、机遇和挑战。

然而，我爱这一行的真正原因，是爱我的学生。学生们在我的眼前成长、变化。当教师意味着亲历"创造"过程的发生——恰似亲手赋予（1）一团泥土以生命，没有什么比目睹它开始

呼吸更激动人心的了。

权利我也有了：我有权利去启发诱导，去激发智慧的火花，去问费心思考的问题，去赞扬回答的尝试，去推荐书籍，去指点迷津。还有什么别的权利能与之相比呢？

而且，教书还给我金钱和权利之外的东西，那就是爱心。不仅有对学生的爱，对书籍的爱，对知识的爱，还有教师才能感受到的对“特别”学生的爱。这些学生，有如冥顽不灵（2）的泥块，由于接受了老师的炽爱（3）才勃发了生机。

所以，我爱教书，还因为，在那些勃发生机的“特别”学生身上，我有时发现自己和他们呼吸相通，忧乐与共。

——节选自［美］彼得·基·贝得勒《我为什么当教师》

语音提示

（1）赋予 fùyǔ　　（2）冥顽不灵 míngwánbùlíng

（3）炽爱 chìài

作品 45 号

朗读提示 本文以说明文的形式介绍了西部的文化和西部的开发。朗读时要客观、沉稳，感情抑扬不明显。

西部文化和西部开发

中国西部我们通常是指黄河与秦岭相连一线以西，包括西北和西南的 12 个省、市、自治区。这块广袤（1）的土地面积为 546 万平方公里，占国土总面积的 57%；人口 2.8 亿，占全国总人口的 23%。

西部是华夏文明的源头。华夏祖先的脚步是顺着水边走的：长江上游出土过元谋人牙齿化石，距今约 170 万年；黄河中游出土过蓝田人头盖骨，距今约 70 万年。这两处古人类都比距今约 50 万年的北京猿人资格更老。

西部地区是华夏文明的重要发源地，秦皇汉武以后，东西方文化在这里交汇融合，从而有了丝绸之路的驼铃声声，佛院深寺（2）的暮鼓晨钟。敦煌莫高窟是世界文化史上的一个奇迹，它在继承汉晋艺术传统的基础上，形成了自己兼收并蓄的恢宏（3）气度，展现出精美绝伦的艺术形式和博大精深的文化内涵。秦始皇兵马俑、西夏王陵、楼兰古国、布达拉宫、三星堆、大足石刻等历史文化遗产，同样为世界所瞩目（4），成为中华文化重要的象征。

西部地区又是少数民族及其文化的集萃地（5），几乎包括了我国所有的少数民族。在一些偏远的少数民族地区，仍保留了一些久远时代的艺术品种，成为珍贵的“活化石”，如纳西古乐、戏曲、剪纸、刺绣、岩画等民间艺术和宗教艺术。特色鲜明、丰富多彩，犹如一个巨大的民族民间文化艺术宝库。

我们要充分重视和利用这些得天独厚的资源优势，建立良好的民族民间文化生态环境，为西部大开发作出贡献。

——节选自《中考语文课外阅读试题精选》中《西部文化和西部开发》

语音提示

（1）广袤 guǎngmào　　（2）佛院深寺 fóyuànshēnsì

(3) 恢宏 huīhóng　　　　(4) 瞩目 zhǔmù

(5) 集萃地 jícuìdì

作品 46 号

朗读提示 本文写的是人生感悟，富有哲理和诗意。朗读时语调沉稳，要有感情的起伏，把作者的感悟通过自己的声音渲染出来。

喜悦

高兴，这是一种具体的被看得到摸得着的事物所唤起的情绪。它是心理的，更是生理的。它容易来也容易去，谁也不应该对它视而不见失之交臂，谁也不应该总是做那些使自己不高兴也使旁人不高兴的事。让我们说一件最容易做也最令人高兴的事吧，尊重你自己，也尊重别人，这是每一个人的权利，我还要说这是每一个人的义务。

快乐（1），它是一种富有概括性的生存状态、工作状态。它几乎是先验的，它来自生命本身的活力，来自宇宙、地球和人间的吸引，它是世界的丰富、绚丽、阔大、悠久的体现。快乐还是一种力量，是埋在地下的根脉。消灭一个人的快乐比挖掘（2）掉一棵大树的根要难得多。

欢欣，这是一种青春的、诗意的情感。它来自面向着未来伸开双臂奔跑的冲力，它来自一种轻松而又神秘、朦胧而又隐秘（3）的激动，它是激情即将到来的预兆，它又是大雨过后的比下雨还要美妙得多也久远得多的回味。

喜悦，它是一种带有形而上色彩的修养和境界。与其（4）说它是一种情绪，不如说它是一种智慧、一种超拔、一种悲天悯人（5）的宽容和理解，一种饱经沧桑的充实和自信，一种光明的理性，一种坚定的成熟，一种战胜了烦恼和庸俗的清明澄澈（6）。它是一潭（7）清水，它是一抹（8）朝霞，它是无边的平原，它是沉默的地平线。多一点儿、再多一点儿喜悦吧，它是翅膀，也是归巢。它是一杯美酒，也是一朵永远开不败的莲花。

——节选自王蒙《喜悦》

语音提示

(1) 快乐 kuàilè　　　　(2) 挖掘 wājué

(3) 隐秘 yǐnmì　　　　(4) 与其 yǔqí

(5) 悯人 mǐnrén　　　　(6) 澄澈 chéngchè

(7) 潭 tán　　　　(8) 抹 mǒ

作品 47 号

朗读提示 本文描写了香港最贵的一棵树，文章一开头就给了读者一个悬念，朗读时，语调要有起伏，语势可稍加夸张，然后一步步地揭示答案让读者明白其中的缘由，朗读这一部分，语调要平稳而不失惊奇。

香港：最贵的一棵树

在湾仔，香港最热闹（1）的地方，有一棵榕树，它是最贵的一棵树，不光在香港，在全

世界，都是最贵的。

树，活的树，又不卖何言其贵？只因它老，它粗，是香港百年沧桑的活见证。香港人不忍看着它被砍伐，或者（2）被移走，便跟要占用这片山坡的建筑者谈条件：可以在这儿建大楼盖商厦（3），但一不准砍树，二不准挪树，必须把它原地精心养起来，成为香港闹市中的一景。太古大厦的建设者最后签了合同，占用这个大山坡建豪华商厦的先决条件是同意保护这棵老树。

树长在半山坡上，计划将树下面的成千上万吨山石全部掏空取走，腾出地方来盖楼，把树架在大楼上面，仿佛它原本是长在楼顶上似的（4）。建设者就地造了一个直径十八米、深十米的大花盆，先固定好这棵老树，再在大花盆底下盖楼。光这一项就花了两千三百八十九万港币，堪称（5）是最昂贵的保护措施了。

太古大厦落成之后，人们可以乘滚动扶梯一次到位，来到太古大厦的顶层，出后门，那儿是一片自然景色。一棵大树出现在人们面前，树干有一米半粗，树冠（6）直径足有二十多米，独木成林，非常壮观，形成一座以它为中心的小公园，取名叫“榕圃”（7）。树前面插着铜牌，说明缘由。此情此景，如不看铜牌的说明，绝对想不到巨树根底下还有一座宏伟的现代大楼。

——节选自舒乙《香港：最贵的一棵树》

语音提示

（1）热闹 rè · nao　　（2）或者 huòzhě
（3）商厦 shāngshà　　（4）似的 shì · de
（5）堪称 kānchēng　　（6）树冠 shùguān
（7）榕圃 róngpǔ

作品 48 号

朗读提示 本文描写了作者两次观赏大榕树的情景，朗读前一部分时要用欣喜的语调、舒缓的节奏，朗读中间过渡部分时语调要略含失望、遗憾，朗读后一部分时语调要畅快欣喜。

鸟的天堂

我们的船渐渐地逼近榕树了。我有机会看清它的真面目：是一棵大树，有数不清的丫枝（1），枝上又生根，有许多根一直垂到地上，伸进泥土里。一部分树枝垂到水面，从远处看，就像一棵大树斜躺在水面上一样。

现在正是枝繁叶茂的时节。这棵榕树好像在把它的全部生命力展示给我们看。那么多的绿叶，一簇（2）堆在另一簇的上面，不留一点儿缝隙（3）。翠绿的颜色明亮地在我们的眼前闪耀，似乎每一片树叶上都有一个新的生命在颤动，这美丽的南国的树！

船在树下泊（4）了片刻，岸上很湿，我们没有上去。朋友（5）说这里是“鸟的天堂”，有许多鸟在这棵树上做窝，农民不许人去捉它们。我仿佛听见几只鸟扑翅的声音，但是等到我的眼睛（6）注意地看那里时，我却看不见一只鸟的影子，只有无数的树根立在地上，像许多根木桩。地是湿的，大概涨潮时河水常常冲上岸去。“鸟的天堂”里没有一只鸟，我这样想到。船开了，一个朋友拨着船，缓缓地流到河中间去。

第二天，我们划着船到一个朋友的家乡去，就是那个有山有塔的地方（7）。从学校出发，我们又经过那“鸟的天堂”。

这一次是在早晨，阳光照在水面上，也照在树梢（8）上。一切都显得非常光明。我们的船也在树下泊了片刻。

起初四周围非常清静。后来忽然起了一声鸟叫。我们把手一拍，便看见一只大鸟飞了起来，接着又看见第二只，第三只。我们继续拍掌，很快地这个树林就变得很热闹（9）了。到处都是鸟声，到处都是鸟影。大的，小的，花的，黑的，有的站在枝上叫，有的飞起来，有的在扑翅膀。

——节选自巴金《鸟的天堂》

语音提示

（1）丫枝 yāzhī

（2）簇 cù

（3）缝隙 fèngxì

（4）泊 bó

（5）朋友 péng · you

（6）眼睛 yǎn · jing

（7）地方 dì · fang

（8）树梢 shùshāo

（9）热闹 rè · nao

作品 49 号

朗读提示 本文饱含激情地描写了小草种子的力量，开头便留有悬念，朗读时语气要自然轻松而不失好奇，接着文中又具体描写了小草种子力量之大，朗读时要洋溢着新奇和对种子顽强不息力量的赞美之情。

野草

有这样一个故事。

有人问：世界上什么东西的气力最大？回答纷纭得很，有的说“象”，有的说“狮”，有人开玩笑似的说：是“金刚”。金刚有多少气力，当然大家全不知道。

结果，这一切答案完全不对，世界上气力最大的，是植物的种子。一粒种子所可以显现出来的力，简直是超越一切。

人的头盖骨，结合得非常致密与坚固，生理学家和解剖（1）学者用尽了一切的方法，要把它完整地分出来，都没有这种力气。后来忽然有人发明了一个方法，就是把一些植物的种子放在要剖析的头盖骨里，给它以温度与湿度，使它发芽。一发芽，这些种子便以可怕的力量，将一切机械力所不能分开的骨骼，完整地分开了。植物种子的力量之大，如此如此。

这，也许特殊了一点儿，常人不容易理解。那么，你看见过笋（2）的成长吗？你看见过被压在瓦砾（3）和石块下面的一棵小草的生长吗？它为着向往阳光，为着达成它的生之意志，不管上面的石块如何重，石与石之间如何狭，它必定要曲曲折折地，但是顽强不屈地透到地面上来。它的根往土壤钻（4），它的芽往地面挺，这是一种不可抗拒的力，阻止它的石块，结果也被它掀翻，一粒种子的力量之大，如此如此。

没有一个人将小草叫作“大力士”，但是它的力量之大，的确是世界无比。这种力是一般人看不见的生命力。只要生命存在，这种力就要显现。上面的石块，丝毫不足以阻挡。因为（5）它是一种“长期抗战”的力；有弹性，能屈能伸的力；有韧性，不达目的不止的力。

——节选自夏衍《野草》

（1）解剖 jiěpōu　　　　（2）笋 sǔn

（3）瓦砾 wǎlì　　　　（4）钻 zuān

（5）因为 yīn · wèi

作品 50 号

朗读提示 本文中随着作者情绪的起伏，把空灵的时间形象化，又加之一系列抒情的疑问句，流露出内心自我斗争、自我剖白的痛苦，可看出他徘徊中的执着追求。朗读时声调要抑扬顿挫，感情要饱满、真挚。

一分钟

著名教育家班杰明曾经接到一个青年人的求救电话，并与那个向往成功、渴望指点的青年人约好了见面的时间和地点。

待那个青年如约而至时，班杰明的房门敞开着，眼前的景象却令青年人颇感意外——班杰明的房间里乱七八糟、狼藉（1）一片。

没等青年人开口，班杰明就招呼道：“你看我这房间，太不整洁了，请你在门外等候一分钟，我收拾一下，你再进来吧。”一边说着，班杰明就轻轻地关上了房门。

不到一分钟的时间，班杰明就又打开了房门并热情地把青年人让进客厅。这时，青年人的眼前展现出另一番景象——房间内的一切已变得井然有序，而且有两杯刚刚倒好的红酒，在淡淡的香水气息里还漾着微波。

可是，没等青年人把满腹的有关人生和事业的疑难问题向班杰明讲出来，班杰明就非常客气地说道：“干杯。你可以走了。”

青年人手持酒杯一下子愣住了，既尴尬（2）又非常遗憾地说：“可是，我……我还没向您请教呢……”

“这些……难道还不够吗？”班杰明一边微笑着，一边扫视（3）着自己的房间，轻言细语地说，“你进来又有一分钟了。”

“一分钟……一分钟……”青年人若有所思地说，“我懂了，您让我明白了一分钟的时间可以做许多事情，可以改变许多事情的深刻道理。”

班杰明舒心地笑了。青年人把杯里的红酒一饮而尽，向班杰明连连道谢后，开心地走了。

其实，只要把握好生命的每一分钟，也就把握了理想的人生。

——节选自纪广洋《一分钟》

语音提示

（1）狼藉 lángjí　　　　（2）尴尬 gāngà

（3）扫视 sǎoshì

作品 51 号

朗读提示 本文讲述了一个感人而又美丽的故事，朗读时声音要柔和甜润，把整篇文章浓浓的爱意表现出来。最后一句为画龙点睛之笔，读时要语气舒缓，语调稳健，耐人寻味，感人至深。

一个美丽的故事

有个塌鼻子的小男孩儿，因为两岁时得过脑炎，智力受损（1），学习起来很吃力。打个比方（2），别人写作文能写二三百字，他却只能写三五行。但即便这样的作文，他同样能写得很动人。

那是一次作文课，题目是《愿望》。他极其认真地想了半天，然后极认真地写，那作文极短。只有三句话：我有两个愿望，第一个是，妈妈天天笑眯眯（3）地看着我说："你真聪明。"第二个是，老师天天笑眯眯地看着我说："你一点儿也不笨。"

于是，就是这篇作文深深地打动了他的老师，那位妈妈式的老师不仅给了他最高分，在班上带感情地朗读了这篇作文，还一笔一画地批道：你很聪明，你的作文写得非常感人。请放心，妈妈肯定会格外喜欢你的，老师肯定会格外喜欢你的，大家肯定会格外喜欢你的。

捧着作文本，他笑了，蹦蹦跳跳地回家了，像只喜鹊。但他并没有把作文本拿给妈妈看，他是在等待，等待着一个美好的时刻。

那个时刻终于到了，是妈妈的生日——一个阳光灿烂的星期天：那天，他起得特别早，把作文本装在一个亲手做的美丽的大信封里，等着妈妈醒来。妈妈刚刚睁眼醒来，他就笑眯眯地走到妈妈跟前说："妈妈，今天是您的生日，我要送给您一件礼物。"

果然，看着这篇作文，妈妈甜甜地涌出了两行热泪，一把搂住小男孩儿，搂得很紧很紧。

是的，智力可以受损，但爱永远不会。

——节选自张玉庭《一个美丽的故事》

语音提示

（1）受损 shòusǔn　　（2）比方 bǐ · fang

（3）笑眯眯 xiàomīmī

作品 52 号

朗读提示 这是一篇充满浓浓怀念之情的回忆录，语言清新自然，朗读时语气要舒缓，声音要柔婉。

永远的记忆

小学的时候（1），有一次我们去海边远足，妈妈（2）没有做便饭，给了我十块钱买午餐。好像走了很久，很久，终于到海边了，大家坐下来便吃饭，荒凉的海边没有商店，我一个人跑到防风林外面去，级任老师要大家把吃剩的饭菜分给我一点儿。有两三个男生留下一点儿给我，还有一个女生，她的米饭拌了酱油，很香。我吃完的时候，她笑眯眯地看着我，短头发（3），脸圆圆的。

她的名字叫翁（4）香玉。

每天放学的时候，她走的是经过我们家的一条小路，带着一位比她小的男孩儿，可能是弟弟。小路边是一条清澈（5）见底的小溪，两旁竹荫覆盖，我总是远远地跟在她后面。夏日的午后特别炎热，走到半路她会停下来，拿手帕（6）在溪水里浸湿，为小男孩儿擦脸。我也在后面停下来，把肮脏的手帕弄湿了擦脸，再一路远远跟着她回家。

后来我们家搬到镇上去了，过几年我也上了中学。有一天放学回家，在火车上，看见斜对面一位短头发、圆圆脸的女孩儿，一身素净的白衣黑裙。我想她一定不认识我了。火车很快到

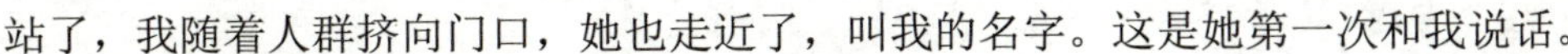

站了，我随着人群挤向门口，她也走近了，叫我的名字。这是她第一次和我说话。

她笑眯眯的，和我一起走过月台。以后就没有再见过她了。

这篇文章收在我出版的《少年心事》这本书里。

书出版后半年，有一天我忽然收到出版社转来的一封信，信封上是陌生的字迹，但清楚地写着我的本名。

信里面说她看到了这篇文章心里非常激动，没想到在离开家乡，漂泊（7）异地这么久之后，会看见自己仍然（8）在一个人的记忆里，她自己也深深记得这其中的每一幕，只是没想到越过遥远的时空，竟然另一个人也深深记得。

——节选自苦伶《永远的记忆》

语音提示

（1）时候 shí · hou　　（2）妈妈 mā · ma

（3）头发 tóu · fa　　（4）翁 wēng

（5）清澈 qīngchè　　（6）手帕 shǒupà

（7）漂泊 piāobó　　（8）仍然 réngrán

作品 53 号

朗读提示 本文通过一件小事，让我们感受到语言的魅力。朗读时可以分成两部分：一是叙事部分，用沉着稳健的语调把故事娓娓动听地讲述出来；二是最后一个自然段的抒情部分，要用感叹的语调读出来。

语言的魅力

在繁华的巴黎大街的路旁，站着一个衣衫褴褛（1）、头发斑白、双目失明的老人。他不像其他乞丐那样伸手向过路行人乞讨，而是在身旁立一块木牌，上面写着："我什么也看不见！"街上过往的行人很多，看了木牌上的字都无动于衷，有的还淡淡一笑，便姗姗（2）而去了。

这天中午，法国著名诗人让 · 彼浩勒也经过这里。他看看木牌上的字，问盲老人："老人家，今天上午有人给你钱吗？"

盲老人叹息着回答："我，我什么也没有得到。"说着，脸上的神情非常悲伤。

让 · 彼浩勒听了，拿起笔悄悄地在那行字的前面添上了"春天到了，可是"几个字，就匆匆地离开了。

晚上，让 · 彼浩勒又经过这里，问那个盲老人下午的情况。盲老人笑着回答说："先生，不知为什么，下午给我钱的人多极了！"让 · 彼浩勒听了，摸着胡子满意地笑了。

"春天到了，可是我什么也看不见！"这富有诗意的语言产生这么大的作用，就在于它有非常浓厚的感情色彩。是的，春天是美好的，那蓝天白云，那绿树红花，那莺歌燕舞，那流水人家，怎么不叫人陶醉呢？但这良辰美景，对于一个双目失明的人来说，只是一片漆黑。当人们想到这个盲老人，一生中竟连万紫千红的春天都不曾看到，怎能不对他产生同情之心呢？

——节选自小学《语文》第六册中《语言的魅力》

语音提示

（1）褴褛 lánlǚ　　（2）姗姗 shānshān

作品 54 号

朗读提示 本文是一篇关于养生之道的小杂文，朗读时可以使用平稳、深沉的语调，不紧不慢地娓娓道出养生四味长寿药的内涵和实质。

赠你四味长寿药

有一次，苏东坡的朋友张鹗（1）拿着一张宣纸来求他写一幅（2）字，而且希望他写一点儿关于养生方面的内容。苏东坡思索了一会儿，点点头说："我得到了一个养生长寿古方，药只有四味，今天就赠给你吧。"于是，东坡的狼毫在纸上挥洒起来，上面写着："一曰无事以当（3）贵，二曰早寝（4）以当富，三曰安步以当车，四曰晚食以当肉。"

这哪里有药？张鹗一脸茫然地问。苏东坡笑着解释说，养生长寿的要诀，全在这四句里面。

所谓"无事以当贵"，是指人不要把功名利禄、荣辱过失考虑得太多，如能在情志上潇洒大度，随遇而安，无事以求，这比富贵更能使人终其天年。

"早寝以当富"，指吃好穿好、财货充足，并非就能使你长寿。对老年人来说，养成良好的起居习惯，尤其是早睡早起，比获得任何财富更加宝贵。

"安步以当车"，指人不要过于讲求安逸、肢体不劳，而应多以步行来替代骑马乘车，多运动才可以强健体魄，通畅气血。

"晚食以当肉"，意思是人应该用已饥方食、未饱先止代替对美味佳肴的贪吃无厌。他进一步解释，饿了以后才进食，虽然是粗茶淡饭，但其香甜可口会胜过山珍；如果饱了还要勉强吃，即使美味佳肴摆在眼前也难以下咽。

苏东坡的四味"长寿药"，实际上是强调了情志、睡眠、运动、饮食四个方面对养生长寿的重要性，这种养生观点即使在今天仍然值得借鉴。

——节选自蒲昭和《赠你四味长寿药》

语音提示

（1）鹗 è　　（2）幅 fú

（3）当 dàng　　（4）早寝 zǎoqǐn

作品 55 号

朗读提示 朗读时语气要坚实、从容、诚恳，语调要平稳。

站在历史的枝头微笑

人活着，最要紧的是寻觅到那片代表着生命绿色和人类希望的丛林，然后选一高高的枝头站在那里观览人生，消化痛苦，孕育歌声，愉悦世界！

这可真是一种潇洒的人生态度，这可真是一种心境爽朗的情感风貌。

站在历史的枝头微笑，可以减免许多烦恼。在那里，你可以从众生相所包含的甜酸苦辣、百味人生中寻找你自己；你境遇中的那点儿苦痛，也许相比之下，再也难以占据一席之地；你会较容易地获得从不悦中解脱灵魂的力量，使之不致变得灰色。

人站得高些，不但能有幸早些领略到希望的曙光，还能有幸发现生命的立体的诗篇。每一个人的人生，都是这诗篇中的一个词、一个句子或者一个标点。你可能没有成为一个美丽的词，一个引人注目的句子，一个惊叹号，但你依然是这生命的立体诗篇中的一个音节、一个停顿、一个必不可少的组成部分。这足以使你放弃前嫌，萌生（1）为人类孕育新的歌声的兴致，为世界带来更多的诗意。

最可怕的人生见解，是把多维的生存图景看成平面。因为那平面上刻下的大多是凝固了的历史——过去的遗迹；但活着的人们（2），活的却是充满着新生智慧的，由不断逝去的“现在”组成的未来。人生不能像某些鱼类躺着游，人生也不能像某些兽类爬着走，而应该站着向前行，这才是人类应有的生存姿态。

——节选自［美］本杰明·拉什《站在历史的枝头微笑》

语音提示

（1）萌生méngshēng　　（2）人们rén·men

作品56号

朗读提示 本文介绍了中国宝岛——台湾的概貌。在朗读时要使用稳健的语调，同时又饱含着热爱的感情。

中国的宝岛——台湾

中国的第一大岛、台湾省的主岛台湾，位于中国大陆架的东南方，地处（1）东海和南海之间，隔着台湾海峡和大陆相望。天气晴朗的时候，站在福建沿海较高的地方，就可以隐隐约约地望见岛上的高山和云朵。

台湾岛形状狭长，从东到西，最宽处只有140多公里；由南至北，最长的地方有390多公里。地形像一个纺织用的梭子（2）。

台湾岛上的山脉纵贯南北，中间的中央山脉犹如全岛的脊梁（3）。西部为海拔近4 000米的玉山山脉，是中国东部的最高峰。全岛约有三分之一的地方是平地，其余为山地。岛内有缎带般的瀑布，蓝宝石似的湖泊（4），四季常青的森林和果园，自然景色十分优美。西南部的阿里山和日月潭，台北市郊的大屯山风景区，都是闻名世界的游览胜地。

台湾岛地处热带和温带之间，四面环海，雨水充足，气温受到海洋的调剂（5），冬暖夏凉，四季如春，这给水稻和果木生长提供了优越的条件。水稻、甘蔗、樟脑是台湾的“三宝”。岛上还盛产鲜果和鱼虾。

台湾岛还是一个闻名世界的“蝴蝶王国”。岛上的蝴蝶共有四百多个品种，其中有不少是世界稀有的珍贵品种。岛上还有不少鸟语花香的蝴蝶谷，岛上居民利用蝴蝶制作的标本和艺术品，远销许多国家。

——节选自《中国的宝岛——台湾》

语音提示

（1）地处dìchǔ　　（2）梭子suō·zi

（3）脊梁jǐ·liáng　　（4）湖泊húpō

（5）调剂tiáojì

作品57号

朗读提示 本文赞美了牛的品格：永远沉沉实实的，默默地工作，平心静气。朗读时要让声音发出浓郁的生活气息，并充满了对牛的赞美、尊敬之情，但不能太夸张，要把握好分寸，做到恰到好处。

中国的牛

对于中国的牛，我有着一种特别尊敬的感情。

留给我印象最深的，要算在田垄上的一次“相遇”。

一群朋友郊游，我领头在狭窄的阡陌（1）上走，怎料迎面来了几头耕牛，狭道容不下人和牛，终有一方要让路。它们还没有走近，我们已经预计斗不过畜生，恐怕难免踩到田地泥水里，弄得鞋袜又泥又湿了。正踟蹰（2）的时候，带头的一头牛，在离我们不远的地方停下来，抬起头看看，稍迟疑一下，就自动走下田去。一队耕牛，全跟着它离开阡陌，从我们身边经过。

我们都呆了，回过头来，看着深褐色的牛队，在路的尽头消失，忽然觉得自己受了很大的恩惠。

中国的牛，永远沉默地为人做着沉重的工作。在大地上，在晨光或烈日下，它拖着沉重的犁，低头一步又一步，拖出了身后一列又一列松土，好让人们下种。等到满地金黄或农闲时候，它可能还得担当搬运负重的工作；或终日绕着（3）石磨（4），朝同一方向，走不计程的路。

在它沉默的劳动中，人便得到应得的收成。

那时候，也许，它可以松一肩重担，站在树下，吃几口嫩草。偶尔摇摇尾巴，摆摆耳朵，赶走飞附身上的苍蝇（5），已经算是它最闲适的生活了。

中国的牛，没有成群奔跑的习惯，永远沉沉实实地，默默地工作，平心静气。这就是中国的牛！

——节选自小思《中国的牛》

语音提示

（1）阡陌 qiānmò　　（2）踟蹰 chíchú

（3）绕着 rào·zhe　　（4）石磨 shímò

（5）苍蝇 cāng·ying

作品 58 号

朗读提示 这是一篇充满诗情画意的随笔散文，朗读时要用甜美的声音、起伏节奏、富有韵律而又稍有夸张的语调，表现出作者的梦想来。

住的梦

不管我的梦想能否成为事实，说出来总是好玩儿的：

春天，我将要住在杭州。二十年前，旧历的二月初，在西湖我看见了嫩柳（1）与菜花，碧浪与翠竹。由我看到的那点儿春光，已经可以断定，杭州的春天必定会教人（2）整天生活在诗与图画之中。所以，春天我的家应当是在杭州。

夏天，我想青城山应当算作最理想的地方。在那里，我虽然只住过十天，可是它的幽静已拴（3）住了我的心灵。在我所看见过的山水中，只有这里没有使我失望。到处都是绿，目之所及，那片淡而光润的绿色都在轻轻地颤动，仿佛要流入空中与心中似的。这个绿色会像音乐，涤清（4）了心中的万虑。

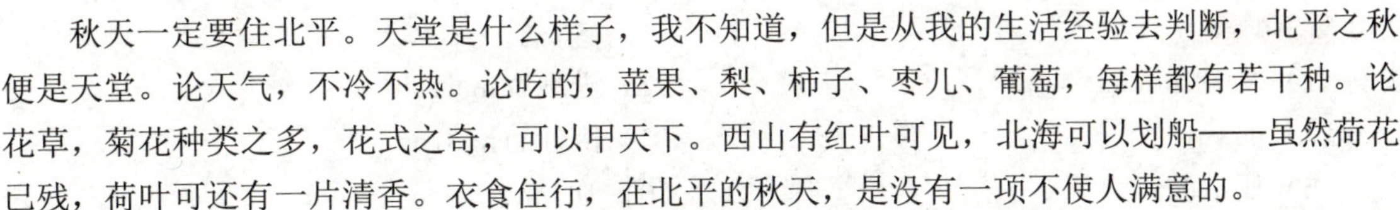

秋天一定要住北平。天堂是什么样子，我不知道，但是从我的生活经验去判断，北平之秋便是天堂。论天气，不冷不热。论吃的，苹果、梨、柿子、枣儿、葡萄，每样都有若干种。论花草，菊花种类之多，花式之奇，可以甲天下。西山有红叶可见，北海可以划船——虽然荷花已残，荷叶可还有一片清香。衣食住行，在北平的秋天，是没有一项不使人满意的。

冬天，我还没有打好主意，成都或者相当的合适，虽然并不怎样和暖，可是为了水仙，素心腊梅，各色的茶花，仿佛就受一点儿寒冷，也颇值得去了。昆明的花也多，而且天气比成都好，可是旧书铺与精美而便宜的小吃远不及成都那么多。好吧，就暂这么规定：冬天不住成都便住昆明吧。

在抗战中，我没能发国难财。我想，抗战胜利以后，我必能阔起来。那时候，假若飞机减价，一二百元就能买一架的话，我就自备一架，择黄道吉日慢慢地飞行。

——节选自老舍《住的梦》

语音提示

（1）嫩柳 nènliǔ （2）教人 jiàorén

（3）拴 shuān （4）涤清 díqīng

作品 59 号

朗读提示 这是一篇写景散文，朗读时注意区分眼前情景与回忆情景。眼前情景美丽无比，朗读时要用轻快、愉悦而又富有赞美的语调；在朗读回忆情景时语调要低沉些，略有遗憾之情。

紫藤萝瀑布

我不由得停住了脚步。

从未见过开得这样盛的藤萝，只见一片辉煌的淡紫色，像一条瀑布，从空中垂下，不见其发端（1），也不见其终极，只是深深浅浅的紫，仿佛在流动，在欢笑，在不停地生长。紫色的大条幅上，泛着点点银光，就像迸溅（2）的水花。仔细看时，才知那是每一朵紫花中的最浅淡的部分，在和阳光互相挑逗。

……

这里除了光彩，还有淡淡的芳香。香气似乎也是浅紫色的，梦幻一般轻轻地笼罩着我。忽然记起十多年前，家门外也曾有过一大株紫藤萝，它依傍一株枯槐爬得很高，但花朵从来都稀落，东一穗（3）西一串伶仃（4）地挂在树梢，好像在察言观色，试探什么。后来索性连那稀零的花串也没有了。园中别的紫藤花架也都拆掉，改种了果树。那时的说法是，花和生活腐化有什么必然关系。我曾遗憾地想：这里再看不见藤萝花了。

过了这么多年，藤萝又开花了，而且开得这样盛，这样密，紫色的瀑布遮住了粗壮的盘虬（5）卧龙般的枝干，不断地流着，流着，流向人的心底。

花和人都会遇到各种各样的不幸，但是生命的长河是无止境的。我抚摸了一下那小小的紫色的花舱（6），那里满装了生命的酒酿，它张满了帆，在这闪光的花的河流上航行。它是万花中的一朵，也正是一朵一朵花，组成了万花灿烂的流动的瀑布。

在这浅紫色的光辉和浅紫色的芳香中，我不觉加快了脚步。

——节选自宗璞《紫藤萝瀑布》

语音提示

（1）发端 fāduān　　（2）迸溅 bèngjiàn
（3）穗 suì　　（4）伶仃 língdīng
（5）虬 qiú　　（6）舱 cāng

作品 60 号

朗读提示　这是一篇保护生态环境的文章，文中既有对事件的讲述，又有对客观事实的说明。朗读时要加以区别：朗读事件讲述时语调要充满好奇，并略有起伏；而朗读客观事实说明时，要沉稳、坚实。

最糟糕的发明

在一次名人访问中，被问及上个世纪最重要的发明是什么时，有人说是电脑，有人说是汽车，等等。但新加坡的一位知名人士却说是冷气机。他解释，如果没有冷气，热带地区如东南亚国家，就不可能有很高的生产力，就不可能达到今天的生活水准。他的回答实事求是，有理有据。

看了上述报道，我突发奇想：为什么没有记者问："20 世纪最糟糕的发明是什么？"其实 2002 年 10 月中旬，英国的一家报纸就评出了"人类最糟糕的发明"。获此"殊荣"的，就是人们每天大量使用的塑料袋。

诞生于上个世纪 30 年代的塑料袋，其家族包括用塑料制成的快餐饭盒、包装纸、餐用杯盘、饮料瓶、酸奶杯、雪糕杯，等等。这些废弃物形成的垃圾，数量多、体积（1）大、重量轻、不降解（2），给治理工作带来很多技术难题和社会问题。

比如，散落在田间、路边及草丛中的塑料餐盒，一旦被牲畜吞食，就会危及健康，甚至导致死亡。填埋废弃塑料袋、塑料餐盒的土地，不能生长庄稼（3）和树木，造成土地板结，而焚烧处理这些塑料垃圾，则会释放出多种化学有毒气体，其中一种称为二噁英（4）的化合物，毒性极大。

此外，在生产塑料袋、塑料餐盒的过程中使用的氟利昂（5），对人体免疫系统和生态环境造成的破坏也极为严重。

——节选自林光如《最糟糕的发明》

语音提示

（1）体积 tǐjī　　（2）降解 jiàngjiě
（3）庄稼 zhuāng·jia　　（4）二噁英 èr'èyīng
（5）氟利昂 fúlì'áng

任务四　说话应试训练

任务导入

普通话水平测试中的说话部分，不同于日常生活中的会话，它以单向说话为主，主要考查应试人在没有文字凭借的情况下说普通话的能力和所能达到的规范程度。和朗读相比，说话可以更有效地考查应试人在自然状态下运用普通话语音、词汇、语法的能力。朗读是有文字凭借的说话，应试人并不主动参与词语和句式的选择，所以只有说话最能全面体现应试人普通话的真实水平。

任务准备

说话话题的准备

1. 命题说话的要求

（1）紧扣话题。国家普通话培训测试中心制定了 30 个普通话水平测试所用话题，命题说话测试时所用的话题从中选定。这些话题是对说话范围的规定，并不规定说话的具体内容。这些话题内容宽泛，贴近生活。命题说话测试要求内容充实，不要求结构完整，层次清楚，也不要求非常生动、精彩。

知识拓展

《普通话水平测试用话题》

《普通话水平测试用话题》提供了 30 个话题，这些话题供普通话水平测试中“命题说话”题目测试使用。这些话题仅是对话题范围的规定，并不规定话题的具体内容。

1.我的愿望（或理想） 2.我的学习生活
3.我尊敬的人 4.我喜爱的动物（或植物）
5.童年的记忆 6.我喜爱的职业
7.难忘的旅行 8.我的朋友
9.我喜爱的文学（或其他）艺术形式 10.谈谈卫生与健康
11.我的业余生活 12.我喜欢的季节（或天气）
13.学习普通话的体会 14.谈谈服饰
15.我的假日生活 16.我的成长之路
17.谈谈科技发展与社会生活 18.我知道的风俗
19.我和体育 20.我的家乡（或熟悉的地方）
21.谈谈美食 22.我喜欢的节日
23.我所在的集体（学校、机关、公司等） 24.谈谈社会公德（或职业道德）
25.谈谈个人修养 26.我喜欢的明星（或其他知名人士）
27.我喜爱的书刊 28.谈谈对环境保护的认识
29.我向往的地方 30.购物（消费）的感受

（2）无文字凭借。命题说话时完全没有文字凭借，不能照着预先准备好的文字稿件或文字提纲读或讲，也不能变相地依赖现成的文字，例如背事先准备好的稿子，大段背诵现成的诗歌、散文等文学作品或熟悉的规章、制度、条例，讲述现成的故事等。

（3）语音标准。命题说话的测试目的是考查应试人在没有文字凭借的情况下，说普通话的能力和所达到的规范程度。普通话语音标准程度是最重要的考查内容。语音标准指应试人说话

发音时声母、韵母、声调要正确；变调轻声、儿化和“啊”的音变正确恰当；语调平稳自然，能够按照普通话口语的语调说话，接近日常生活中的口语，不带有朗读和背诵的腔调。

（4）自然流畅。命题说话要求朗读语句时通顺流畅，不间断地一句一句往下说，缓而不急，不能断断续续，结结巴巴。要求语流自然通畅，前后连贯，完整传达语意，便于听众的理解。

（5）口语化。命题说话是即兴口头表达，要求使用灵活的口头语言，慎用文言词和书面色彩浓厚的词语。可以有目的地、适当地重复部分语句，要避免无意义的机械重复。避免使用过多的口头禅，如“这个”“那个”“嗯”等。避免过多使用外语词、字母词等，尽量使用规范的现代汉语词汇。多使用简单句和短句子，句式灵活多变，避免使用结构复杂、成分繁多的长句。

2. 命题说话的基本技巧

（1）语音标准话语自然。说话时发准声、韵、调，彻底纠正方音，不留方言尾巴。

①语音自然。说话就是口语表达，但口语表达并不等于口语本身。话语自然就要按照日常口语的语音、语调说话，不要带着朗诵或者背诵的腔调。需要强调的是，进行说话准备时，不要把说话材料写成书面材料，因为写出来的东西往往会进行修改，在修改中就改掉了口语表达的特点。

②语速适当，是话语自然的重要表现。正常语速大约每分钟 240 个音节。如果根据内容、情景、语气的要求偶尔几个音节稍快、稍慢也应视为正常。语速和语言流畅程度是成正比的，一般说来，语速越快语言越流畅。但语速过快容易导致发音时口腔打不开、复元音的韵母动程不够和发音不准；语速过慢容易导致语流凝滞，话语不够连贯。因此，过快和过慢的语速都应该努力避免。

（2）用词得体语法规范。在测试中，应试人要注意词汇使用的规范，必须克服方言的影响，摒弃方言词汇，还要特别注意克服方言语气。除此之外，还应该注意以下几点。

①多用口语词，少用书面语。

②避免同音词。在口语中因为没有文字材料做依托，若遇到同音现象，就容易造成误解。

（3）语句流畅。在口语表达中，语句流畅与否对表达效果影响很大。要使语句流畅，应该注意以下几点。

①多用短句单句。人们听话时语音信号是按线性次序鱼贯而入耳朵的。如果句子长了，或者结构复杂了，当句子末尾进入脑海时，句子的开头或许已经印象不深了，在听话人的脑中，句子便不完整了。所以，口语中的句子千万不要太长。

②冗余适当，避免口头禅。有些人在说话时会出现机械的无意义的重复现象。这种重复时间长了就会令人生厌，特别是夹在句子中的口头禅，更是一种毫无积极作用的冗余成分。

（4）思路清晰，符合逻辑。语句流畅与否在很大程度上取决于思路是否清晰。说得不清楚，常常因为想得不清楚。当人们从思维转换为语句时，正确的程序应该是首先确定说话的中心，其次确定关键的词语，再次选定句式，最后确定第一句话所使用的词语。

（5）谋篇得法。口头表达既然是一种语言表达，就必然有审题、选材、结构等方面的问题。在谋篇方面需注意以下几点。

①审题准备。可以把众多话题分为记叙和议论两大类。在各类中又可以分为记人、记事、记生活、记所爱的四种“记”以及论人、论事、论物的三种“论”。由于题目的类型不同，它们的要求也不相同。

②剪裁合理。在讲话时，应该选取适量的材料，所选的材料应该紧扣中心，要避免离题万里，也要防止无话可说。

③结构完整。无论是记叙或是议论，讲话都有“结构”的问题。结构与话题有关，不同的话题有不同的结构。

3. 说话举例

（1）叙述描写类。

我的学习生活

学习，一直伴随着我。

很多人简单地认为，学习是学校的事儿。学校，才是能够给你提供学习资源和空间的地方。

其实不然。在家里，在书店，在任何地方，只要你想学习，就都能找到机会。从小时候开始，我就喜欢在家看书，第一版的《少年儿童百科全书》，我看过好些遍。我对生物和地理特别地感兴趣。

每当看到那些生动的文字和精美的插图，我总能够得到极大的满足。我还很喜欢历史，厚厚的 6 大本绘图版《中国通史》，也在我有如蚕宝宝啃桑叶一样的努力下读完了。我喜欢涉猎百科知识，觉得大千世界有太多有意思的东西。我喜欢《动物世界》《探索・发现》，每次看，都能给我带来惊喜。

小学四年级的时候，我开始学习书法。初识书法的我，对枯燥的基础的笔画练习很没有耐心，一度想放弃。可是，在爸妈的鼓励和老师的悉心指导下，我开始对书法产生了兴趣，尤其是对行书，更是有一种相见恨晚的感觉。我发现，在进行书写时，我会变得很安静；当完全进入那种书写的状态时，我真的能做到两耳不闻窗外事。那是一种悠然的经历，虽然手会因为写太多字而酸痛，但是我所体会到的超脱感是绝对真实的。

转眼间到了大学。入校第一天，老师就对我们说：“在大学，你们要更注重方法的学习，要有更为宽广的思维，要善于思考问题。”于是，就有了每天晚上的卧谈。天南海北，什么事情都会被我们捧上台前，激烈讨论。每个人都有自己的看法，思想在碰撞着，也在融合着。等到睡觉时，每个人总会有收获，总会有新的理解。

我的学习生活是丰富的，因为对知识的渴求一直贯穿其中。我也是幸福的，我能更好地了解这个时代，总结以前的时代，展望以后的时代。

点评：整篇说话展示了应试人“学习，一直伴随着我”的学习生活状态。在整体介绍了自己的学习态度和兴趣之后，又列举了小学和大学两个阶段的学习生活事例。从语言表达技巧看，整篇说话口语特点明显，流畅自然，只是如果能再说说是哪些事例对自己产生求知渴望的影响，整篇说话结构会更有层次，表述上也更为形象生动。

（2）介绍说明类。

我的愿望（或理想）

每个人都有自己的愿望，有的人希望将来当工程师，有的人希望将来当科学家，而我很小的时候就有一个愿望，就是长大后考上师范学校，当一名优秀的教师。

我想当教师有几个原因。首先，外在原因是觉得教师这个职业很神圣，我觉得教师的最大价值在于把知识传授给学生，实现自己的社会价值。其次，当教师有许多业余时间，可以做自己想做的事情，比如：每年有寒假与暑假，每周有两天休息，我可以利用这些时间来学习、回顾或总结。最后，父母都希望我将来能有一份稳定的工作，不用为了生计辛苦奔波。

我想当教师的最大的原因是受父亲的影响。父亲大学毕业后，就被分配在离家乡三百里外的地方当一名中学教师。在我还没有出生的时候，父亲在一次整风运动中被错划成“右派”，被迫回到农村，一次次地上诉，都无功而返。所以我从小就暗暗地对自己说，我长大后要当教师，实现父亲未遂的心愿。

初中毕业后，为了早点出来工作，我报考了中等师范学校。我的分数是四百二十五分，超出录取线一百多分，但因为种种缘故，我没有被录取，我的愿望落空了。我心里很难过，感觉上天是那样不公平，但在父母的鼓励下，我又恢复了自信心。

之后，我上了高中，但仍然没有放弃自己的愿望。为了实现我当教师的心愿，我在学习上更加努力，在高考时我再次报考师范院校。终于，我以优异成绩考上了华南师范大学，并读了自己喜欢的汉语言文学系，这是我一生中最高兴的事。因为我多年的努力没有白费，我当教师的愿望终于可以实现了。

记得第一次走上讲台的时候，我心里很激动，因为当面对学生尊敬的目光的时候，心里有一种自豪感。做教师，要给学生一碗水，自己必须有一桶水。所以，我在教学的同时也不断自我增值，提高自己的知识水平。

我从小就希望自己能成为一名教师，一名人类灵魂的工程师！我实现了自己的愿望。

点评：这篇说话开篇点题，说明了我的愿望是“当一名优秀的教师”。接下来阐释了产生这种愿望的原因，最大的原因是受父亲的影响。继而讲述了如何努力去实现这一愿望。从语言表达技巧看，整篇说话结构严谨，表达清楚，用语规范，事例选择有亲历性，整篇说话入情入理，充满了真实情感。

（3）议论评说类。

谈谈科技发展与社会生活

科技发展对生活影响很大，这是众所周知的。古时候，科学技术的发展速度比较缓慢，漫长的时间里偶尔迸发出一点科技的火花，就会给社会生活带来巨大的改变。比如冶铁技术的成熟使得铁制农具广泛应用于农业生产，提高了社会生产力，改变了先秦时代的社会面貌。从近代开始，科技发展开始加速，社会生活的变化也因此开始提速。第一次科技革命创造了工业文明，蒸汽机、火车和轮船进入人们的生活；第二次科技革命带来了电力和内燃机，各种家用电器和汽车应运而生；第三次科技革命则带来了原子能、电子计算机、航天技术，又一次给社会生活带来了剧烈的变化。

在今天，科技进步的脚步更为迅速，人们生活方式的变化似乎一天也没有停止过。在几年前，我们不能想象离开现金的生活，那将处处碰壁，而现在在中国，数字支付的频率越来越高；以前，汽车烧汽油几乎是常识，而现在新能源汽车已经成了人们购车的重要选项，新能源公交车早就跑遍了城市的大街小巷；不久前人们还觉得电脑游戏的效果非常逼真，现在VR技术的发展已经打破了虚拟和现实的界限；人们家里的必备产品，新增了空气净化器、扫地机器人、洗碗机等，它们的普及速度明显比冰箱、彩电、洗衣机要快得多。这些现象都说明了一点：我们如今处在一个生活水平随着科技发展快速提高的时代。

但是，科技发展对社会生活的影响不全是有利的。无论是对于自然来说，还是对于人类自身来说，科技发展的同时也产生了一定的负面影响。比如被工业生产和交通运输污染的空气和水源、被农药毒害的鸟类，以及被各种互联网产品逐渐“绑架”的人类自己。这些问题也提醒我们，快速发展的科技需要与时俱进的社会规则进行引导和约束，否则快速发展的科技就成了带来灾难的“潘多拉魔盒”。

点评：科技发展对人们生活的影响是多方面的。随着科技的发展，人工智能日益普及，为人们的生活带来了诸多便利。应试人按照从古至今的逻辑顺序进行话题阐述，最后落实到社会影响，给人们发出一定的警醒。整体以评说为主，条理清楚，逻辑性强，从多角度论证，更能使人信服。

任务实施

就普通话测试的 30 个话题列举以下相应提纲。

1. 我的愿望（或理想）

①我的愿望是考取研究生（达到普通话二级甲等以上水平、拥有自己的实业公司）……

②“它”为什么是我的愿望……因为我有这样一些经历（讲述一段难忘的经历、故事）……

③所以说，我的愿望是……

思路拓展

应试人可以从个人对社会的意义，也可以从对他人对社会的意义谈你的愿望与向往。不能忘记为了这个愿望你所做过的努力。必要时，可以适当展开在你之前努力的过程中那些感动自己、感动他人的小故事。

2. 我的学习生活

①我的学习生活内容丰富，形式多样。

②读小学的时候，有哪些学习内容。记忆深刻的有哪些……

③读初中的时候，有哪些学习内容。记忆深刻的有哪些……

④读高中的时候，有哪些学习内容。记忆深刻的有哪些……

⑤现在，我在某大学读什么专业，有哪些主修课程，老师怎样，同学如何……

⑥现在，我是在职学习……

思路拓展

学习有理论知识上的进修，也有业务上、专业上的学习，应试人可以选内容最丰富的方面说。学习过程中有“得”有“失”，往往存在很多矛盾。比如，在同样的机会下，不同人的学习效果也往往不尽相同，这就涉及学习的方法与态度。应试人可以结合自己的经历叙说、总结。

3. 我尊敬的人

①我尊敬的人是我的某老师（爸爸、妈妈）。

②我尊敬他（她），因为他（她）品德高尚、学识渊博……（应试人讲故事）。

③我尊敬他（她），还因为他（她）特别关心我……（应试人讲故事）。

④所以，某老师（爸爸、妈妈……）是我所尊敬的人。

思路拓展

无论是同学、朋友、父母，还是其他英雄人物，都可以作为素材，前提是他们要具备某些特质，值得你佩服或尊敬。在叙述时，注意结合自身真实感受，可以穿插生动事例进行阐述。

4. 我喜爱的动物（或植物）

①我喜爱的动物（或植物）……

②它具有什么样的生理特性（强调惹人喜爱的方面）。

③我喜爱某种动物（或植物），还因为我曾经与它结下了一段不解之缘……（应试人讲故事）。

思路拓展

应试人可以集中说动物，也可以集中说植物。说话时，要先对你喜爱的对象进行一番介绍，介绍要形象逼真，可适当采用修辞手法，让听者能够从你的描述中抓住你所喜爱某一事物的特质，得到直观感受。

5. 童年的记忆（可以与“难忘的旅行”一起准备）

讲故事。故事里要有爸爸、妈妈、老师、同学……

要想与“难忘的旅行”一起准备，则强调这次旅行在童年就可以了。加一句：“这次童年时期的旅行，对我后来的人生经历有很大的影响。”

思路拓展

童年的记忆有正面的，也有负面的。正面的记忆给我们之后的成长带来了怎样的积极作用，负面的记忆给我们造成了什么消极影响，这些都是可以展开说明的内容。但不管怎样论述，应试人都要记得在结尾处进行总结说明，强调得到的启示或教训等。

6. 我喜爱的职业

①我喜爱的职业是教师（或编辑、警察……）。

②我为什么喜爱这个职业。

③这个职业有哪些吸引我的地方。

④一段经历（讲故事）……

思路拓展

喜爱的职业可以是目前从事的某项工作，也可以是自己向往从事的某项工作。谈喜爱的缘由，可以从兴趣、社会意义等方面入手展开。但无论从哪方面谈，都要注意联系实际和自身，这样才能使话题充实。

7. 难忘的旅行

①何时在何地的一次旅行。

②有哪些景点让我难忘……

③有哪些美食让我难忘……

④有哪些经历（旅行过程中与他人的交往）……

思路拓展

若应试人没有记忆清晰的旅行经历，可以进行思维发散，比如阅读某一本旅游实录的书也可以当作一次旅行经历。若阐述自己的一次旅游经历，可以按照准备时、刚开始、游玩经历、结束后的时间线进行说明。

8. 我的朋友

①“我的朋友”是谁，外貌、性格、为人……

②“我的朋友”在学习上帮助我：有一次……

③“我的朋友”在精神上安慰我：有一次……

④我也经常帮助“我的朋友”：有一次……

思路拓展

朋友有广义的朋友，也有狭义的朋友。可以是相熟的、打过交道的人，也可以是小狗、小猫等小动物。不论选取哪一类朋友进行说明，都要用具有启发性的语言刻画，说明朋友的特质。

此外，在阐述时，可以从多个角度展开，但都离不开对具体事物、人物的生动描述。

9. 我喜爱的文学（或其他）艺术形式

①我喜爱的文学（或其他）艺术形式是……

②它有什么样的特性让我喜爱。

③我怎样喜爱它……（讲故事）：什么时候开始喜爱它的，小学时怎么做的，中学时怎么做的，现在在大学里，又做了些什么……

思路拓展

应试人可以从你当初对这一形式的陌生到熟悉，再到爱不释手的过程谈起，在过程的叙说中突显这一形式给予你的快乐、安慰。可以从文学（或其他）艺术形式本身的价值谈起，再叙说具体学习、实践、提高的过程。可以从一本书、一部电影、一幅画或一首歌谈起，慢慢谈到你怎样走上喜爱它的道路。

10. 谈谈卫生与健康

①关系：讲卫生才能健康，不讲卫生则易生病。

②个人不讲卫生的情形：贫穷，“讲究”不了；懒惰，“不干不净，吃了没病”；“吝啬”，老年人过于节约，舍不得倒掉变质的剩饭剩菜……

③人类：环保与健康。

思路拓展

这是一个议论性的话题，重在说明卫生与健康两者之间的关系，说明良好的卫生习惯对健康带来的影响。卫生可以分为生理卫生、饮食卫生、环境卫生等。这个话题可以谈的内容有很多，应试人在作答时选取自己熟悉的、有话可说的角度进行说明即可。

11. 我的业余生活

①学习。

②游乐：旅游、下棋……

③串门，走亲戚……

思路拓展

介绍业余生活时，应试人可以以一种爱好为主，介绍其内容、特点与实践方式，然后说明它给你带来的收获；也可以说明自己不同阶段的不同业余爱好。

12. 我喜欢的季节（或天气）

第 4、第 5、第 9、第 12、第 22、第 26 号话题可以在结构上合并。

①我喜欢的季节（或天气）是什么。

②它有怎样的特性（让我喜欢……）。

③在这样的季节（或天气），曾经发生了一件令我（终生）难忘的事情……

思路拓展

在叙述时注意将季节或天气特点与个人审美观点、生活情趣结合起来。应试人可以选择其中一个季节或天气，并对其特点进行展开说明；也可以分别对不同季节或天气的特点进行说明，最终落脚在对生活的感悟上。

13. 学习普通话的体会

①学好普通话很重要。

②人际交往：如与不同方言区的老师、同学相处；到外地旅游……

③学习生活：课堂学习、课后交流……

思路拓展

应试人可以介绍学习普通话的方法与收获，也可以从学习普通话给你带来的方便之处谈谈体会。

14. 谈谈服饰

①恰到好处的服饰可以使人的精神面貌焕然一新，让别人看起来舒服。

②服饰是否合适，与经济实力没有必然联系。不穿名牌也能吸引别人的眼球。例如，我的一位同学……

③服饰合适与否的关键在于搭配。例如……

思路拓展

应试人可以从各类服饰入手谈谈知识性的内容，也可以从各种服饰的款式上谈谈个人的审美观点与情趣，还可以从平时的休闲、生活服装与职业服装的功能、款式区别上谈论。或者通过近一个时期以来服装的流行变化谈谈生活的变化、社会的变革。

15. 我的假日生活

可以考虑与“我的业余生活”整合。

思路拓展

应试人可以将节日长假作为谈论内容，也可以将双休日作为谈论内容，要说的最好是一些有意义的活动内容，比如能从假日生活中得到充实、丰富、调整。也有一些人在假日忙于公务、忙于照顾老人，这些也是一份奉献。在奉献中收获到什么才是值得总结的内容。

16. 我的成长之路

我今年××岁了。××年来，我从一个不懂事的娃娃成长为一名大学生，其间，我走过了一段不寻常的成长之路。我的老师、父母、同学都曾给我很大的关心和帮助……

讲故事：小学的时候；初中的时候；高中的时候；如今……

思路拓展

成长一般都分为几个不同的阶段，应试人可以从自己经历的几个阶段分别进行总结，也可以联系各个阶段帮助过自己的人进行说明，如小时候得到的是父母的帮助，长大得到的是老师的帮助，走向社会得到的是同事、朋友的帮助，等等。当然，有的人成长之路比较曲折，就可以说自己如何在曲折的经历中锻炼坚韧意志和毅力。

17. 谈谈科技发展与社会生活

①科技发展使社会生活发生很大变化。

②穿的：面料更多样化……

③吃的：保鲜技术的发展，使我们能吃到很多以前不容易吃到的食物，尤其是新鲜水果，如荔枝、鲜桂圆等……

④住的：楼层更高也更安全。

⑤交通：更方便。火车大提速……

⑥联络：更快捷。手机的普及，功能多样化……

思路拓展

科技发展给今天的社会发展带来的一系列有利之处，如通信的发展、电脑的普及，给人们的生活带来了前所未有的便利。但科技的进步也会带来某些负面影响，如工业科技的发达创造了巨大的价值，人们在狂热地追求价值更大化的同时，往往放弃科学精神，造成了普遍性的环境污染。使用电脑给人们的学习、工作带来诸多好处，可是由于对电脑的过分依赖，造成了很多人书写能力下降。

18. 我知道的风俗

①我知道很多风俗：情人节送花、端午节吃粽子、中秋节赏月……（或者是结婚、生小孩的风俗……）

②我对××节（或具体事情）的风俗更加熟悉：介绍这个风俗的一些内容。

③记得有一年的××节（某一次什么场合），我见到这样一些令人难忘的情景……

思路拓展

应试人可以就自己家乡的某些民间风俗做介绍，也可以就中国民间常见的某些风俗做概括的介绍。此外，还可以就某些民族风俗、世界某些地区的特异风俗做趣谈性的介绍，并就不同地区间“大同小异”或“大异小同”的地方风俗做对比说明。

19. 我和体育

①我从小就喜爱体育运动，例如……

②我特别喜爱××体育运动项目。

③小学的时候……中学的时候……现在……（讲故事）

④体育运动给了我强健的体魄，我喜爱体育运动。

思路拓展

最直接的做法就是应试人可以从自身的健康与体育锻炼的关系谈起，介绍自己的锻炼方式及这些活动方式给自己带来的快乐与收获。但有些人不喜欢参加体育活动，那么可以联系广义的体育进行话题阐述。比如对中国跳水、中国乒乓球、中国足球或者是某个运动员、教练员的关注等。

20. 我的家乡（或熟悉的地方）

①我的家乡（或熟悉的地方）是哪里……

②那里的人勤劳、善良、好客……有一次……（讲故事）

③那里有哪些名胜古迹……穿插一些神话传说、先烈事迹等）

④那里有哪些美食：名称、特色……（有一次，我和朋友们……）

思路拓展

应试人可以从家乡的地理特色角度挖掘话题，顺便介绍家乡的人文特色、风情、物产等；也可以从家乡面貌的变化谈社会进步。无论从哪个角度开题，都要用具体事例对家乡的情况做富有特点的介绍，让听者对你的家乡有一个大致的了解。

21. 谈谈美食

①“美食”有狭义和广义之分，广义的美食包括一切好吃的、让人喜爱吃的食物。

②狭义的美食有很多，我吃过（南京夫子庙、苏州观前街……）的小吃（展开讲述是可以的）。

③中国的美食已经形成了文化系列，有根据地域不同形成的八大菜系，有根据文艺作品的描述而形成的专门菜谱，例如《红楼梦》促成了“红楼菜谱”。

④美食如何制作烹调。

思路拓展

应试人在进行话题阐述时，可以选择某地一个具体的美食进行说明，也可以从宏观入手，选取中国美食中具有代表性的特色菜系进行说明。如果应试人知识面较广，可以谈谈中国药膳等美食的内涵。

22. 我喜欢的节日

①我喜欢什么样的节日。

②这个节日有很多优点：意义重大；时间长，可以旅游或休息。

③在某年的这个节日，有一件事情使我难以忘怀……

④节日资料：五一劳动节、国庆节、元旦……

思路拓展

应试人可选定心目中的一个节日做具体的介绍，突出这一节日的形式特点与文化内涵。可以对节日的历史源流做简单的介绍，这会使介绍更具知识性、趣味性。当然，也可以从不同的成长阶段入手，说说小学时、中学时、大学时、毕业后喜欢的不同的节日。

23. 我所在的集体（学校机关、公司等）

①我所在的集体（学校机关、公司）是什么。

②这是一个很好的集体：有严明的纪律、像家庭一样温暖……

③集体中的领导：……有一次……

④集体中的同事（同学）：……有一次……

思路拓展

应试人可以介绍这个集体的特点，以及集体对自身的影响，可以在介绍集体的同时，谈谈应试人在这个集体中所发挥的作用。

24. 谈谈社会公德（或职业道德）

①社会良好秩序的形成需要社会成员有良好的社会公德（对于从事某项职业的人而言，需要有良好的职业道德）。

②社会公德的内容很丰富，着重讲讲有关诚信的问题。

③讲诚信的重要性：社会经济生活可以良好发展，人与人之间的信任度提高等。

④不讲诚信的害处：经济生活受影响，人和人之间缺乏必要的相互信任……

⑤我的一次遭遇……

思路拓展

应试人可以从某些不符合社会公德的典型行为引出话题，说明加强社会公德教育的必要性与迫切性；也可以从某些商业营利部门职业道德缺失的典型例证谈起，分析这一社会弊病产生的原因、后果及社会根治的必要并提出相应的整治措施与建议。还可以从榜样的行为谈起，在正反例证的对比中阐述自己的观点，提出中肯的建议。

25. 谈谈个人修养

①当今社会，虽然多强调的是弘扬个性，但也别忽略了个人修养。

②个人修养的内容主要有：内省——“严以律己、宽以待人”；谦让——“退一步海阔天空”……

③加强个人修养有利于人际关系的良好发展。有一次……（讲故事）

思路拓展

个人修养包含很多方面，应试人可以从一个人的道德修养谈起，可以从一个人的文化修养谈起，也可以从一个人的性格与修养间的关系叙述。

26. 我喜欢的明星（或其他知名人士）

①我喜欢的明星（或其他知名人士）是谁。

②他有哪些高尚品德和精湛技艺让我喜欢……

③有一次……

思路拓展

应试人可以选择自己心目中的一位艺人（歌星、影星、笑星等），也可以介绍一位自己喜爱的知名人士（如企业家、科学家、政治家、音乐家、画家、舞蹈家、文学家、教育家、慈善事业家、杰出青年、英雄等）。在介绍知名人士时，思路可以发散些，古今中外的知名人士都可以作为谈论的对象。

27. 我喜爱的书刊

①我喜爱的书刊是什么……（如广东人民出版社出版的《笑的文学》幽默讽刺小说集）。

②这些书刊为什么让我喜爱，有哪些优点……

③特别是其中的……（讲述情节等）

思路拓展

应试人可以谈一本书的社会价值，也可以谈这本书中描写的某个人物或某一事件给自己带来的影响或感悟，还可以从某个特定的角度谈这本书的某个特点（如文字特点、创作手法等）。

28. 谈谈对环境保护的认识

①很重要：大到人类的生死存亡，小到个人的身体健康。例如……

②当前环境保护中存在哪些问题：……有一次，我看到……

③环境保护要讲究科学性，不能先污染后治理。

思路拓展

应试人可以结合自己身边的事实，列举一系列的环境污染所造成的恶果，说明环境保护的重要性。也可以介绍成功的环保经验，深刻地分析环境破坏的原因，包括人的主观意识、客观制度上存在的问题，并提出根治的措施。

29. 我向往的地方

可以和“我的家乡（或熟悉的地方）”整合起来准备。

①我向往的地方是哪里（我在外地读书或工作，现在最向往的地方就是我的家乡）。

②那里的人勤劳、善良、好客：……有一次……（讲故事）

③那里有哪些名胜古迹：……（穿插一些神话、传说、先烈事迹等）

④那里有哪些美食：名称、特色……（有一次，我和朋友们吃…… ）

思路拓展

应试人可以从人文环境和自然环境方面描写自己心中向往的地方。除了一般意义上的“地方”，也可以是事业上向往的领地，如音乐殿堂、科学殿堂、大学教育殿堂或其他有利于充分发挥潜力的领地。从这个角度拓展思路，可以扩大话题的空间。

30. 购物（消费）的感受

①感受是什么？（累、开心）

②为什么会有这样的感受？生活水平提高，商品品种繁多，琳琅满目，拿不定主意；科技含量高，很难短时间内完全弄明白；“诚信”缺失现象，使消费者在商品质量和价格的把握上大费周折……

③有一次，我到……买……

思路拓展

应试人在说明自己购物（消费）的感受时，可以采用讲故事的方式进行感性说明，也可以从说理的角度，谈谈几种代表性的消费者在消费过程中的心理特点，或者从商家的角度谈谈如何利用消费者的不同感受促成营销等。

项目四

普通话口语交际训练

任务一　文化专题口语训练

任务导入

我国的历史悠久，上下五千年的文明源远流长，是世界上古国文明唯一延续至今的国家。我国的官方语言历经多次演变，如今以普通话为主。学好普通话不仅是满足时代发展的需要，也是传承传统文化的必然要求。

任务准备

苏州之所以能拥有“天堂”的美称，很大程度上由于它拥有一批全国以至世界知名的古典园林。这些园林可分为宅地园林、市郊园林和寺庙园林三大类。苏州园林多为宅地园林。

最早的苏州园林建在东晋时期，之后历经了宋、元、明、清四代，并且在每个时期都具有不同的自然、历史、文化和艺术特色。苏州古典园林在世界造园史上有其独特的历史地位和价值，它以写意山水的高超艺术手法，浓厚的传统思想文化内涵，展示东方文明的造园艺术典范，成为中华民族的艺术瑰宝。在久远的年代，苏州园林能使建筑家、哲学家、诗人、画家、平民各自体味到不同的诗情画意和生活哲理，而对现代人来说，苏州园林就是一幅具有中国韵味的立体山水画，身临其中不仅体味到闲情逸趣，还可以在不经意间打通国人深层的意识形态和对中国文化的认同感。

任务实施

苏州园林

苏州园林据说有一百多处，我到过的不过十多处。其他地方的园林我也到过一些。倘若要我说说总的印象，我觉得苏州园林是我国各地园林的标本，各地园林或多或少都受到苏州园林的影响。因此，谁如果要鉴赏我国的园林，苏州园林就不该错过。

设计者和匠师们因地制宜，自出心裁，修建成功的园林当然各各不同。可是苏州各个园林在不同之中有个共同点，似乎设计者和匠师们一致追求的是：务必使游览者无论站在哪个点上，眼前总是一幅完美的图画。为了达到这个目的，他们讲究亭台轩榭的布局，讲究假山池沼的配合，讲究花草树木的映衬，讲究近景远景的层次。总之，一切都要为构成完美的图画而存在，决不容许有欠美伤美的败笔。他们惟愿游览者得到“如在画图中”的美感，而他们的成绩实现了他们的愿望，游览者来到园里，没有一个不心里想着口头说着“如在画图中”的。

我国的建筑，从古代的宫殿到近代的一般住房，绝大部分是对称的，左边怎么样，右边也怎么样。苏州园林可绝不讲究对称，好像故意避免似的。东边有了一个亭子或者一道回廊，西边决不会来一个同样的亭子或者一道同样的回廊。这是为什么？我想，用图画来比方，对称的建筑是图案画，不是美术画，而园林是美术画，美术画要求自然之趣，是不讲究对称的。

苏州园林里都有假山和池沼。假山的堆叠，可以说是一项艺术而不仅是技术。或者是重峦叠嶂，或者是几座小山配合着竹子花木，全在乎设计者和匠师们生平多阅历，胸中有丘壑，才

能使游览者攀登的时候忘却苏州城市，只觉得身在山间。至于池沼，大多引用活水。有些园林池沼宽敞，就把池沼作为全园的中心，其他景物配合着布置。水面假如成河道模样，往往安排桥梁。假如安排两座以上的桥梁，那就一座一个样，决不雷同。池沼或河道的边沿很少砌齐整的石岸，总是高低屈曲任其自然。还在那儿布置几块玲珑的石头，或者种些花草：这也是为了取得从各个角度看都成一幅画的效果。池沼里养着金鱼或各色鲤鱼，夏秋季节荷花或睡莲开放，游览者看"鱼戏莲叶间"，又是入画的一景。

苏州园林栽种和修剪树木也着眼在画意。高树与低树俯仰生姿。落叶树与常绿树相间，花时不同的多种花树相间，这就一年四季不感到寂寞。没有修剪得像宝塔那样的松柏，没有阅兵式似的道旁树：因为依据中国画的审美观点看，这是不足取的。有几个园里有古老的藤萝，盘曲嶙峋的枝干就是一幅好画。开花的时候满眼的珠光宝气，使游览者感到无限的繁华和欢悦，可是没法说出来。

游览苏州园林必然会注意到花墙和廊子。有墙壁隔着，有廊子界着，层次多了，景致就见得深了。可是墙壁上有砖砌的各式镂空图案，廊子大多是两边无所依傍的，实际是隔而不隔，界而未界，因而更增加了景致的深度。有几个园林还在适当的位置装上一面大镜子，层次就更多了，几乎可以说把整个园林翻了一番。

游览者必然也不会忽略另外一点，就是苏州园林在每一个角落都注意图画美。阶砌旁边栽几丛书带草。墙上蔓延着爬山虎或者蔷薇木香。如果开窗正对着白色墙壁，太单调了，给补上几竿竹子或几棵芭蕉。诸如此类，无非要游览者即使就极小范围的局部看，也能得到美的享受。

苏州园林里的门和窗，图案设计和雕镂琢磨功夫都是工艺美术的上品。大致说来，那些门和窗尽量工细而决不庸俗，即使简朴而别具匠心。四扇，八扇，十二扇，综合起来看，谁都要赞叹这是高度的图案美。摄影家挺喜欢这些门和窗，他们斟酌着光和影，摄成称心满意的照片。

苏州园林与北京的园林不同，极少使用彩绘。梁和柱子以及门窗栏杆大多漆广漆，那是不刺眼的颜色。墙壁白色。有些室内墙壁下半截铺水磨方砖，淡灰色和白色对衬。屋瓦和檐漏一律淡灰色。这些颜色与草木的绿色配合，引起人们安静闲适的感觉。花开时节，更显得各种花明艳照眼。

可以说的当然不止以上这些，这里不再多写了。

（资料来源：叶圣陶，苏州园林）

任务二　学习专题口语训练

任务导入

当今的时代是信息化时代，信息交流广泛，更新迭代快，拥有"终身学习"的能力已成为当代大学生与时俱进的必要条件。学好普通话，有利于准确传递信息，有利于更广泛地展示自己。

任务准备

冯友兰，中国现代哲学家、思想家、教育家。1915 年考入北京大学哲学系，1919 年赴美国哥伦比亚大学深造，后获哥伦比亚大学哲学博士学位，回国后先后任燕京大学、西南联大、清华大学、北京大学等名校教授。

冯老毕生事业可概括为“三史释今古，六书纪贞元”，他以《中国哲学史》《中国哲学简史》《中国哲学史新编》和“贞元六书”等著作，成为中国近代以来能够建立哲学体系的哲学家之一，其哲学作品为中国哲学史的学科建设做出了重大贡献。1990 年 11 月 26 日，冯友兰因病在京逝世，终年 95 岁。

任务实施

我的读书经验

我今年八十七岁了，从七岁上学起就读书，一直读了八十年，其间基本上没有间断，不能说对于读书没有一点经验。我所读的书，大概都是文、史、哲方面的，特别是哲。我的经验总结起来有四点：(1) 精其选，(2) 解其言，(3) 知其意，(4) 明其理。

先说第一点。古今中外，积累起来的书真是多极了，真是浩如烟海。但是，书虽多，有永久价值的还是少数。可以把书分为三类，第一类是要精读的，第二类是可以泛读的，第三类是只供翻阅的。所谓精读，是说要认真地读，扎扎实实地一个字一个字地读。所谓泛读，是说可以粗枝大叶地读，只要知道它大概说的是什么就行了。所谓翻阅，是说不要一个字一个字地读，不要一句话一句话地读，也不要一页一页地读。就像看报纸一样，随手一翻，看看大字标题，觉得有兴趣的地方就大略看看，没有兴趣的地方就随手翻过。听说在中国初有报纸的时候，有些人捧着报纸，就像念“五经”“四书”一样，一字一字地高声朗诵。照这个办法，一天的报纸，念一年也念不完。大多数的书，其实就像报纸上的新闻一样，有些可能轰动一时，但是昙花一现，不久就过去了。所以，书虽多，真正值得精读的并不多。下面所说的就指值得精读的书而言。

怎样知道哪些书是值得精读的呢？对于这个问题不必发愁。自古以来，已经有一位最公正的评选家，有许多推荐者向它推荐好书。这个评选家就是时间，这些推荐者就是群众。历来的群众，把他们认为有价值的书，推荐给时间。时间照着他们的推荐，对于那些没有永久价值的书都刷下去了，把那些有永久价值的书流传下来。从古以来流传下来的书，都是经过历来群众的推荐，经过时间的选择，流传了下来。我们看见古代流传下来的书，大部分都是有价值的，我们心里觉得奇怪，怎么古人写的东西都是有价值的。其实这没有什么奇怪，他们所作的东西，也有许多没有价值的，不过这些没有价值的东西，没有为历代群众所推荐，在时间的考验上，落了选，被刷下去了。现在我们所称为“经典著作”或“古典著作”的书都是经过时间考验，流传下来的。这一类的书都是应该精读的书。当然随着时间的推移和历史的发展，这些书之中还要有些被刷下去。不过直到现在为止，它们都是榜上有名的，我们只能看现在的榜。

我们心里先有了这个数，就可随着自己的专业选定一些须要精读的书。这就是要一本一本

地读，所以在一个时间内只能读一本书，一本书读完了才能读第二本。在读的时候，先要解其言。这就是说，首先要懂得它的文字；它的文字就是它的语言。语言有中外之分，也有古今之别。就中国的汉语笼统地说，有现代汉语，有古代汉语，古代汉语统称为古文。详细地说，古文之中又有时代的不同，有先秦的古文，有两汉的古文，有魏晋的古文，有唐宋的古文。中国汉族的古书，都是用这些不同的古文写的。这些古文，都是用一般汉字写的，但是仅只认识汉字还不行。我们看不懂古人用古文写的书，古人也不会看懂我们现在的《人民日报》。这叫语言文字关。攻不破这道关，就看不见这道关里边是什么情况，不知道关里边是些什么东西，只好在关外指手画脚，那是不行的。我所说的解其言，就是要攻破这一道语言文字关。当然要攻这道关的时候，要先作许多准备，用许多工具，如字典和词典等工具书之类。这是当然的事，这里就不多谈了。

中国有句老话说是“书不尽言，言不尽意”，意思是说，一部书上所写的总要比写那部书的人的话少，他所说的话总比他的意思少。一部书上所写的总要简单一些，不能像他所要说的话那样啰唆。这个缺点倒有办法可以克服。只要他不怕啰唆就可以了。好在笔墨纸张都很便宜。文章写得啰唆一点无非是多费一点笔墨纸张，那也不是了不起的事。可是言不尽意那种困难，就没有法子克服了。因为语言总离不了概念，概念对于具体事物来说，总不会完全合适，不过是一个大概轮廓而已。比如一个人说，他牙痛。牙是一个概念，痛是一个概念，牙痛又是一个概念。其实他不仅止于牙痛而已。那个痛，有一种特别的痛法，有一定的大小范围，有一定的深度。这都是很复杂的情况，不是仅仅牙痛两个字所能说清楚的，无论怎样啰唆他也说不出来的，言不尽意的困难就在于此。所以在读书的时候，即使书中的字都认得了，话全懂了，还未必能知道作书的人的意思。从前人说，读书要注意字里行间，又说读诗要得其“弦外音，味外味”。这都是说要在文字以外体会它的精神实质。这就是知其意。司马迁说过：“好学深思之士，心知其意。”意是离不开语言文字的，但有些是语言文字所不能完全表达出来的。如果仅只局限于语言文字，死抓住语言文字不放，那就成为死读书了。死读书的人就是书呆子。语言文字是帮助了解书的意思的拐棍。既然知道了那个意思以后，最好扔了拐棍。这就是古人所说的“得意忘言”。在人与人的关系中，过河拆桥是不道德的事。但是，在读书中，就是要过河拆桥。

上面所说的“书不尽言，言不尽意”之外，还可再加一句“意不尽理”。理是客观的道理，意是著书的人的主观的认识和判断。也就是客观的道理在他的主观上的反映。理和意既然有主观客观之分，意和理就不能完全相合。人总是人，不是全知全能。他的主观上的反映、体会和判断，和客观的道理总要有一定的差距，有或大或小的错误。所以读书仅至得其意还不行，还要明其理，才不至于为前人的意所误。如果明其理了，我就有我自己的意。我的意当然也是主观的，也可能不完全合乎客观的理。但我可以把我的意和前人的意互相比较，互相补充，互相纠正。这就可能有一个比较正确的意。这个意是我的，我就可以用它处理事务，解决问题。好像我用我自己的腿走路，只要我心里一想走。腿就自然而然地走了。读书到这个程度就算是能活学活用，把书读活了。会读书的人能把死书读活；不会读书的人能把活书读死。把死书读活，就能把书为我所用，把活书读死，就是把我为书所用。能够用书而不为书所用，读书就算读到家了。

从前有人说过：“六经注我，我注六经。”自己明白了那些客观的道理，自己有了意，把前

人的意作为参考，这就是“六经注我”。不明白那些客观的道理，甚而至于没有得古人所有的意，而只在语言文字上推敲，那就是“我注六经”。只有达到“六经注我”的程度，才能真正地“我注六经”。

（资料来源：冯友兰，我的读书经验）

项目五

普通话职场应用训练

任务一　求职口语训练

认识求职口才

任务导入

求职是大多数人要面对的一关。现在的公司在招纳新员工时都会组织面试，怎样在面试中表现得更好，获取自己希望的工作岗位，这就是本任务内容所要讲解及训练的。

任务准备

1. 求职语言的要求

面试谈话离不开语言，因为求职者必须用语言回答面试官提出的问题。答辩语言运用的好坏，直接关系到面试的成败。因此，掌握面试答辩的语言艺术有着十分重要的作用。

（1）语言客观，不宜过分推销自己。虽然求职面试的过程相当于向面试官推销自己的过程，但语言的客观性还是必须要把握的面试准则。语言的客观性是奠定良好形象的基石，否则会给对方造成画蛇添足、哗众取宠的感觉。要注意用较为客观的语言阐述，从自己与所应聘职位的适应性角度介绍，使用人单位了解你的成绩和才能，才容易使对方感受到你的风格，更容易赢得对方的青睐与信任。

（2）回答问题要坦诚直率。直率坦诚的话语是明辨是非、善于剖析的一种表达方式，它展现出的真实与可信使应聘者更具说服力。如果在求职面试时遇到与失败经历相关的问题，回答时应尽力展示你在失败中的收获。例如，一个毕业生在大学一年级时曾因考试不及格险遭退学，但在求职面试时，他这样告诉面试官：“我很快振作起来，我用的是一种叫顽强拼搏的武器，我鼓励自己要战胜困难，非顽强拼搏不可。后来，我的成绩一直很优异。”结果，他得到了自己满意的工作。既有情理又有气度的话语，才能够得到他人的欣赏与赞同。

（3）其他细节。

①良好的语言习惯不仅指不出现语法错误、表达流利、用词得当、言之有物，同样重要的还有说话方式。例如，发音清晰、语调得体、声音自然、音量适中等。说话时俚语不断，口头禅满篇，都是语言修养不高的表现。

②发音清晰。发音清晰、咬字准确，对一般人来说不是十分困难，但有些人个别音素发音不准，或地方口音比较重从而严重影响人们理解，或影响讲话整体质量的，应少用或不用含有这个音素的字或词，或进行一定的普通话训练，尤其不要采取消极的态度。例如，古希腊演说家德摩斯梯尼用口含鹅卵石练出伶俐口齿的故事，可能会使你得到一些启示。

③语调得体。无论哪一种语言对于各种句式都有语调规范。有些同样的句子，用不同的语调处理可表达不同的感情，收到不同的效果。得体的语调应该是有所起伏而不夸张，自然而不做作，富于感情变化的抑扬顿挫总比毫无起伏的语调感人。

④声音自然。用真嗓音说话，声调不高不低，不失自我，不仅让人听来真切自然，而且有利于缓解紧张情绪。

⑤音量适中。音量以保证面试官能听清为宜，适当放低声音比高嗓音要顺耳有礼，喃喃低

语是没有自信的表现，而嗓音太亮既骚扰环境，又有咄咄逼人之势。

⑥语速适宜。适宜的语速并不是指从头到尾使用一成不变的速度和节奏，而是要根据内容的重要性、难易度，语调的高低及对方注意力情况调节语速和节奏。说话的节奏适宜地减缓比急迫的如机关枪式的节奏更容易使人接受。

另外，还要警惕一个很容易破坏语言意境的现象——过分使用语气词、口头语。例如，总用“那么”“就是说”“嗯”等引起下文，或者在英语的口语表达中使用太多的“well”“and”“you know”“OK”及故作姿态的“yeah”等。这样不仅有碍人们的连贯理解，还容易引人生厌。

2. 求职语言的特点

求职面试以谈话为主，面试时间一般都不会很长，长则半小时，短则几分钟。求职者与面试官素不相识，要在短暂的时间内让面试官认识你并欣赏你，这就需要求职者运用恰当的求职语言清楚明了地表达。求职语言具有以下特点。

（1）目的性。面试中，求职者说的每一句话都是为应聘服务的。求职者的自我介绍、回答问题都是展示应聘动机、思想才华的机会，也是面试官了解应聘者实力和价值观的渠道。每位求职者在面试时，都要努力将自己良好的一面展示给面试官，达到被录用的目的。

（2）自荐性。这是求职语言区别于其他类型语言的一大特点。面对众多的竞争对手，求职者要施展自己的语言才华，努力脱颖而出，让用人单位注意到自己，从而找到合适的工作。

（3）艺术性。运用求职语言艺术随机应变，突破面试官的问话限制，把话说得既准确得体，又灵活巧妙。

（4）综合性。在面试过程中，面试官提出问题并要求你回答。这一过程实际上是对应聘者各种能力素质的全面考察，如思维能力、认识能力、组织语言能力、运用语言技巧能力，以及社会生活经验、心理素质、文字修养等。因此，应聘者平时要注重各个方面的训练，不断提高、充实、完善自己。

任务实施

求职准备

（1）准备能力。了解清楚招聘单位看重求职者什么，可从以下几点把握。

①工作能力，尤其是实践工作能力。求职者应从多方面培养自己的实践能力，并考取一些标志实践技术水平的专业等级证书。

②学习能力。目前是知识快速更新的时代，具备终身学习的能力很重要。

③应变能力。面对不断变化的情况，需要心理素质好，应变能力强，富有创造力。

④合作能力。与领导、同事和睦相处，具有合作精神是面试中考察的重点。

⑤热情诚恳。既要有工作热情，也要实事求是。

（2）准备单位。要对招聘单位有深入的了解，如单位的性质、背景、发展前景以及招聘原则等情况。

（3）准备心态。自我推荐恐惧症往往使许多求职者中途就败下阵来，要消除自卑与紧张情绪，应做到如下几点。

①不把面试当包袱，将它作为展示自己才能、推销自我的好机会。

②降低期望值，学会自我放松，不必刻意追求一次成功。

③多看自己的长处，强化自信心。

④向有经验者求教。

⑤考前进行面试训练。

（4）准备材料。做好面试准备需要一份好的简历，一份好的简历需要注意以下几方面。

①文风平实，沉稳严肃。多用短句，以叙述说明的表达方式为主，不要大篇幅地引经据典，抒情议论。

②内容要全面完整，条理清楚，言简意赅。排版要端庄美观大方。

③自我评价要客观公正，做到诚恳、谦虚、自信、礼貌。

（5）准备礼仪。求职面试除了要实力过硬外，还需要良好的礼仪。主要包括举止、着装、言谈等方面。

①举止礼仪。面试时应该提前到场，礼貌通报，面带微笑，自信从容，彬彬有礼。结束时要道谢，礼貌告别。

②着装礼仪。得体的服饰、适宜的化妆既是一个人的外在形象，也是内在涵养的外化。选择面试服饰要做到着装合体，正统而不呆板，活泼而不轻浮。服饰需具备鲜明的职业特色。

③言谈礼仪。文明的举止、礼貌的谈吐，往往反映一个人的学识、修养和气质。在面试过程中，表达要清晰流畅，语气应当自信，还要注意观察对方的反应，及时调整自己的表达方式和内容。

任务二　教师口语训练

教师口语训练

任务导入

教师口语也称教师职业口语，是指教师在从事教育教学活动中所使用的专业口头用语。它是教师传递知识的主要媒介，是教学活动的最直接手段，是教师工作中所使用的最基本、最重要的工具和手段。

任务准备

教师口语可分为教学口语和教育口语两种类型。

1. 教学口语

教学口语是教师用于课堂教学的工作语言，是教师在课堂上根据教学任务，针对特定的学习对象，使用规定的教材，按照一定的方法，在有限的时间内为达到某种预期的效果而使用的语言。教学口语也就是教师上课时说的话。

（1）教学口语的特点。

①规范性。规范性是指使用标准的普通话，语音、词汇、语法符合规范。

②启发性。启发性是指教师的教学语言能诱发学生思考，发展学生的智力，能让学生有所领悟。启发性教学口语的运用技巧包括话不说透、留有余地，适时点拨、循循善诱，以及恰当运用提问（设问、反问）的方式。

③形象性。形象性是指教师必须善于运用语言创造直觉形象，帮助学生理解、掌握抽象的词汇、概念、事物等。

④教育性。教育性是指教师在进行学科教学的同时还应促使学生形成正确的人生观，合理地结合知识传授对其进行思想品德的教育，真正做到教书育人。

（2）教学口语的类型。按教学功能划分，教学口语主要分为导入语、讲授语、提问语、应变语和总结语等。

①导入语即开场白，是为了引导、启发学生所运用的语言。其作用一是激发兴趣，引起学生关注；二是导入情境，做好学习铺垫；三是承上启下，沟通新旧知识；四是沟通情感，活跃课堂气氛。运用导入语的原则包括内容切题，体现本课宗旨；激发兴趣，吸引学生注意；短小精悍，切忌拖沓冗长，最长不超过 5 分钟。导入语的主要类型有：故事导入、情境导入、教具导入、知识回顾式导入、谈话导入、游戏导入、设疑导入、名言诗文导入、开门见山式导入等。

②讲授语是指教师系统连贯地向学生讲解教材、传授知识和技能的教学语言形式，是课堂教学最基本的语言表达形式，是教学语言的主体。其主要作用一是授业解惑，即课堂教学中的每一段讲解都应针对疑点、难点、重点，所有讲解片段构成课堂教学总体框架，是实现教学目标的线索；二是启发思维培养能力，教学讲解过程要避免单向灌输，应充分重视对学生思维与能力的培养；三是传道育人，是指课堂教学讲解要实现德育目标，做到德育与讲解内容水乳交融、潜移默化、润物无声，使学生形成良好道德品质和行为习惯，培养健康审美。讲授语的主要类型有：讲析语、归纳语、点拨语等。

③提问语是指教师根据教学要求和学生实际提出问题，促使学生思考钻研，以加深理解的教学语言形式。其作用一是激发疑问诱导思维，课堂教学要通过提问激疑诱思，提出发散性、求异性问题培养学生创造性思维；二是提升效果集中注意，即在新课开始、讲授中、学生注意力分散时通过提问集中学生注意；三是反馈调控，通过提问了解学生对知识的理解和技能掌握程度，寻找教学中的漏洞和不足。提问语的主要类型有：强调性提问、矫正性提问、发展性提问等。

④应变语是教师在课堂上及时调节师生关系、处理课堂突发事件时所使用的语言。其主要作用一是吸引学生注意；二是调控教学过程。应变语的主要类型有：幽默风趣型、自嘲解围型、因势利导型、顺水推舟型、旁敲侧击型、以退为进型等。

⑤总结语又称课堂教学结尾语、断课语，是一堂课或某一教学环节、阶段将要结束时，教师对前面教学内容进行巩固和强化时所使用的总结性语言。其作用一是整理概括、巩固记忆；二是启发思维、开阔视野、提升情感。总结语的主要类型有：归纳总结式、拓展延伸式、练习巩固式等。

2. 教育口语

教育口语泛指教师对学生的思想、品德、行为、习惯等进行教育的口语。

（1）教育口语的特点。

①科学性。教师口语要符合不同学科内容的科学性。不同的学科，都有各自不同的知识领域和知识系统，教师所讲的概念、原理、定律、规则、结论等，都必须符合各门学科的科学性要求，做到正确、完整、周密；同时，教育教学还要对学生进行思维训练和思维培养，所以教师口语还需富于逻辑性、系统性和规范性。

②教育性。教师的职责是教书育人，教师得以完成职责任务的手段既然是教师口语，其中必然要始终贯穿着教育性。首先，要求教师口语本身要健康、文明、进步、得体，禁绝粗俗、低级、落后、失体。其次，要求教师无论在教育、教学、交际中，都要时刻注意对学生进行思想品德教育。

③思想性。教师口语集中体现所教课程的思想性，要通过教师口语对学生进行辩证唯物主义世界观的教育。

④启发性。教师应通过教学口语的引导，启发学生思考，培养其思维能力。教师运用启发式教学时，要做到适时引导，以提问语、反问、设问的形式开启学生的思维空间。

⑤生动性。教师运用教学口语时要充分发挥语言的直观功能，借助比喻、拟人等修辞手法以及谚语、歇后语等方式增强语言表达的趣味性，以唤起学生丰富的联想和想象，取得良好的教学效果。

知识拓展

语言暴力

语言暴力就是指使用谩骂、诋毁、蔑视、嘲笑等侮辱歧视性的语言，致使他人的精神上和心理上遭到侵犯和损害，属精神伤害的范畴。

语言暴力的来源主要有两方面。一是教师对学生，近年来教师体罚学生的现象大大减少，但采用讽刺、挖苦、揭短等手段对学生进行“心理惩罚”的现象依然存在。二是同学之间，比如给同学起绰号、公开同学隐私、讽刺挖苦同学、嘲笑同学的生理缺陷等。

（2）教育口语的类型。其主要类型包括沟通语、激励语、批评语、暗示语、说服语等。

①沟通语是教师在教育情境中为消除学生的心理隔阂，取得师生间就一个问题的彼此认同，所采取的教育口语。

②激励语是教师对学生进行激发、鼓励的语言。常用来激励学生积极向上的情绪和意志，调动学生认知自我、改善自我的积极性。

③批评语是对学生不良行为的否定，目的在于让学生明辨是非，区分良莠。运用批评语时要注意其内容的尊重性、适当性、引导性、针对性。

④暗示语指的是教师不直接明白地表达他的教育意图，而采用委婉含蓄的言语让学生悟出教育意图，从而起到教育效果的语言形式。

⑤说服语是指教师在教育活动中，通过讲述生动的事例，阐明正确的道理，影响改变学生原来的观念和态度，引导其行为趋向预期目标的语言。

任务实施

1. 教师口语常见问题

（1）教学语言模糊不清。如果教师对学科知识的理解和掌握不透彻，没有准确地、整体地把握知识的内在结构和内在联系，就会导致教师提问时有知识漏洞。

（2）教学语言单调乏味。如果教师的语言库或知识库贫乏，就会导致教师的教学语言单调、用词单一、无话可说等。

（3）教学语言逻辑问题。如果教学语言逻辑不严密，或者教学语言缺乏内在的逻辑性，就会导致教学口语无法按教学思路展开。

（4）教学语言夹杂无意义的冗余信息。如果教师将平时口语交际时养成的不良语言习惯迁移到教师口语中，或是思维速度跟不上口语表达速度，就会导致教师在讲课时，夹杂"这个、那个、啊、哦、嗯、然后"等口头禅，或者在正常的话语中插入"反正、我看、我觉得、听说、好像、知道吧、是不是"等无意义的词语。

（5）讲课音量过高或过低。教师在讲课过程中，音量过高，学生会产生听力疲劳；音量过低，学生会听不清讲课内容；音量没有变化，会难以唤起学生的注意。这是因为教师的角色意识淡薄，没有进行角色转变。

为解决以上问题，教师需注意以下几个方面。

（1）需要有专业知识储备。要钻研业务，精通本专业的知识，课堂内容丰富并且与时俱进。

（2）需要有一技之长。在所教的学科中，应该有自己最拿手的地方。

（3）知识要尽量广博。作为教师要多读书，广泛涉猎不同的知识领域。

对教师口语的要求，一句话概括，就是要符合当代教育教学的规律和要求。具体说来，第一要使用标准的普通话；第二要符合特定的教育教学任务；第三要注重示范性；第四要讲究节奏；第五要符合学生心理特征和认知发展规律。

教师的职业特点决定了教师口语必须能够满足教书育人、为人师表的要求。这也决定了教师口语的养成不是一朝一夕就能完成的，必须下大气力，不断强化教师口语训练，努力提升教师口语的应用水平。

2. 教师口语的训练要求

（1）要做到形式美。

①需要字音准确。要用普通话的标准和规范吐字发音，使发音正确、声调准确、字正腔圆。

②需要音节协调。一般说来，双音节词语、四音节词语可以增强语言的响亮度和节奏感，读起来朗朗上口，听起来悦耳动听。拟声词和象声词可以使表述更加形象生动，达到形与音有机统一，增添语言的表现力。

③需要韵调和谐。声调搭配得好，可以造成一种高低抑扬、急缓起伏的情势。平声字仄声字交错使用，可以形成声音的抑扬照应。高低相配，急缓相间，起伏相连，能使声音刚柔相济，

协调和谐。

（2）要做到音色美。

①需要发音正确清晰。正确指的是发音正确，清晰指的是吐字清楚明晰，不含糊，有正确的停顿和适当的节奏，不要有太多的尾音，不要前言不对后语。

②需要说话明快清脆。要求开门见山，口到心到，心口一致，不故弄玄虚；快言快语，有什么说什么，干脆利落，不拖泥带水。

③需要声音圆润清亮。声音要流畅自然，圆润雄厚，悦耳动听，磁性十足；要富于变化，丰富多彩，新鲜清爽，生动活泼；要坚实有力，有始有终，宛转悠扬，明丽清越。

④需要音调、音量和语速的变化。声调不能过于平直，始终都是一个音调，如同催眠曲，让听的人昏昏欲睡，打不起精神，也很难找到重点所在，达不到沟通的目的。既不能声音过高，让人感觉装腔作势，招人反感；也不能声音太小，让人听着费劲，误以为怯懦。一定要注意随着内容和情绪的变化，音量音调也应该有所变换。语速也不能过快或过慢。

（3）要做到情感美。需要有声语言和无声语言进行综合运用，尤其是微笑、幽默以及态势语的运用，会放大情感效果。

任务三　导游口语训练

任务导入

导游语言一般是指导游人员与旅游者交流思想、表达感情、指导游览、进行讲解、传播文化时使用的一种具有丰富表达力、生动形象的口头语言。它包括广义和狭义两个方面：广义的应该包括所有与旅游活动有关的语言；狭义的则专指导游口语讲解，即导游人员引导旅游者参观时运用的讲解语言。

任务准备

1. 导游口语的特点

（1）强调知识性。导游要为游客提供景点翔实的资料，并从多个方面加以讲述，所以导游的讲解过程必须有丰富的内容，融入各类知识并旁征博引、融会贯通、引人入胜。而且，导游讲解的内容是不能信口雌黄、随意杜撰的，必须准确无误，令人信服。在导游讲解过程中，不仅会用到自然科学知识，而且会用到社会科学知识，还会涉及建筑、园林、书法、绘画等知识。优秀的导游往往会综合各个学科门类的知识，多角度、多层面地对景点加以叙述，以便给游客提供全方位的信息。

（2）讲究口语化。导游的语言更强调口语化，因为导游服务几乎是在游览的过程中完成的，与游客的交流主要是以说和听的形式实现。口语化可以增强导游词的趣味性，使游客感到轻松、愉快，容易陶醉。因此，导游语言要注意多采用日常生活词汇和浅显易懂的口语，要尽可能避免使用晦涩难懂的书面语和音节拗口的方言词汇，更不能堆砌辞藻。同时，要多用短句，富含

真情实感，以便讲起来清楚、顺口，听起来轻松、感人。

（3）突出趣味性。趣味性是语言不可或缺的“润滑剂”，虽然有时只是只言片语，却常常成为人们欣赏的亮点，因此导游口语也需要加入趣味性。在导游口语中要突出其趣味性，须注意以下几个方面。

①选用传说故事。讲解一个景点时，要不失时机地穿插一些与景观密切相连的传说或民间故事，以激起游客的兴趣和好奇心。

②运用修辞手法。恰当地运用比喻、拟人、夸张等手法，可使静止的景观转化为生动鲜活的画面，揭示出事物的内在美，使游客沉浸其中。

③用词幽默丰富。幽默风趣是导游口语艺术性的重要体现，可使其锦上添花、气氛轻松，将游客导入意境，给他们留下深刻的印象。

2. 导游语言的艺术性原则

（1）准确性。所谓准确性，首先要求导游的语言音质清亮明洁，无含糊生硬的成分。“含糊其词”无论在哪种交际场合都会使人感到不快，尤其是在旅游审美活动中，这种语言表达形式不仅不美，而且会导致游客信息接受上出现困难，乃至误解。“一伪灭千真”，如果导游信口开河、杜撰史实、张冠李戴，游客一旦发现，不仅会怀疑导游所有讲解的真实性，还有可能否定一切。因此，要求导游在宣传、讲解以及回答游客的问题时必须正确无误。而且，导游语言的科学性越强，越能吸引游客的注意，越能满足他们的求知欲，导游也会受到他们更多的尊重。与此同时，还应该注意词语得当，组合相宜。

（2）音乐性。这主要是指语调的抑扬顿挫、语言的畅通、语句的长短、语速的快慢，一句话，是指语言行为中的节奏感。一般来讲，语调的抑扬顿挫是由于字音的高低所致，但另一方面也关联着情绪的起伏变化。喜者激昂，悲者低沉，这对语调有着直接影响。语言的通畅反映在语句的衔接自然、连贯而无间断的表达上，自然流畅无阻滞能使人产生行云流水与舒适欢欣的感觉。语句的长短也是形成语言节奏美的要素之一。在导游的讲解中，句式不要过于复杂，而要简短明快，变化多样一些。语速要根据交际的具体情况控制：在一般场合或情绪正常的情况下，一般用中速表达；在庄重场合或情绪比较冷静时，一般用慢速；而在情绪大起大落的情况下，语速就要求快一些。导游要根据不同的场合适当调整自己的语言速度，让游客听起来不觉得吃力，并产生舒适感。

（3）生动性。导游在描述自然和人文景观时，怎样才能把游客带入诗情画意之中使之产生共鸣，这里强调的是讲解过程中所用语言的鲜明性和生动性。如果讲解达到了绘声绘色，那么游客就会通过联想或想象等心理功能再现事物的形与神，进而感知和理解事物的内在审美价值，所以有人说“看景不如听景”。语言的生动性要求导游在掌握丰富的景观知识和语言词汇的基础上，注意修辞，学会恰当地运用对比、夸张、借代、比喻、映衬、比拟等手法，使语言艺术化、口语化、形象化，能够通过适当的修辞技巧创造出生动的语言画面，达到主客之间互相理解并产生共鸣的效果。

（4）风趣性。导游语言的风趣性主要表现在其幽默诙谐的言谈风格上。它通过比喻、夸张、象征、寓意、双关、谐音、谐意等多种手法，运用机智、凝练、风趣的语言，对现实生活中的各种矛盾以及不合理现象进行幽默率直的揭示与批评。在导游活动中，语言的风趣性还有一种独特形式的幽默，那就是轻松地开玩笑或善意地逗乐。就效果而言，风趣幽默的语言可以活跃气氛。导游对诙谐语言的灵活运用，对活跃团队气氛、充实导游活动具有相当明显的作用。尤其是在长途旅行中，这种做法更能显示出消除疲劳、振奋精神的效果，使游客在轻松的欢声笑语中度过快乐的时光。

（5）情感性。导游在游客进入审美观照状态的前后，往往需要对景观进行介绍，这种介绍不是抽象的、程式化的，而是形象生动、富有感情色彩的。因而，导游的语言要有情感性，要通过导游的眼神、手势、面部表情展现出来。语言的情感性表现为导游要随景而动，喜游乐导，动之以情，以情感打动旅游者。导游语言应切忌简单直陈的、抽象的或程式化的，而应该是形象生动、富有情感色彩的。在导游过程中，要想唤起游客的共鸣，就得在讲解中"动之以情，晓之以理"，也就是说，要情真意切。敬语和谦语有助于传达友谊和感情，但应注意尊重对方的风俗习惯和语言习惯，也要适合自己的身份；东西方的成语、谚语，名人的名言往往能起到画龙点睛的作用，还可使导游讲解的品位提高，使导游的谈吐显得高雅，令游客产生好感，但要正确、完整、恰到好处，附庸风雅的言词只会引起别人笑话。

任务实施

导游口语运用技巧

导游表达时的技巧，就像应对各种场合的"小工具"。不断充实自己的"工具库"，并将其应用于实际。

（1）置疑的口才技巧。置疑技巧就是利用技巧疑问句的方式进行讲解的一种技巧。所谓技巧疑问句，就是指能够在特定导游词中营造气氛，使讲解内容、讲解要点得到突出强调，使表达讲解生动别致、情趣盎然的疑问句。

（2）道歉的口才技巧。

①微笑道歉。俗话说："伸手不打笑脸人。"即使面对刻薄的挑剔者，出言不逊、咄咄逼人者，只要你微笑冷静，就能稳控局面，缓减对方的刺激，化解对方的攻势。在道歉的语言艺术中，微笑是通过不出声的笑传递歉意的一种"载体"。在道歉时，运用微笑语并不是奴颜婢膝，而是对他人一种和蔼友善真诚的表示。

②迂回道歉。在导游工作中，导游难免会因一些小事得罪旅行团中的某些游客，而导游出于某种缘由不便公开道歉，这时就可采用迂回致歉的方法。比如，导游对甲女士关照过多，却忽略了乙女士，并引起了乙女士的不悦，察觉之后，便要"特别"关照乙女士，如下车时扶她一把，提醒她一句，都能使她明白你的体态语言中所含有的歉意，从而达到使她冰释前嫌的目的。

③自责道歉。道歉的语言艺术并不仅是讲几句动人的道歉语，还必须勇于自责，使对方感到你的道歉是诚心诚意的。

（3）拒绝的口才技巧。

①微笑不语。俗话说："上山擒虎易，开口求人难。"当游客向你提出某种请求时，你想拒绝却无法说明原因，或不便向对方过多说明，但又不能不让对方"下台"。说"行"不好，说"不行"又会使对方产生紧张不安的心理。这时，微笑不语便是最佳选择。它既能缓和紧张的情绪使对方不至于难堪，又能免去言语不周而导致的麻烦，取得"此地无声胜有声"之效。

②妙言回绝，先是后非。在必须向游客就某个问题表示拒绝时，先肯定对方动机或表明自己与对方一致的主观愿望，再以理由予以回绝。

③婉言谢绝。以委婉的、模糊的语言予以拒绝。

（4）幽默的口才技巧。

①移花接木，即把某种场合中显得十分自然的词语移至另一种迥然不同的场合中，使之与新环境构成超过人正常设想和合理预想的种种矛盾，从而产生幽默效果。

②语义交叉，即用巧妙的比喻、比拟等手法使表面意义和其所暗示的带有一定双关性的内在意义构成交叉，使人在领悟真正含义后发出会心的微笑。

③正题歪解，即以一种轻松、调侃的态度，对一个问题故意进行主观臆断或歪曲的解释。

④一语双关，即利用词语的谐音和多义性条件，有意使话语构成双重意义，使字面含义和实际含义产生不协调。

⑤借题发挥，即为了活跃气氛，增加情趣，故意借题发挥把正经话说成俏皮话。

⑥自我嘲解，即在遇到无可奈何的情况时，以乐观的态度进行自我解嘲，使游客获得精神上的满足。

⑦仿拟套用，即将现成的词语改动个别词或字，制造一种新的词语，以造成不协调的矛盾。

⑧颠倒语句，即针对游客熟悉的某句格言、口号、定理或概念，用词序颠倒的反常手法，创造出耐人寻味的幽默意味。

任务四　服务口语训练

服务口语训练

任务导入

服务口语指的是从事餐饮、旅游、商业等服务行业的人员在接待顾客时所使用的语言，是服务人员向宾客表达意愿、沟通思想、交流情感、互换信息的重要工具。

近年来，“语言服务”受到人们越来越多的关注，人们对语言服务的要求也越来越高。现代社会，语言不仅能创造社会效益与精神价值，也能带来巨大的经济效益。因此，在对客服务和交往中掌握高超的服务语言艺术，不仅可以展示出服务人员良好的基本素养，赢得顾客的尊重，还能很好地与顾客沟通感情，使服务工作顺利进行。

任务准备

1. 服务语言的基本特点

（1）语言的礼貌性。在服务活动中，礼貌的语言是促进人际关系和谐的有效手段。作为服务的主体，服务人员要重视与顾客的情感交流，在用词上力求礼貌谦和，以保证双方愉快友善地合作。

①善用称呼语。称呼语代表人与人之间的社会关系，人们在接触和交流之初，总是先道称呼语，再进入主题。没有称呼或直奔主题，往往被视为缺乏修养的不礼貌行为。汉语中的称呼

语有很多，服务人员要与顾客建立良好的关系，必须学会尊重顾客，恰当使用称呼语。

称呼语是服务语言中相当重要的部分，是良好服务的开端，选用不当会给服务带来负面影响，令单位形象和经济效益受损。因此，使用称呼语时首先应看清对象，区别对待。应视男女、长幼、亲疏之不同，采用不同的称呼语。对年长者可称呼“大爷”“老伯”“大妈”“阿姨”等，对年龄小的可称呼“小妹妹”或“小弟弟”等。一般男性称“先生”，女性可称“小姐”“女士”等。其次，要灵活变通。随着社会和时代的发展，有些称呼语的语义有了变化，有些称呼语在社会上广为流行，如“帅哥”“美女”，而且不同地方使用的称呼语也有所不同，因此可根据具体情况选用顾客愿意接受的称呼语。服务人员严禁使用带有轻视、贬义色彩的称呼语。

②妙用委婉语。委婉语是一种特殊的表达方式，它是指采用表意含蓄的词语代替生硬、敏感、让人难以接受的词语。在与顾客打交道时，服务人员难免遇到不能或不便直接说出的话，这时采用委婉含蓄的词语便能消除或淡化交际中产生的不愉快，让顾客在比较舒服轻松的气氛中接受信息、解决问题。例如，服务人员为顾客答疑解惑时，如果说“你听懂没？”“你还没有明白？”顾客便会察觉到不耐烦，心里难免产生不舒服的感觉，而“您慢慢看，不明白的我再给您解释”则显得友好、客气得多，它在体现出尊重的同时也显示了服务人员的素质修养。

③用敬语、谦语和雅语。服务人员在提供服务时要讲究用词，养成使用敬语、谦语和雅语的习惯，对顾客做到敬而不失、恭而有礼，严禁使用粗话、脏话、黑话、怪话与废话，力求做到语言内容文明、语言形式文明和语言行为文明，满足顾客得到尊重的心理要求，展示出服务行业良好的服务形象。

（2）语言的情感性。古人云“感人心者，莫先乎情”“精诚所至，金石为开”。日常的人际交谈或冷漠，或热情，影响的只是个人之间的关系，而服务人员与公众的交互，却关系到一个组织的声誉和利益。因此，服务行业的语言除了应具有礼貌性外，还应有情感性。所谓“情感”即诚恳、亲切、热情。内心的真诚，表现于语言往往可以给人很高的可信度，从而有助于双方产生心理认同和情感共鸣，促进人际交往活动的顺利开展。在与顾客面对面的交流中，服务人员只有真正以平等的态度对待顾客，视顾客为朋友、亲人，其语言才会充满真挚的情感，才能使顾客产生如知音般的认同感和信任感，从而带来良好的社会影响和经济效益。

（3）语言的规范性。与一般交际语言相比，服务行业的语言还具有很强的规范性。这表现在以下几方面。首先，服务人员要说好普通话。我国地域辽阔，方言种类较多，语音差别很大，使用方言必然会给人们的交往带来不便。服务人员面对的是广大民众，只有使用普通话，才能准确表达语义，消除语言上的隔阂，与不同地区的人们沟通联系，促进服务事业的发展。其次，表现在语言通顺、合乎语法规范上。结构混乱、不合逻辑的语言既不能准确地传递信息，也有损于服务行业的形象。再次，表现在不同岗位有不同的服务术语。例如，大多数服务行业的送别语可用“欢迎您下次光临”，而医院的医护人员则不能这么说。

（4）语言的合作性。1905 年，美国语言学家格赖斯在《逻辑与会话》一文中首次提出了会话合作原则。对服务人员来说，要取得交际上的成功，其言语也必须具有合作性的特点。首先，服务行业的语言应准确明白，即用词确切而不含糊。服务人员在与顾客交流时，应注意用准确无误的言词向他们提供各种信息，使顾客能一听就懂。服务人员在与顾客沟通时要做到话不离题，就必须采用通俗易懂的言词。例如，售货员询问顾客“您要什么规格的”就不如说“您要

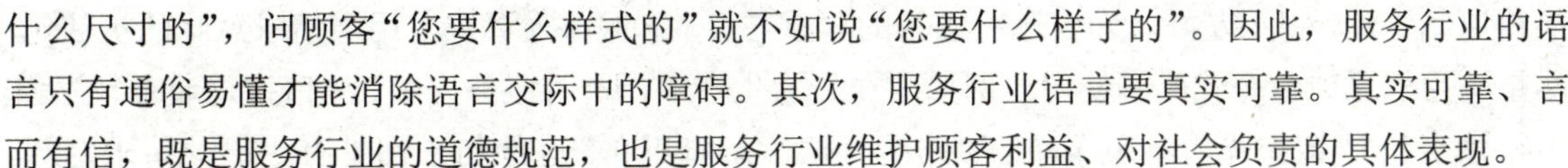

什么尺寸的”，问顾客“您要什么样式的”就不如说“您要什么样子的”。因此，服务行业的语言只有通俗易懂才能消除语言交际中的障碍。其次，服务行业语言要真实可靠。真实可靠、言而有信，既是服务行业的道德规范，也是服务行业维护顾客利益、对社会负责的具体表现。

2. 服务用语的规范

（1）亲切体贴。服务人员要做到主动、热情、耐心、周到。主动，即对顾客主动打招呼，主动做好服务，做到“眼勤、口勤、手勤、腿勤”；热情，即态度热情诚恳，感情真挚亲切；耐心，即遇事不急躁，对顾客百问不烦，百拿不厌；周到，即对顾客的需求想得细致、对顾客的要求尽力满足。

（2）态度诚恳。服务人员交谈时要用尊敬、礼貌、商量的语言或语气，并恰当地选择谈话距离，不抢话、不赶话，不随意打断对方。

（3）语言文明。服务人员要使用礼貌用语，不讲粗话、脏话和有失身份的话。

（4）表达清晰。讲话时服务人员要让对方听清楚、听得懂。音量要适宜，语速要适中，用词要准确，语句要精练，语义要清楚，避免产生歧义。

（5）话题适宜。服务人员要注意了解对方的需求和兴趣点，避免交谈时出现冷场。

（6）语音的运用。

①声调：抑扬顿挫，有朝气，便于控制语气和音量。

②音量：声音清晰，吐字清楚，不宜过大。

③语气：轻柔、和缓，不能嗲声嗲气。

④语速：适中，每分钟应保持在 120 个字左右。

任务实施

服务人员应讲究言语的表达技巧，除了在词语选用上要加以注意外，在句式的选用上也要有所讲究。如果语句使用不当，有时容易激怒顾客，造成不良的后果。具体来说，服务人员在句式的使用上要注意以下几点。

（1）忌用反问句。反问句又称反诘句，是疑问句的一种“变体”。反问句的特点是无疑而问，说话人心中已有答案，却故意用疑问句发问，并不要求对方回答，因为答案就在问句中。在日常生活中，反问句一般用于反驳、质问等场合，带有明显的不满、讽刺、责难的语气。

（2）慎用否定句。否定句是用以传达否定信息的句子，相对肯定句而言使用不当不仅会让对方失望，甚至可能惹怒对方。为了表达对顾客的尊重，服务人员应尽量避免使用消极否定的语句，尽量正面地肯定地谈问题，而非简单地拒绝。例如，顾客购物时往往希望商品能便宜些，当问及能否打折时，服务人员如果直接说“这不是折扣店，不打折”，显然过于直白、生硬，又有些傲慢无礼，容易刺激顾客，令人反感。若说“对不起，这是当季商品，我们只能按正价销售，要再等几个月，商品才会有折扣”，既表达了服务人员的诚意，也容易被顾客理解和接受，弱化了双方的对立关系，给顾客的感觉要积极友好得多。

（3）善用祈使句。祈使句是一种带有建议、请求、命令等功能的句子，表示请求意味的祈使句一般语气缓和、语调下降，而像“快点”“拿零钱”这种带有催逼、命令意味的祈使句，则显得语气生硬，很不友好。为表达对顾客的尊重与礼貌，服务人员宜多用表请求意味的祈使句，尽量不用催逼、命令式的祈使句。例如，在日常生活中，常听服务人员说“请往这边走！”“先生，请坐！”“请您先看一下菜单。”“路滑，请注意脚下！”这些句子都带有明显的请求意味，语调舒缓得体，语气热情友好，反映出服务人员对顾客尊重及请求的意愿，话语易为顾客认同和接受，自然会收到良好的服务效果。

（4）巧用疑问句。疑问句是用以表达疑惑、征询意见的句子。在表述自身观点或向对方提出建议时，采用语气委婉客气的疑问句往往能体现出服务人员的良好素养，收到更好的服务效果。例如，“先生，请出示一下您的房卡”和“先生，请让我看一下您的房卡好吗？”或“先生，我能看一下您的房卡吗？”前者直白、生硬，后者将可能威胁到对方感受的生硬的言语行为隐藏在提问中，话语更具商讨性。在与犹豫不决的顾客洽谈时，巧妙使用疑问句能促使顾客下定决心。问句的形式也为对方留有很大的回旋余地，把主动权更多地交给顾客，顾客往往更愿意接受。

任务五　营销口语训练

营销口语训练

任务导入

营销口语是指与顾客进行情感沟通的语言技巧，是一门把话说得悦耳动听、滴水不漏的经商艺术，也是赢得顾客、扩大市场的成功法宝。

任务准备

1. 营销口语的作用

（1）建立良好的客户关系。从接近客户到销售洽谈的开始，一直到合作关系的建立，都需要销售人员引发良好的沟通气氛，与客户建立良好的关系。这些都需要良好的口才。

（2）准确地传递产品和效劳信息，让客户接受产品和效劳的价值。在销售过程中，营销人员只有通过很好的产品介绍和展示，才能让客户知晓和接受产品和效劳的价值。

（3）巧妙处理客户异议，化解客户顾虑。当客户提出异议，销售人员通过良好的语言表达化解客户的顾虑，从而促进与客户合作关系的达成。

（4）激发客户合作意愿，促成合作。销售人员通过良好的语言表达让客户产生合作的兴趣和意愿，从而让成交成为可能。

2. 营销口语的原则

（1）“TPO”原则。在商务礼仪的着装原则中有个“TPO”原则，T代表时间，P代表场合，O代表对象。在人际沟通的语言沟通过程中，同样适用这个原则。说话是一门艺术，只有在适宜的时间，适宜的场合，面对适宜的对象，说出恰如其分的话语，语言才真正产生生产力。

（2）学会倾听。人际沟通是双向的沟通，决不是一方面的滔滔不绝。只有学会倾听，才能了解对方的想法、需求和冀望，才能有针对性地采取下一步的沟通和行动。

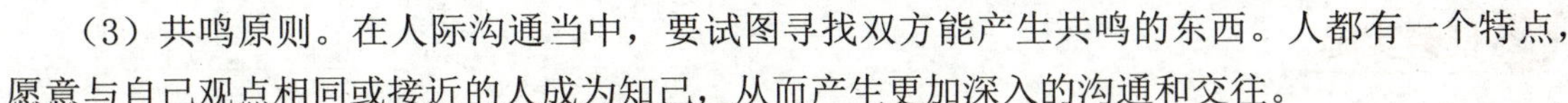

（3）共鸣原则。在人际沟通当中，要试图寻找双方能产生共鸣的东西。人都有一个特点，愿意与自己观点相同或接近的人成为知己，从而产生更加深入的沟通和交往。

（4）不要做无谓的争辩。在语言沟通过程中，往往会产生观点不同的时候。这个时候要用艺术的办法处理双方的分歧，万不可做伤害感情的争辩。尤其在销售过程中，经常会出现“赢了口才，输了订单”的状况。

（5）高兴原则。人际语言沟通除了信息的传递和感情的沟通的根本作用之外，还有为双方带来满足感和愉悦的作用。因此，如果谈话能增添些风趣、智慧，将会产生很好的沟通效果。

（6）诚信原则。练口才，先应该从品德培养开始，而诚信就是重要内容之一。时刻记住自己对客户、对公司的承诺，这样的销售人员即使语言沟通能力欠缺一点，也是可信赖的。

3. 营销口语的技巧

（1）营销的开场白技巧。销售人员无论是接近客户，还是产品介绍，以及每次的销售演讲，都需要重视开场白。开场白在整个销售的过程中具有极其重要的作用。尽管可能接下来的洽谈过程听起来更令人紧张，但毋庸置疑，“良好的开端是成功的一半”。

①建立良好的第一印象。销售人员首先要有一个良好的个人形象，着装打扮、仪容仪表让人感觉到其专业性。

②激发客户的兴趣。无论是初次接触客户，还是关键时间的洽谈，都要设法让对方提起兴趣，让对方觉得本次的沟通对他来说是有价值的。

③使客户对下文产生期待。以一个轻松的玩笑开头，然后进入陈述事实和理论论证部分，客户将在这一过程中逐渐放松。

④让客户了解讲话目的和内容。

（2）洽谈主题的设计。整个洽谈主题的设计是销售洽谈的核心，因此主题的设计和具体演讲（洽谈）过程的设计显得非常重要。

①主题的演讲（洽谈）要有明确的中心议题和大纲。

②考虑客户接受程度。有很多的专业人士往往因自己太熟悉专业术语，而忘记了你的对象群不一定是跟你具有同样专业的人，你以为你说的话对方听得懂，可是对方完全跟不上。所以一定要考虑听众的程度，对比较专业的语言一定要先做一些适当的解释。

③顾及客户的兴趣。顾及客户的兴趣，就要注意到客户到底对这些话题有没有兴趣，如果客户对话题没有兴趣，就不会真正进入你的有效表达的内容，所以一定要先了解到他有没有兴趣。

④增强演讲（洽谈）的生动化、戏剧化。要集中客户的注意力，必须让他对谈话内容有兴趣，否则只能是听得昏昏欲睡。因此，增加趣味性和戏剧化的内容，甚至把枯燥的讲演内容变得有趣味性和戏剧化才能长时间地抓住客户的注意力。

⑤注重与客户的互动。

（3）销售洽谈的结尾。

①对洽谈有个要点的总结。

②对本次洽谈的启发意义做适当延伸，比如，可以用一个故事或一句名言等对本次谈话的意义做一下总结和延伸，并取得对方的认同。

③直接表达诉求。

任务实施

1. 营销口才训练注意事项

（1）拥有清晰的思路。无论是说话还是做事，都应时刻保持头脑清醒，思路清晰，这样才能避免出错。要锻炼出清晰头脑，就要充分发挥脑力，多运用逻辑思维思考问题，善于组织与分析问题。

（2）善于发问。面对客户时，不应急着推销，而是要懂得向客户提问，了解对方需要什么与期待什么，这样才能先发制人，吸引对方的注意。

（3）决不窥探顾客隐私。切勿为了与顾客套近乎就畅所欲言，甚至窥探顾客的隐私，这是非常令人讨厌的行为，直接影响到信用，使人避之不及。

（4）倾听顾客的说话。在营销过程中，销售人员应掌握好说话与倾听的时间，尽可能将倾听顾客说话的时间掌控至占整个营销时间的1/3。倾听时要表现得全神贯注、恭敬有礼，不可三心两意。

（5）提升学习力。要练就好口才，就需提升学习力，主动学习与销售行业相关的知识，多看一些销售口才的书籍，全面丰富学识，让自己的说话更加得体，更加恰当。

2. 营销人员口才训练方法

（1）经常进行吐字发音等基本练习。

（2）每天阅读励志书籍或口才书籍至少20分钟，培养自己积极心态，学习技巧。

（3）每天阅读书籍，在增加自己的知识储备和词汇量的同时，对所学内容进行口述总结，锻炼记忆力、反应力和语言的连贯性。

（4）经常看名人的演讲并进行模仿。每天都听广播，看电视、电影，可以随时跟着播音员、演播员、演员进行模仿，注意他们的声音、语调、神态、动作，边听边看边模仿。

（5）经常寻找机会进行演讲。口才不是停留在书面上的学习，需要实际的演练。如果当众演讲的机会很少，可以经常对着镜子演讲。

附录

附录一　普通话水平测试模拟试卷

试卷一

一、读单音节字词（100 个音节，限时 3.5 分钟，共 10 分）

偶　铡　红　我　姨　秋　次　剜　逮　平
翁　挠　氧　食　判　镖　佣　涩　糖　野
敏　痣　丢　遍　捐　而　仍　接　水　日
音　劣　奖　花　邹　源　兄　咱　润　发
旬　线　扯　拐　虐　品　爱　尚　约　劝
梦　留　共　撕　否　案　框　旅　搓　瘫
踹　蛙　踩　纫　怀　襄　瓜　俩　主　撒
鸣　准　击　穿　嘣　迟　肥　均　窜　混
销　偏　苔　醉　你　搐　阔　缺　克　胞
裆　女　苏　子　氢　申　门　光　掐　度

二、读多音节词语（100 个音节，限时 2.5 分钟，共 20 分）

选举　鹌鹑　用力　军事　豆芽儿　赌博　运输　原则　恳请　全面
草包　约会　大学生　旅馆　偶然性　光明　海洋　痛快　遵守　暖气
推动　挂号　抓紧　恐怖　牛奶　支持　描写　灯笼　穷人　群岛
略微　削弱　荒唐　装配　旦角儿　损坏　着想　柠檬　硫酸　藕节儿
夹杂　篡改　耍滑　飘洒　帮厨　搀扶　非分　惨然　恶心

三、朗读短文（400 个音节，限时 4 分钟，共 30 分）

梅雨潭闪闪的绿色招引着我们，我们开始追捉她那离合的神光了。揪着草，攀着乱石，小心探身下去，又鞠躬过了一个石穹门，便到了汪汪一碧的潭边了。

瀑布在襟袖之间，但我的心中已没有瀑布了。我的心随潭水的绿而摇荡。那醉人的绿呀！仿佛一张极大极大的荷叶铺着，满是奇异的绿呀。我想张开两臂抱住她，但这是怎样一个妄想啊。

站在水边，望到那面，居然觉着有些远呢！这平铺着、厚积着的绿，着实可爱。她松松地皱缬着，像少妇拖着的裙幅；她轻轻地摆弄着，像跳动的初恋的处女的心；她滑滑地明亮着，像涂了“明油”一般，有鸡蛋清那样软，那样嫩；她又不杂些尘滓，宛然一块温润的碧玉，只清清的一色——但你却看不透她！

我曾见过北京什刹海拂地的绿杨，脱不了鹅黄的底子，似乎太淡了。我又曾见过杭州虎跑寺近旁高峻而深密的“绿壁”，丛叠着无穷的碧草与绿叶的，那又似乎太浓了。其余呢，西湖的波太明了，秦淮河的水又太暗了。可爱的，我将什么来比拟你呢？我怎么比拟得出呢？大约潭是很深的，故能蕴蓄着这样奇异的绿；仿佛蔚蓝的天融了一块在里面似的，这才这般的鲜润啊。

那醉人的绿呀！我若能裁你以为带，我将赠给那轻盈的舞女，她必能临风飘举了。我若能挹你以为眼，我将赠给那善歌的盲妹，她必明眸善睐了。我舍不得你，我怎舍得你呢？我用手拍着你，抚摩着你，如同一个十二三岁的小姑娘。我又掬你入口，便是吻着她了。我送你一个名字，我从此叫你“女儿绿”，好么？

第二次到仙岩的时候，我不禁惊诧于梅雨潭的绿了。

四、命题说话（请在下列话题中任选一个题目，限时 3 分钟，共 40 分）

1. 我喜欢的动物（或植物）

2. 我尊敬的人

试卷二

一、读单音节字词（100 个音节，共 10 分，限时 3.5 分钟）

铡 白 杀 鹤 痣 舌 逮 若 池 筛
得 字 给 二 鳃 棉 宰 拣 凹 淋
槽 品 朝 腔 挠 巷 泡 柄 藕 另
邹 氢 轴 腹 岸 努 榄 筑 瘫 哭
判 粗 忍 藏 午 缸 震 纺 挂 忙
耍 憎 祸 乘 索 正 踹 缝 坏 梦
隋 戏 褪 溺 霞 款 颊 环 掖 蒜
谢 弯 爹 舜 飘 损 表 闯 修 撞
玖 童 约 胸 劝 孔 徐 绒 俊 翁
略 宋 群 掘 总 荀 穷 旅 婶 卷

二、读多音节字词（100 个音节，共 20 分，限时 2.5 分钟）

把手 美妙 盆地 逆流 铁道 强盛 凝结 快速 轮廓 居然
酗酒 略微 穷苦 捐献 雄壮 法郎 配合 号召 约会 北面
反映 一下儿 运动 放心 更加 小孩儿 普遍 亲戚 抓紧 有点儿
讲座 推广 问题 群众 原料 荣辱 闯荡 酸楚 琐碎 蛋白质
催促 婶婶 揣测 耍弄 惨败 傻眼 温度计 崽子 串供

三、朗读短文（400 个音节，限时 4 分钟，共 30 分）

这是入冬以来，胶东半岛上第一场雪。

雪纷纷扬扬，下得很大。开始还伴着一阵儿小雨，不久就只见大片大片的雪花，从彤云密布的天空中飘落下来。地面上一会儿就白了。冬天的山村，到了夜里就万籁俱寂，只听得雪花簌簌地不断往下落，树木的枯枝被雪压断了，偶尔咯吱一声响。

大雪整整下了一夜。今天早晨，天放晴了，太阳出来了。推开门一看，嗬！好大的雪啊！山川、河流、树木、房屋，全都罩上了一层厚厚的雪，万里江山，变成了粉妆玉砌的世界。落光了叶子的柳树上挂满了毛茸茸亮晶晶的银条儿；而那些冬夏常青的松树和柏树上，则挂满了蓬松松沉甸甸的雪球儿。一阵风吹来，树枝轻轻地摇晃，美丽的银条儿和雪球儿簌簌地落下来，玉屑似的雪末儿随风飘扬，映着清晨的阳光，显出一道道五光十色的彩虹。

大街上的积雪足有一尺多深，人踩上去，脚底下发出咯吱咯吱的响声。一群群孩子在雪地里堆雪人，掷雪球儿。那欢乐的叫喊声，把树枝上的雪都震落下来了。

俗话说，“瑞雪兆丰年”。这个话有充分的科学根据，并不是一句迷信的成语。寒冬大雪，可以冻死一部分越冬的害虫；融化了的水渗进土层深处，又能供应庄稼生长的需要。我相信这一场十分及时的大雪，一定会促进明年春季作物，尤其是小麦的丰收。有经验的老农把雪比作是“麦子的棉被”。冬天“棉被”盖得越厚，明春麦子就长得越好，所以又有这样一句谚语：“冬天麦盖三层被，来年枕着馒头睡。”

我想，这就是人们为什么把及时的大雪称为“瑞雪”的道理吧。

四、命题说话（请在下列话题中任选一个题目，限时 3 分钟，共 40 分）

1. 我的愿望（或理想）

2. 我的学习生活

试卷三

一、读单音节字词（100 个音节，限时 3.5 分钟，共 10 分）

词	摸	硫	辫	鞋	砂	琴	爹	舔	黄
逗	僧	绢	恩	简	辰	法	搓	掉	棋
绣	仰	凝	瞥	敢	丢	碎	鳗	质	拍
准	酚	远	扑	赠	炒	旬	舱	甲	例
博	啃	军	勉	池	涛	补	儿	挂	学
纵	亭	饿	挥	备	两	凑	贼	棍	紧
雄	内	村	握	冬	函	伪	锐	何	软
袍	霜	荣	蜜	宅	履	窗	拐	程	丝
够	鸟	外	鄙	昂	靠	眨	狱	诸	却
耍	穷	嗓	媒	硕	款	拎	讽	涂	呀

二、读多音节词语（100 个音节，限时 2.5 分钟，共 20 分）

宣告	青蛙	状况	亏损	盆子	差别	电气化	效用	脆弱	人群
打鸣儿	所以	谬论	张罗	战略	音乐	脑海	出圈儿	窘迫	来宾
痛快	抓获	按钮	下去	配偶	首都	富翁	红娘	运输	鬼脸
叫好儿	仍然	日记	洗澡	棒槌	相关	从而	眼睛	化肥	尊重
恰当	怀抱	冰棍儿	男女	铁锹	灭亡	根据地	政策	佛祖	

三、朗读短文（400 个音节，限时 4 分钟，共 30 分）

记得我十三岁时，和母亲住在法国东南部的耐斯城。母亲没有丈夫，也没有亲戚，够清苦的，但她经常能拿出令人吃惊的东西摆在我面前。她从来不吃肉，一再说自己是素食者。然而有一天，我发现母亲正仔细地用一小块碎面包擦那给我煎牛排用的油锅。我明白了她称自己为素食者的真正原因。

我十六岁时，母亲成了耐斯市美蒙旅馆的女经理。这时，她更忙碌了。一天，她瘫在椅子上，脸色苍白，嘴唇发灰。马上找来医生，做出诊断：她摄取了过多的胰岛素。直到这时我才知道母亲多年一直对我隐瞒的疾痛——糖尿病。

她的头歪向枕头一边，痛苦地用手抓挠胸口。床架上方，则挂着一枚我1932年赢得耐斯市少年乒乓球冠军的银质奖章。

啊，是对我的美好前途的憧憬支撑着她活下去，为了给她那荒唐的梦至少加一点真实的色彩，我只能继续努力，与时间竞争，直至1938年我被征入空军。巴黎很快失陷，我辗转调到英国皇家空军。刚到英国就接到了母亲的来信。这些信是由在瑞士的一个朋友秘密地转到伦敦，送到我手中的。

现在我要回家了，胸前佩戴着醒目的绿黑两色的解放十字绶带，上面挂着五六枚我终生难忘的勋章，肩上还佩戴着军官肩章。到达旅馆时，没有一个人跟我打招呼。原来，我母亲在三年半以前就已经离开人间了。

在她死前的几天中，她写了近二百五十封信，把这些信交给她在瑞士的朋友，请这个朋友定时寄给我。就这样，在母亲死后的三年半的时间里，我一直从她身上吸取着力量和勇气——这使我能够继续战斗到胜利那一天。

四、命题说话（请在下列话题中任选一个，限时3分钟，共40分）

1. 我所在的集体
2. 我和体育

试卷四

一、读单音节字词（100个音节，限时3.5分钟，共10分）

奔	衡	末	团	腹	牢	洼	陶	缺	嚷
戳	穷	亏	劝	编	愣	居	昂	芯	柄
馅	肿	加	肯	瑟	艇	料	师	写	松
狗	持	歪	整	双	渴	救	叼	法	词
垮	荒	冒	剖	吻	平	子	擦	岸	粉
误	巴	乃	塘	鳃	氧	遮	缓	怯	组
善	寻	注	雄	剂	蕊	沁	高	坏	踱
撰	西	翁	斩	芽	女	闰	叠	宫	层
藕	陈	砂	而	米	云	历	堆	晒	元
匿	胚	狼	逛	决	锅	贼	典	项	彤

二、读多音节词语（100个音节，限时2.5分钟，共20分）

陡峭	地下水	濒于	成虫	窘迫	门洞儿	挂历	封锁	牌楼	软骨
条款	数量	天鹅	找茬儿	恰好	增强	率领	悲惨	虐待	小气
特别	非常	簇拥	佛寺	报销	宣布	稀罕	打开	饭盒儿	商品
日渐	人群	红军	画卷	月球	自治区	难怪	将来	农村	准许
玩意儿	状况	每天	为了	蜗牛	障碍	婴儿	创造	灭顶	

三、朗读短文（400个音节，限时4分钟，共30分）

读小学的时候，我的外祖母去世了。外祖母生前最疼爱我，我无法排除自己的忧伤，每天在学校的操场上一圈儿又一圈儿地跑着，跑得累倒在地上，扑在草坪上痛哭。

那哀痛的日子，断断续续地持续了很久，爸爸妈妈也不知道如何安慰我。他们知道与其骗我说外祖母睡着了，还不如对我说实话：外祖母永远不会回来了。

“什么是永远不会回来呢？”我问着。

“所有时间里的事物，都永远不会回来。你的昨天过去，它就永远变成昨天，你不能再回到昨天。爸爸以前也和你一样小，现在也不能回到你这么小的童年了；有一天你会长大，你会像外祖母一样老；有一天你度过了你的时间，就永远不会回来了。”爸爸说。

爸爸等于给我一个谜语，这谜语比课本上的“日历挂在墙壁，一天撕去一页，使我心里着急”和“一寸光阴一寸金，寸金难买寸光阴”还让我感到可怕；也比作文本上的“光阴似箭，日月如梭”更让我觉得有一种说不出的滋味。

时间过得那么飞快，使我的小心眼儿里不只是着急，而是悲伤。有一天我放学回家，看到太阳快落山了，就下决心说：“我要比太阳更快地回家。”我狂奔回去，站在庭院前喘气的时候，看到太阳还露着半边脸，我高兴地跳跃起来，那一天我跑赢了太阳。以后我就时常做那样的游戏，有时和太阳赛跑，有时和西北风比快，有时一个暑假才能做完的作业，我十天就做完了；那时我三年级，常常把哥哥五年级的作业拿来做。每一次比赛胜过时间，我就快乐得不知道怎么形容。

如果将来我有什么要教给我的孩子，我会告诉他：假若你一直和时间比赛，你就可以成功！

四、命题说话（请在下列话题中任选一个，限时3分钟，共40分）

1. 我喜欢的节日
2. 谈谈服饰

试卷五

一、读单音节字词（100个音节，限时3.5分钟，共10分）

鳞　貌　贼　癞　泉　胀　瘸　自　旁　奥
怎　蒙　斥　瓜　野　熄　吻　放　摸　候
卫　株　麻　窘　憨　远　磁　贺　柔　女
掐　髓　蔑　任　秧　恒　狗　备　耳　绒
脊　寿　帖　交　捶　酚　宋　燎　齿　砖
承　溺　茎　裁　瓮　咂　状　额　武　辨
吕　捐　撂　顶　鬓　盆　晒　墙　引　窃
金　恐　奎　艇　辽　伟　连　锭　挑　期
拗　肯　妃　井　越　潘　允　搬　曲　肠
刃　勤　幂　呈　匹　挖　缓　熊　样　根

二、读多音节词语（100个音节，限时2.5分钟，共20分）

兔子　危害　退化　诚实　冬天　列席　因而　美味　不用　孢子
眯缝　责怪　法令　昂然　浪头　抵挡　豆芽儿　地域　文风　灭亡

佛像	两样	经验	淋巴结	黑暗	辉煌	直接	折腾	顽强	轻率
人群	成分	饭馆儿	撇开	压迫	性情	脑子	亚热带	农村	贫穷
药水	打盹儿	眼窝	当代	啄木鸟	机器人	法典			

三、朗读短文（400 个音节，限时 4 分钟，共 30 分）

朋友即将远行。

暮春时节，又邀了几位朋友在家小聚。虽然都是极熟的朋友，却是终年难得一见，偶尔电话里相遇，也无非是几句寻常话。一锅小米稀饭，一碟大头菜，一盘自家酿制的泡菜，一只巷口买回的烤鸭，简简单单，不像请客，倒像家人团聚。

其实，友情也好，爱情也好，久而久之都会转化为亲情。

说也奇怪，和新朋友会谈文学、谈哲学、谈人生道理，等等，和老朋友却只话家常，柴米油盐，细细碎碎，种种琐事。很多时候，心灵的契合已经不需要太多的言语来表达。

朋友新烫了个头，不敢回家见母亲，恐怕惊骇了老人家，却欢天喜地来见我们，老朋友颇能以一种趣味性的眼光欣赏这个改变。

年少的时候，我们差不多都在为别人而活，为苦口婆心的父母活，为循循善诱的师长活，为许多观念、许多传统的约束力而活。年岁逐增，渐渐挣脱外在的限制与束缚，开始懂得为自己活，照自己的方式做一些自己喜欢的事，不在乎别人的批评意见，不在乎别人的诋毁流言，只在乎那一份随心所欲的舒坦自然。偶尔，也能够纵容自己放浪一下，并且有一种恶作剧的窃喜。

就让生命顺其自然，水到渠成吧，犹如窗前的乌桕，自生自落之间，自有一份圆融丰满的喜悦。春雨轻轻落着，没有诗，没有酒，有的只是一份相知相属的自在自得。

夜色在笑语中渐渐沉落，朋友起身告辞，没有挽留，没有送别，甚至也没有问归期。

已经过了大喜大悲的岁月，已经过了伤感流泪的年华，知道了聚散原来是这样的自然和顺理成章，懂得这点，便懂得珍惜每一次相聚的温馨，离别便也欢喜。

四、命题说话（请在下列话题中任选一个，限时 3 分钟，共 40 分）

1. 我喜欢的动物
2. 学习普通话的体会

试卷六

一、读单音节字词（100 个音节，限时 3.5 分钟，共 10 分）

抛	舜	戳	念	蹄	庄	陕	恨	熬	窥
媚	百	瞥	逆	探	软	究	群	法	残
轧	迁	裂	蚕	耳	瞎	瘦	梗	揍	仿
矛	扎	挪	灭	比	昧	孙	日	丹	总
坛	拎	随	电	汝	劝	黑	定	专	谬
耸	香	射	捞	滑	死	德	掰	此	妙
女	明	鸟	丰	奶	罐	砂	扯	逛	粉

狼　抄　诵　绳　窘　驻　掇　怎　揉　理
悦　遵　信　杆　藕　蕴　贴　吾　永　歪
迸　篇　钛　坎　螯　筛　本　缀　勉　谕

二、读多音节词语（100 个音节，限时 2.5 分钟，共 20 分）

不啻　特别　传记　战略　乐章　天然气　宣战　浅显　长征　自来水
疲倦　标准　患者　一会儿　痕迹　恰好　景色　地板　扎实　它们
快乐　产物　明确　军队　头发　四周　纠纷　英雄　跳蚤　韵味
胡同儿　感染　沉积　仍然　原因　幅度　难怪　舒展　麻醉　贞操
小说儿　富翁　雨点儿　笑话儿　何况　弄虚作假　污染　赔偿

三、朗读短文（400 个音节，限时 4 分钟，共 30 分）

享受幸福是需要学习的，当它即将来临的时刻需要提醒。人可以自然而然地学会感官的享乐，却无法天生地掌握幸福的韵律。灵魂的快意同器官的舒适像一对孪生兄弟，时而相傍相依，时而南辕北辙。

幸福是一种心灵的震颤。它像会倾听音乐的耳朵一样，需要不断地训练。

简而言之，幸福就是没有痛苦的时刻。它出现的频率并不像我们想象的那样少。人们常常只是在幸福的金马车已经驶过去很远时，才捡起地上的金鬃毛说，原来我见过它。

人们喜爱回味幸福的标本，却忽略它披着露水散发清香的时刻。那时候我们往往步履匆匆，瞻前顾后不知在忙着什么。

世上有预报台风的，有预报蝗灾的，有预报瘟疫的，有预报地震的。没有人预报幸福。

其实幸福和世界万物一样，有它的征兆。

幸福常常是朦胧的，很有节制地向我们喷洒甘霖。你不要总希望轰轰烈烈的幸福，它多半只是悄悄地扑面而来。你也不要企图把水龙头拧得更大，那样它会很快地流失。你需要静静地以平和之心，体验它的真谛。

幸福绝大多数是朴素的。它不会像信号弹似的，在很高的天际闪烁红色的光芒。它披着本色的外衣，亲切温暖地包裹起我们。

幸福不喜欢喧嚣浮华，它常常在暗淡中降临。贫困中相濡以沫的一块糕饼，患难中心心相印的一个眼神，父亲一次粗糙的抚摸，女友一张温馨的字条……这都是千金难买的幸福啊。像一粒粒缀在旧绸子上的红宝石，在凄凉中愈发熠熠夺目。

四、命题说话（请在下列话题中任选一个，限时 3 分钟，共 40 分）

1. 我喜爱的期刊

2. 我喜爱的文学（或其他艺术形式）

附录二　韵母辨正辅助字表

an

半—拌　伴　绊
反—返　饭　贩　扳　板　版　叛
安—氨　鞍　按　案
旦—担　胆　但　坦　袒
兰—栏　拦　烂
占—粘　沾　毡　战　站
山—舢　汕　疝　讪　灿
曼—馒　慢　漫　蔓　幔　谩
干—杆　肝　赶　罕　汗　旱　捍　悍
番—翻　幡　藩　蕃

ang

方—芳　坊　房　防　妨　肪　仿　纺　访　舫　放
当—裆　铛　挡　档
丈—杖　仗
昌—猖　倡　唱
亢—抗　炕　航　杭　吭　肮
冈—刚　钢　纲　岗
章—彰　樟　障
旁—榜　膀　傍　谤　磅　滂　螃
亡—盲　氓　芒　茫　妄　忘
尚—倘　淌　躺　趟　党　棠　常　尝　偿　敞　掌　赏　裳

en

门—闷　们　扪　焖
忍—忍　刃　纫　韧　轫　仞
分—盆　芬　吩　纷　氛　汾　棼　粉　份　忿
本—苯　笨
壬—任　荏　饪　妊　衽
贞—侦　桢　祯
申—伸　呻　绅　砷　神　审　婶
艮—根　跟　茛　垦　恳　痕　很　狠　恨
辰—宸　晨　振　震

枕—忱　沈
肯—啃
参—渗
贲—喷　愤
甚—真　慎　缜　镇　嗔

eng

风—枫　疯　讽
正—怔　征　症　整　证　政　症　惩
生—牲　甥　笙　胜
成—诚　城　盛
争—挣　铮　峥　狰　睁　筝　诤
丞—蒸　拯
亨—烹　哼
呈—程　酲　逞
更—绠　埂　哽　梗　鲠
庚—赓
奉—捧　俸
朋—崩　绷　蹦　棚　硼　鹏
乘—剩　嵊
孟—猛　锰　蜢　勐　艋
峰—蓬　篷　烽　蜂　锋　逢　缝
曾—憎　增　缯　赠　蹭　僧
彭—膨　澎
塄—楞　愣
登—蹬　凳　澄　磴　镫　瞪
誊—腾　藤　滕
蒙—檬　朦　艨　蠓

in

心—沁　芯
今—衿　矜　妗　衾　琴　芩　吟
斤—近　靳　芹　忻　欣　新　昕　薪
民—岷　抿
因—洇　茵　姻　氤　铟
阴—荫
尽—烬
辛—亲　莘　锌

林—彬　淋　琳　霖
侵—浸　寝
宾—傧　滨　缤　槟　镔　殡　摈　鬓　嫔
禽—擒　噙
堇—谨　馑　瑾　槿　勤　鄞
禁—襟　噤
嶙—粼　遴　辚　磷　鳞　麟

ing

丁—仃　疔　盯　钉　酊　顶　订　厅　汀
并—饼　屏　瓶
宁—拧　咛　狞　柠　泞
丙—炳　柄　病
平—评　苹　坪　枰　萍
令—伶　泠　苓　玲　翎　聆　蛉　零　龄　岭　领
名—茗　铭　酩
廷—庭　蜓　霆　挺　梃　艇　铤
形—荆　刑　邢　型
京—惊　鲸　黥
定—锭　碇
英—瑛
茎—泾　经　颈　刭　劲　径　胫　痉　轻　氢
青—菁　睛　精　靖　静　清　蜻　鲭　情　晴　氰
冥—螟　溟　暝　瞑
亭—停　婷　葶
凌—陵　菱　绫
营—莺　荧　莹　萤　萦　滢
婴—撄　嘤　樱　鹦　罂
敬—儆　警　擎
景—憬　影

附录三　普通话异读词审音表

A

阿
（一）ā ～訇　～罗汉　～姨
（二）ē　～谀　～附　～胶
　～弥陀佛
挨
（一）āi ～个儿　～近
（二）ái ～打　～说
癌ái（统读）
霭ǎi（统读）
蔼ǎi（统读）
隘ài（统读）
谙ān（统读）
埯ǎn（统读）
昂áng（统读）
凹āo（统读）
拗
（一）ào ～口
（二）niù 执～　脾气很～
坳ào（统读）

B

拔bá（统读）
把bà 印～子
白bái（统读）
拜bái ～～（再见；分手）
膀bǎng 翅～
蚌
（一）bàng 蛤～
（二）bèng ～埠
傍bàng（统读）
磅bàng 过～
龅bāo（统读）
胞bāo（统读）
薄
（一）báo（语）常单用，如“纸很～”。
（二）bó（文）多用于复音词。～弱　稀～　淡～　尖嘴～舌　单～　厚～
堡
（一）bǎo 碉～　～垒
（二）bǔ ～子　吴～
瓦窑～　柴沟～
（三）pù 十里～
暴
（一）bào ～露
（二）pù 一～（曝）十寒
爆bào（统读）
焙bèi（统读）
惫bèi（统读）
背bèi ～脊　～静
鄙bǐ（统读）
俾bǐ（统读）
笔bǐ（统读）
比bǐ（统读）
臂
（一）bì 手～　～膀
（二）bei 胳～
庇bì（统读）
髀bì（统读）
避bì（统读）
辟bì 复～
裨bì ～补　～益
婢bì（统读）
痹bì（统读）
壁bì（统读）
蝙biān（统读）
遍biàn（统读）
骠
（一）biāo 黄～马
（二）piào ～骑　～勇
傧bīn（统读）
缤bīn（统读）
濒bīn（统读）
髌bìn（统读）
屏
（一）bǐng ～除　～弃
～气　～息
（二）píng ～藩　～风
柄bǐng（统读）
波bō（统读）
播bō（统读）
菠bō（统读）
剥
（一）bō（文）～削
（二）bāo（语）
泊
（一）bó（停留、平静）
停～　～车　淡～　漂～
（二）pō 湖～　血～
帛bó（统读）
勃bó（统读）
钹bó（统读）
伯
（一）bó ～～（bo）老～
（二）bǎi 大～子（丈夫的哥哥）
箔bó（统读）
簸
（一）bǒ 颠～
（二）bò ～箕

膊bo 胳～
卜bo 萝～
醭bú（统读）
哺bǔ（统读）
捕bǔ（统读）
鵏bǔ（统读）
埠bù（统读）

C

残cán（统读）
惭cán（统读）
灿càn（统读）
藏
（一）cáng 矿～ 库～
（丰富）
（二）zàng 宝～ 大～经
糙cāo（统读）
嘈cáo（统读）
螬cáo（统读）
厕cè（统读）
岑cén（统读）
差
（一）chā（文）不～累黍
偏～ 色～ ～别 视～
误～ 电势～ 一念之～
～池 ～错 言～语错
一～二错 阴错阳～ ～等
～额 ～价 ～强人意
～数 ～异
（二）chà（语）不～什么
～不多 ～不离 ～点儿
（三）cī 参～
猹chá（统读）
搽chá（统读）
阐chǎn（统读）
羼chàn（统读）
颤
（一）chàn ～动 发～
（二）zhàn ～栗（战栗）
打～（打战）
韂chàn（统读）
伥chāng（统读）
场
（一）chǎng ～合 ～所
冷～ 捧～ 外～ 圩～
一～大雨
（二）cháng ～院
（三）chang 排～
钞chāo（统读）
巢cháo（统读）
嘲cháo ～讽 ～骂 ～笑
耖chào（统读）
车
（一）chē 安步当～
杯水～薪 闭门造～
螳臂当～
（二）jū（象棋棋子名称）
晨chén（统读）
称chèn ～心 ～意 ～职
对～ 相～
撑chēng（统读）
乘
（一）chéng（动作义）
包～制 ～便 ～风破浪
～客 ～势 ～兴
（佛教术语）大～ 小～
上～
（二）shèng（名物义）
千～之国
橙chéng（统读）
惩chéng（统读）
澄
（一）chéng（文）～清（如
"～清混乱""～清问题"）
（二）dèng（语）单用
"把水～清了"
痴chī（统读）
吃chī（统读）
弛chí（统读）
褫chǐ（统读）
尺chǐ ～寸 ～头
豉chǐ（统读）
侈chǐ（统读）
炽chì（统读）
舂chōng（统读）
冲chòng ～床 ～模
臭
（一）chòu 遗～万年
（二）xiù 乳～ 铜～
储chǔ（统读）
处chǔ（动作义）～罚 ～分
～决 ～理 ～女 ～置
畜
（一）chù（名物义）～力
家～ 牲～ 幼～ ～类
（二）xù（动作义）～产
～牧 ～养
触chù（统读）
搐chù（统读）
绌chù（统读）
黜chù（统读）
闯chuǎng（统读）
创
（一）chuàng 草～ ～举
首～ ～造 ～作
（二）chuāng ～伤 重～
绰
（一）chuò ～～有余
（二）chuo 宽～
疵cī（统读）
雌cí（统读）
赐cì（统读）
伺cì ～候
枞

(一) cōng ～树
(二) zōng ～阳(地名)
从cóng(统读)
丛cóng(统读)
攒cuán 万头～动
万箭～心
脆cuì(统读)
撮
(一) cuō ～儿　一～儿盐
一～儿匪帮
(二) zuǒ 一～儿毛
措cuò(统读)

D

搭dā(统读)
答
(一) dá 报～　～复
(二) dā ～理　～应
打dá 苏～　一～(十二个)
大
(一) dà ～夫(古官名)
～王(如爆破～王、钢铁～王)
(二) dài ～夫(医生)
～王(如山～王)
呆dāi(统读)
傣Dǎi(统读)
逮
(一) dài(文)～捕
(二) dǎi(语)单用
～蚊子　～特务
当
(一) dāng ～地　～间儿
～年(指过去)　～日(指过去)　～天(指过去)
～时(指过去)
(二) dàng 一个～俩　安步～车　适～　勾～　～年(同一年)　～日(同一时候)　～天(同一天)
档dàng(统读)
蹈dǎo(统读)
导dǎo(统读)
倒
(一) dǎo 颠～　颠～是非
颠～黑白　颠三～四
倾箱～箧　排山～海　～板
～嚼　～仓　～嗓　～戈
潦～
(二) dào ～粪(翻动粪肥)
悼dào(统读)
纛dào(统读)
凳dèng(统读)
羝dī(统读)
氐dī(古民族名)
堤dī(统读)
提dī ～防
的
(一) dī ～士
(二) dí ～当　～确
抵dǐ(统读)
蒂dì(统读)
缔dì(统读)
谛dì(统读)
跌diē(统读)
蝶dié(统读)
订dìng(统读)
都
(一) dōu ～来了
(二) dū ～市　首～　大～(大多)
堆duī(统读)
吨dūn(统读)
盾dùn(统读)
多duō(统读)
咄duō(统读)
掇
(一) duō("拾取、采取"义)
(二) duo 撺～　掂～
裰duō(统读)
踱duó(统读)
度duó 忖～　～德量力

E

婀ē(统读)

F

伐fá(统读)
阀fá(统读)
砝fǎ(统读)
法fǎ(统读)
发fà 理～　脱～　结～
帆fān(统读)
藩fān(统读)
梵fàn(统读)
坊
(一) fāng 牌～　～巷
(二) fáng 粉～　磨～
碾～　染～　油～　谷～
妨fáng(统读)
防fáng(统读)
肪fáng(统读)
沸fèi(统读)
汾fén(统读)
讽fěng(统读)
肤fū(统读)
敷fū(统读)
俘fú(统读)
浮fú(统读)
服fú ～毒　～药
拂fú(统读)
辐fú(统读)
幅fú(统读)
甫fǔ(统读)

复fù（统读）
缚fù（统读）

G

噶gá（统读）
冈gāng（统读）
刚gāng（统读）
岗gǎng ～楼 ～哨 ～子
门～ 站～ 山～子
港gǎng（统读）
葛
（一）gé ～藤 ～布 瓜～
（二）gě（姓）（包括单、复姓）
隔gé（统读）
革gé ～命 ～新 改～
合gě（一升的十分之一）
给
（一）gěi（语）单用
（二）jǐ（文）补～ 供～
供～制 ～予 配～
自～自足
亘gèn（统读）
更gēng 五～ ～生
颈gěng 脖～子
供
（一）gōng ～给 提～
～销
（二）gòng 口～ 翻～
上～
佝gōu（统读）
枸gǒu ～杞
勾gòu ～当
估（除"～衣"读gù外，都读gū）
骨（除"～碌""～朵" 读gū外，都读gǔ）
谷gǔ ～雨
锢gù（统读）
冠
（一）guān（名物义）～心病
（二）guàn（动作义）沐猴而～ ～军
犷guǎng（统读）
庋guǐ（统读）
匮guì（同"柜"）石室金～ 《金～要略》
桧
（一）guì（树名）
（二）huì（人名）秦～
刽guì（统读）
聒guō（统读）
蝈guō（统读）
过（除姓氏读guō外，都读guò）

H

虾há ～蟆
哈
（一）hǎ ～达
（二）hà ～什蚂
汗hán 可～
巷hàng ～道
号háo 寒～虫
和
（一）hè 唱～ 附～
曲高～寡
（二）huo 掺～ 搅～
暖～ 热～ 软～
貉
（一）hé（文）一丘之～
（二）háo（语）～绒 ～子
壑hè（统读）
褐hè（统读）
喝
（一）hē ～水
（二）hè ～采 ～道 ～令
～止 呼幺～六
鹤hè（统读）
黑hēi（统读）
亨hēng（统读）
横
（一）héng ～肉 ～行霸道
（二）hèng 蛮～ ～财
訇hōng（统读）
虹hóng（统读）（口语单说也读jiàng）
讧hòng（统读）
囫hú（统读）
瑚hú（统读）
蝴hú（统读）
桦huà（统读）
徊huái（统读）
踝huái（统读）
浣huàn（统读）
黄huáng（统读）
荒huang 饥～（指经济困难）
诲huì（统读）
贿huì（统读）
会huì 一～儿 多～儿
～厌（生理名词）
混hùn ～合 ～乱 ～凝土
～淆 ～血儿 ～杂
蠖huò（统读）
霍huò（统读）
豁huò ～亮
获huò（统读）

J

羁jī（统读）
击jī（统读）
奇jī ～数
芨jī（统读）

缉
(一) jī 通～ 侦～
(二) qī ～鞋口
几 jī 茶～ 条～ ～乎
圾 jī (统读)
戢 jí (统读)
疾 jí (统读)
汲 jí (统续)
棘 jí (统读)
藉 jí 狼～ (籍)
嫉 jí (统读)
脊 jǐ (统读)
纪
(一) jǐ (姓)
(二) jì ～念 ～律
纲～ ～元 偈 jì ～语
偈 jì ～语
绩 jì (统读)
迹 jì (统读)
寂 jì (统读)
箕 ji 簸～
辑 ji 逻～
茄 jiā 雪～
夹 jiā ～带藏掖 ～道儿
～攻 ～棍 ～生 ～杂
～竹桃 ～注
浃 jiā (统读)
甲 jiǎ (统读)
歼 jiān (统读)
鞯 jiān (统读)
间
(一) jiān ～不容发 中～
(二) jiàn 中～儿 ～道
～谍 ～断 ～或 ～接
～距 ～隙 ～续 ～阻
～作 挑拨离～
趼 jiǎn (统读)
俭 jiǎn (统读)
缰 jiāng (统读)
膙 jiǎng (统读)
嚼
(一) jiáo (语) 味同～蜡
咬文～字
(二) jué (文) 咀～ 过屠
门而大～
(三) jiào 倒～ (倒嚼)
侥 jiǎo ～幸
角
(一) jiǎo 八～ (大茴香)
～落 独～戏 ～膜 ～度
～儿 (犄～) ～楼 勾心斗～
号～ 口～ (嘴～) 鹿～菜
头～
(二) jué ～斗 ～儿 (脚
色) 口～ (吵嘴) 主～儿
配～儿 ～力 捧～儿
脚
(一) jiǎo 根～
(二) jué ～儿 (也作"角
儿", 脚色)
剿
(一) jiǎo 围～
(二) chāo ～说 ～袭
校 jiào ～勘 ～样 ～正
较 jiào (统读)
酵 jiào (统读)
嗟 jiē (统读)
疖 jiē (统读)
结 (除"～了个果子""开
花～果""～巴""～实"念
jiē之外, 其他都念 jié)
睫 jié (统读)
芥
(一) jiè ～菜 (一般的芥
菜) ～末
(二) gài ～菜 (也作"盖
菜") ～蓝菜
矜 jīn ～持 自～ ～怜
仅 jǐn ～～ 绝无～有
馑 jǐn (统读)
觐 jìn (统读)
浸 jìn (统读)
茎 jīng (统读)
粳 jīng (统读)
鲸 jīng (统读)
境 jìng (统读)
痉 jìng (统读)
劲 jìng 刚～
窘 jiǒng (统读)
究 jiū (统读)
纠 jiū (统读)
鞠 jū (统读)
鞫 jū (统读)
掬 jū (统读)
苴 jū (统读)
咀 jǔ ～嚼
矩
(一) jǔ ～形
(二) ju 规～
俱 jù (统读)
龟 jūn ～裂 (也作"皲裂")
菌
(一) jūn 细～ 病～
杆～ 霉～
(二) jùn 香～ ～子
俊 jùn (统读)

K

卡
(一) kǎ ～宾枪 ～车
～介苗 ～片 ～通
(二) qiǎ ～子 关～
揩 kāi (统读)
慨 kǎi (统读)

忾kài（统读）
勘kān（统读）
看kān ～管　～护　～守
慷kāng（统读）
拷kǎo（统读）
坷kē ～拉（垃）
疴kē（统读）
壳
（一）ké（语）～儿　贝～儿　脑～　驳～枪
（二）qiào（文）地～　甲～　躯～
可
（一）kě ～以　～能
（二）kè ～汗
恪kè（统读）
刻kè（统读）
克kè ～扣
空
（一）kōng ～心砖　～城计
（二）kòng ～心吃药
眍kōu（统读）
矻kū（统读）
酷kù（统读）
框kuàng（统读）
矿kuàng（统读）
傀kuǐ（统读）
溃
（一）kuì ～烂
（二）huì ～脓
篑kuì（统读）
括kuò（统读）

L

垃lā（统读）
邋lā（统读）
罱lǎn（统读）
缆lǎn（统读）
蓝lan 苤～
琅láng（统读）
捞lāo（统读）
劳láo（统读）
醪láo（统读）
烙
（一）lào ～印　～铁　～饼
（二）luò 炮～（古酷刑）
勒
（一）lè（文）～逼　～令　～派　～索　悬崖～马
（二）lēi（语）多单用。
擂（除“～台”“打～”读lèi外，都读léi）
礌léi（统读）
羸léi（统读）
蕾lěi（统读）
累
（一）lèi〔辛劳义，如“受～”（受劳～）〕
（二）léi（如“～赘”）
（三）lěi〔牵连义，如“带～”“～及”“连～”“赔～”“牵～”“受～”（受牵～）〕
蠡
（一）lí 管窥～测
（二）lǐ ～县　范～
喱lí（统读）
连lián（统读）
敛liǎn（统读）
恋liàn（统读）
量
（一）liàng ～入为出　忖～
（二）liang 打～　掂～
踉liàng ～跄
潦liáo ～草　～倒
劣liè（统读）
捩liè（统读）
趔liè（统读）
拎līn（统读）
遴lín（统读）
淋
（一）lín ～浴　～漓　～巴
（二）lìn ～硝　～盐　～病
蛉líng（统读）
榴liú（统读）
馏
（一）liú（文）如“干～”“蒸～”。
（二）liù（语）如“～馒头”。
镏liú ～金
碌liù ～碡
笼
（一）lóng（名物义）～子　牢～
（二）lǒng（动作义）～络　～括　～统　～罩
偻
（一）lóu 佝～
（二）lǚ 伛～
瞜lou 眍～
虏lǔ（统读）
掳lǔ（统读）
露
（一）lù（文）赤身～体　～天　～骨　～头角　藏头～尾　抛头～面　～头（矿）
（二）lòu（语）～富　～苗　～光　～相　～马脚　～头
榈lǘ（统读）
捋
（一）lǚ ～胡子
（二）luō ～袖子
绿

（一）lǜ（语）
（二）lù（文）～林 鸭～江
孪luán（统读）
挛luán（统读）
掠lüè（统读）
囵lún（统读）
络luò ～腮胡子
落
（一）luò（文）～膘 ～花生 ～魄 涨～ ～槽 着～
（二）lào（语）～架 ～色 ～炕 ～枕 ～儿 ～子（一种曲艺）
（三）là（语）遗落义
丢三～四 ～在后面

M

脉（除“～～”念mòmò外，一律念mài）
漫màn（统读）
蔓
（一）màn（文）～延
不～不枝
（二）wàn（语）瓜～ 压～
牤māng（统读）
氓máng 流～
芒máng（统读）
铆mǎo（统读）
瑁mào（统读）
虻méng（统读）
盟méng（统读）
祢mí（统读）
眯
（一）mí ～了眼（灰尘等入目，也作“迷”）
（二）mī ～了一会儿（小睡） ～缝着眼（微微合目）
靡
（一）mí ～费
（二）mǐ 风～ 委～ 披～
秘（除“～鲁”读bì外，都读mì）
泌
（一）mì（语）分～
（二）bì（文）～阳（地名）
娩miǎn（统读）
缈miǎo（统读）
皿mǐn（统读）
闽mǐn（统读）
茗míng（统读）
酩mǐng（统读）
谬miù（统读）
摸mō（统读）
模
（一）mó ～范 ～式 ～型 ～糊 ～特儿 ～棱两可
（二）mú ～子 ～具 ～样
膜mó（统读）
摩mó 按～ 抚～
嬷mó（统读）
墨mò（统读）
耱mò（统读）
沫mò（统读）
缪móu 绸～

N

难
（一）nán 困～（或变轻声）～兄～弟（难得的兄弟，现多用作贬义）
（二）nàn 排～解纷 发～ 刁～ 责～ ～兄～弟（共患难或同受苦难的人）
蝻nǎn（统读）
蛲náo（统读）
讷nè（统读）
馁něi（统读）
嫩nèn（统读）
恁nèn（统读）
妮nī（统读）
拈niān（统读）
鲇nián（统读）
酿niàng（统读）
尿
（一）niào 糖～症
（二）suī（只用于口语名词）
尿（niào）～脬
嗫niè（统读）
宁
（一）níng 安～
（二）nìng ～可 无～ （姓）
忸niǔ（统读）
脓nóng（统读）
弄
（一）nòng 玩～
（二）lòng ～堂
暖nuǎn（统读）
衄nǜ（统读）
疟
（一）nüè（文）～疾
（二）yào（语）发～子
娜
（一）nuó 婀～ 袅～
（二）nà（人名）

O

殴ōu（统读）
呕ǒu（统读）

P

杷pá（统读）
琶pá（统读）
牌pái（统读）
排pǎi ～子车

迫pǎi ～击炮
湃pài（统读）
爿pán（统读）
胖pán心广体～
蹒pán（统读）
畔pàn（统读）
乓pāng（统读）
滂pāng（统读）
脬pāo（统读）
胚pēi（统读）
喷
（一）pēn ～嚏
（二）pèn ～香
（三）pen嚏～
澎péng（统读）
坯pī（统读）
披pī（统读）
匹pǐ（统读）
僻pì（统读）
譬pì（统读）
片
（一）piàn ～子　唱～　画～　相～　影～　～儿会
（二）piān（口语一部分词）～子　～儿　唱～儿　画～儿　相～儿　影～儿
剽piāo（统读）
缥piāo ～缈（飘渺）
撇piē ～弃
聘pìn（统读）
乒pīng（统读）
颇pō（统读）
剖pōu（统读）
仆
（一）pū前～后继
（二）pú ～人
扑pū（统读）
朴
（一）pǔ俭～　～素　～质
（二）pō ～刀
（三）pò ～硝　厚～
蹼pǔ（统读）
瀑pù ～布
曝
（一）pù一～十寒
（二）bào ～光（摄影术语）

Q

栖qī两～
戚qī（统读）
漆qī（统读）
期qī（统读）
蹊qī ～跷
蛴qí（统读）
畦qí（统读）
萁qí（统读）
骑qí（统读）
企qǐ（统读）
绮qǐ（统读）
杞qǐ（统读）
槭qì（统读）
洽qià（统读）
签qiān（统读）
潜qián（统读）
荨
（一）qián（文）～麻
（二）xún（语）～麻疹
嵌qiàn（统读）
欠qian 打哈～
戕qiāng（统读）
镪qiāng　～水
强
（一）qiáng　～渡　～制　～取豪夺　博闻～识
（二）qiǎng　勉～　牵～　～词夺理　～迫　～颜为笑
（三）jiàng倔～
襁qiǎng（统读）
跄qiàng（统读）
悄
（一）qiāo ～～儿的
（二）qiǎo ～默声儿的
橇qiāo（统读）
翘
（一）qiào（语）～尾巴
（二）qiáo（文）～首　～楚　连～
怯qiè（统读）
挈qiè（统读）
趄qie 趔～
侵qīn（统读）
衾qīn（统读）
噙qín（统读）
倾qīng（统读）
亲qìng　～家
穹qióng（统读）
黢qū（统读）
曲（麯）qū　大～　红～　酒～
渠qú（统读）
瞿qú（统读）
蠼qú（统读）
苣qǔ　～荬菜
龋qǔ（统读）
趣qù（统读）
雀què　～斑　～盲症

R

髯rán（统读）
攘rǎng（统读）
桡ráo（统读）
绕rào（统读）
任rén（姓，地名）
妊rèn（统读）

扔rēng（统读）
容róng（统读）
糅róu（统读）
茹rú（统读）
孺rú（统读）
蠕rú（统读）
辱rǔ（统读）
挼ruó（统读）

S

靸sǎ（统读）
噻sāi（统读）
散
（一）sǎn　懒～
零零～～　～漫
（二）san　零～
丧sang　哭～着脸
扫
（一）sǎo　～兴
（二）sào　～帚
埽sào（统读）
色
（一）sè（文）
（二）shǎi（语）
塞
（一）sè（文）动作义
（二）sāi（语）（名物义）
活～　瓶～
（动作义）把洞～住
森sēn（统读）
煞
（一）shā　～尾　收～
（二）shà　～白
啥shá（统读）
厦
（一）shà（语）
（二）xià（文）　～门　噶～
杉
（一）shān（文）紫～
红～　水～
（二）shā（语）～篙　～木
衫shān（统读）
姗shān（统读）
苫
（一）shàn（动作义）～布
（二）shān（名物义）草～子
墒shāng（统读）
猞shē（统读）
舍shè　宿～
慑shè（统读）
摄shè（统读）
射shè（统读）
谁shéi，又音shuí
娠shēn（统读）
什（甚）shén　～么
蜃shèn（统读）
葚
（一）shèn（文）桑～
（二）rèn（语）桑～儿
胜shèng（统读）
识shí　常～　～货　～字
似shì　～的
室shì（统读）
螫shì（文）
匙shi　钥～
殊shū（统读）
蔬shū（统读）
疏shū（统读）
叔shū（统读）
淑shū（统读）
菽shū（统读）
熟
（一）shú（文）
（二）shóu（语）
署shǔ（统读）
曙shǔ（统读）
漱shù（统读）
戍shù（统读）
蟀shuài（统读）
孀shuāng（统读）
说shuì　游～
数shuò　～见不鲜
硕shuò（统读）
蒴shuò（统读）
艘sōu（统读）
嗾sǒu（统读）
速sù（统读）
塑sù（统读）
虽suī（统读）
绥suí（统读）
髓suǐ（统读）
遂
（一）suì　不～　毛～自荐
（二）suí　半身不～
隧suì（统读）
隼sǔn（统读）
莎suō　～草
缩
（一）suō　收～
（二）sù　～砂密（一种植物）
嗍suō（统读）
索suǒ（统读）

T

趿tā（统读）
鳎tǎ（统读）
獭tǎ（统读）
沓
（一）tà　重～
（二）ta　疲～
（三）dá　一～纸
苔
（一）tái（文）
（二）tāi（语）

探tàn（统读）
涛tāo（统读）
悌tì（统读）
佻tiāo（统读）
调tiáo ～皮
帖
（一）tiē 妥～　伏伏～～
俯首～耳
（二）tiě 请～　字～儿
（三）tiè 字～　碑～
听tīng（统读）
庭tíng（统读）
骰tóu（统读）
凸tū（统读）
突tū（统读）
颓tuí（统读）
蜕tuì（统读）
臀tún（统读）
唾tuò（统读）

W

娲wā（统读）
挖wā（统读）
瓦wà ～刀
㖞wāi（统读）
蜿wān（统读）
玩wán（统读）
惋wǎn（统读）
脘wǎn（统读）
往wǎng（统读）
忘wàng（统读）
微wēi（统读）
巍wēi（统读）
薇wēi（统读）
危wēi（统读）
韦wéi（统读）
违wéi（统读）
唯wéi（统读）
圩
（一）wéi ～子
（二）xū ～（墟）场
纬wěi（统读）
委wěi ～靡
伪wěi（统读）
萎wěi（统读）
尾
（一）wěi ～巴
（二）yǐ 马～儿
尉wèi ～官
文wén（统读）
闻wén（统读）
紊wěn（统读）
喔wō（统读）
蜗wō（统读）
硪wò（统读）
诬wū（统读）
梧wú（统读）
牾wǔ（统读）
乌wù ～拉（也作"靰鞡"）
～拉草
杌wù（统读）
鹜wù（统读）

X

夕xī（统读）
汐xī（统读）
晰xī（统读）
析xī（统读）
皙xī（统读）
昔xī（统读）
溪xī（统读）
悉xī（统读）
熄xī（统读）
蜥xī（统读）
螅xī（统读）
惜xī（统读）
锡xī（统读）
樨xī（统读）
袭xí（统读）
檄xí（统读）
峡xiá（统读）
暇xiá（统读）
吓xià 杀鸡～猴
鲜
（一）xiān 屡见不～
数见不～
（二）xiǎn ～为人知
寡廉～耻
锨xiān（统读）
纤xiān ～维
涎xián（统读）
弦xián（统读）
陷xiàn（统读）
霰xiàn（统读）
向xiàng（统读）
相xiàng ～机行事
淆xiáo（统读）
哮xiào（统读）
些xiē（统读）
颉xié ～颃
携xié（统读）
偕xié（统读）
挟xié（统读）
械xiè（统读）
馨xīn（统读）
囟xìn（统读）
行xíng 操～　德～
发～　品～
省xǐng 内～　反～　～亲
不～人事
芎xiōng（统读）
朽xiǔ（统读）
宿xiù 星～　二十八～
煦xù（统读）

蓿xu 苜～
癣xuǎn（统读）
削
（一）xuē（文）剥～　～减瘦～
（二）xiāo（语）切～　～球～铅笔
穴xué（统读）
学xué（统读）
雪xuě（统读）
血
（一）xuè（文）用于复音词及成语，如“贫～”“心～”“呕心沥～”“～泪史”“狗～喷头”等。
（二）xiě（语）口语多单用，如“流了点儿～”及几个口语常用词，如“鸡～”“～晕”“～块子”等。
谑xuè（统读）
寻xún（统读）
驯xùn（统读）
逊xùn（统读）
熏xùn 煤气～着了
徇xùn（统读）
殉xùn（统读）
蕈xùn（统读）

Y

押yā（统读）
崖yá（统读）
哑yǎ ～然失笑
亚yà（统读）
殷yān ～红
芫yán ～荽
筵yán（统读）
沿yán（统读）
焰yàn（统读）
夭yāo（统读）
肴yáo（统读）
杳yǎo（统读）
舀yǎo（统读）
钥
（一）yào（语）～匙
（二）yuè（文）锁～
曜yào（统读）
耀yào（统读）
椰yē（统读）
噎yē（统读）
叶yè ～公好龙
曳yè 弃甲～兵　摇～～光弹
屹yì（统读）
轶yì（统读）
谊yì（统读）
懿yì（统读）
诣yì（统读）
艾yì 自怨自～
荫
（一）yīn 绿树成～
（二）yìn 庇～　福～　～凉
应
（一）yīng ～届　～名儿～许　提出的条件他都～了　是我～下来的任务
（二）yìng ～承　～付～声　～时　～验　～邀～用　～运　～征　里～外合
萦yíng（统读）
映yìng（统读）
佣yōng ～工
庸yōng（统读）
臃yōng（统读）
壅yōng（统读）
拥yōng（统读）
踊yǒng（统读）
咏yǒng（统读）
泳yǒng（统读）
莠yǒu（统读）
愚yú（统读）
娱yú（统读）
愉yú（统读）
伛yǔ（统读）
屿yǔ（统读）
吁yù 呼～
跃yuè（统读）
晕
（一）yūn ～倒　头～
（二）yùn 月～　血～　～车
酝yùn（统读）

Z

匝zā（统读）
杂zá（统读）
载
（一）zǎi 登～　记～
（二）zài 搭～　怨声～道　重～　装～　～歌～舞
簪zān（统读）
咱zán（统读）
暂zàn（统读）
凿záo（统读）
择
（一）zé 选～
（二）zhái ～不开　～菜～席
贼zéi（统读）
憎zēng（统读）
甑zèng（统读）
喳zhā 唧唧～～
轧（除“～钢”“～辊”念zhá外，其他都念yà）（gá为方言，不审）

摘 zhāi（统读）
粘 zhān ～贴
涨 zhǎng ～落　高～
着
（一）zháo ～慌　～急
～家　～凉　～忙　～迷
～水　～雨
（二）zhuó ～落　～手
～眼　～意　～重
不～边际
（三）zhāo 失～
沼 zhǎo（统读）
召 zhào（统读）
遮 zhē（统读）
蛰 zhé（统读）
辙 zhé（统读）
贞 zhēn（统读）
侦 zhēn（统读）
帧 zhēn（统读）
胗 zhēn（统读）
枕 zhěn（统读）
诊 zhěn（统读）
振 zhèn（统读）
知 zhī（统读）
织 zhī（统读）
脂 zhī（统读）
植 zhí（统读）
殖
（一）zhí 繁～　生～　～民
（二）shi 骨～
指 zhǐ（统读）
掷 zhì（统读）
质 zhì（统读）
蛭 zhì（统读）
秩 zhì（统读）
栉 zhì（统读）
炙 zhì（统读）
中 zhōng 人～（人口上唇当中处）
种 zhòng 点～（义同“点播”。动宾结构念 diǎnzhǒng，意为点播种子）
诌 zhōu（统读）
骤 zhòu（统读）
轴 zhòu 大～子戏　压～子
碡 zhou 碌～
烛 zhú（统读）
逐 zhú（统读）
属 zhǔ ～望
筑 zhù（统读）
著 zhù 土～
转 zhuǎn 运～
撞 zhuàng（统读）
幢
（一）zhuàng 一～楼房
（二）chuáng 经～（佛教所设刻有经咒的石柱）
拙 zhuō（统读）
茁 zhuó（统读）
灼 zhuó（统读）
卓 zhuó（统读）
综 zōng ～合
纵 zòng（统读）
粽 zòng（统读）
镞 zú（统读）
组 zǔ（统读）
钻
（一）zuān ～探　～孔
（二）zuàn ～床　～杆
～具
佐 zuǒ（统读）
唑 zuò（统读）
柞
（一）zuò ～蚕　～绸
（二）zhà ～水（在陕西）
做 zuò（统读）
作（除“～坊”读 zuō 外，其余都读 zuò）

［说明］

（1）本表所审，主要是普通话有异读的词和有异读的作为“语素”的字。不列出多音多义字的全部读音和全部义项，与字典、词典形式不同。例如：“和”字有多种义项和读音，而本表仅列出原有异读的八条词语，分列于 hè 和 huo 两种读音之下（有多种读音，较常见的在前。下同）；其余无异读的音、义均不涉及。

（2）在字后注明“统读”的，表示此字不论用于任何词语中只读一音（轻声变读不受此限），本表不再举出词例。例如：“阀”字注明“fá（统读）”，原表“军阀”“学阀”“财阀”条和原表所无的“阀门”等词均不再举。

（3）在字后不注“统读”的，表示此字有几种读音，本表只审订其中有异读的词语的读音。例如“艾”字本有 ài 和 yì 两音，本表只举“自怨自艾”一词，注明此处读 yì 音；至于 ài 音及其义项，并无异读，不再赘列。

（4）有些字有文白二读，本表以“文”和“语”作注。前者一般用于书面语言，用于复音词和文言成语中；后者多用于口语中的单音词及少数日常生活事物的复音词中。这种情况在必要时各举词语为例。例如：“杉”字下注“（一）shān（文）紫～、红～、水～；（二）shā（语）～篙、～木”。

（5）有些字除附举词例之外，酌加简单说明，以便读者分辨。说明或按具体字义，或按“动作义”“名物义”等区分。例如：“畜”字下注“（一）chù（名物义）～力、家～、牲～、幼～；（二）xù（动作义）～产、～牧、～养”。

（6）有些字的几种读音中某音用处较窄，另音用处甚宽，则注“除××（较少的词）念乙音外，其他都念甲音”，以避免列举词条繁而未尽、挂一漏万的缺点。例如：“结”字下注“除‘～了个果子’‘开花～果’‘～巴’‘～实’念jiē之外，其他都念jié”。

（7）由于轻声问题比较复杂，除《初稿》涉及的部分轻声词之外，本表一般不予审订，并删去部分原审的轻声词。例如“麻刀（dao）”“容易（yi）”等。

（8）本表酌增少量有异读的字或词，做了审订。

（9）除因第二、六、七各条说明中所举原因而删略的词条之外，本表又删汰了部分词条。主要原因是：①现已无异读（如“队伍”“理会”）；②罕用词语（如“俵分”“仔密”）；③方言土音［如“归里包堆（zuī）”“告送（song）”］；④不常用的文言词语（如“刍荛”“氍毹”）；⑤音变现象［如“胡里八涂（tū）”“毛毛腾腾（tēngtēng）”］；⑥重复累赘（如原表“色”字的有关词语分列达23条之多）。删汰条目不再编入。

（10）人名、地名的异读审订，除原表已涉及的少量词条外，留待以后再审。

附录四 《关于开展普通话水平测试工作的决定》

（1994年10月30日）

《中华人民共和国宪法》规定："国家推广全国通用的普通话"。推广普通话是社会主义精神文明建设的重要内容；社会主义市场经济的迅速发展和语言文字信息处理技术的不断革新，使推广普通话的紧迫性日益突出。国务院在批转国家语委关于当前语言文字工作请示的通知（国发〔1992〕63号文件）中强调指出，推广普通话对于改革开放和社会主义现代化建设具有重要意义，必须给予高度重视。为加快普及进程，不断提高全社会普通话水平，国家语言文字工作委员会、国家教育委员会和广播电影电视部决定：

一、普通话是以汉语文授课和各级各类学校的教学语言；是以汉语传送的各级广播电台、电视台的规范语言；是汉语电影、电视剧、话剧必须使用的规范语言；是全国党政机关团体、企事业单位干部在公务活动中必须使用的工作语言；是不同方言区及国内不同民族之间的通用语言。掌握并使用一定水平的普通话是社会各行各业人员，特别是教师、播音员、节目主持人、演员等专业人员必备的职业素质。因此，有必要在一定范围内对某些岗位的人员进行普通话水平测试，并逐步实行普通话等级证书制度。

二、现阶段的主要测试对象和他们应达到的普通话等级要求是：中小学教师、师范院校的教师和毕业生应达到二级或一级水平，专门教授普通话语音的教师应达到一级水平；县级以上（含县级）广播电台和电视台的播音员、节目主持人应达到一级水平（此要求列入广播电影电视部部颁岗位规范，逐步实行持普通话等级合格证书上岗）；电影、电视剧演员和配音演员，以及相关专业的院校毕业生应达到一级水平。

三、测试对象经测试达到规定的等级要求时，颁发普通话等级证书。对播音员、节目主持人、教师等岗位人员，从1995年起逐步实行持普通话等级证书上岗制度。

四、成立国家普通话水平测试委员会，负责领导全国普通话水平测试工作。委员会由国家语言文字工作委员会、国家教育委员会、广播电影电视部有关负责同志和专家学者若干人组成。委员会下设秘书长一人，副秘书长若干人处理日常工作，办公室设在国家语委普通话培训测试中心。各省、自治区、直辖市也应相应地成立测试委员会和培训测试中心。负责本地区的普通话培训测试工作。

普通话培训测试中心为事业单位，测试工作要合理收费，开展工作初期，应有一定的启动经费，培训和测试工作要逐步做到自收自支。

五、普通话水平测试工作按照《普通话水平测试实施办法（试行）》和《普通话水平测试等级标准（试行）》的规定进行。

六、普通话水平测试是推广普通话工作的重要组成部分，是使推广普通话工作逐步走向科学化、规范化、制度化的重要举措。各省、自治区、直辖市语委、教委、高教教育厅（局）、广播电视厅（局）要密切配合、互相协作，加强宣传，不断总结经验，切实把这项工作做好。

附录五　国家法律、法规有关推广普通话和普通话水平测试的条文

国家推广全国通用的普通话。

《中华人民共和国宪法》第十九条

国家通用语言文字为学校及其他教育机构的基本教育教学语言文字，学校及其他教育机构应当使用国家通用语言文字进行教育教学。

民族自治地方以少数民族学生为主的学校及其他教育机构，从实际出发，使用国家通用语言文字和本民族或者当地民族通用的语言文字实施双语教育。

国家采取措施，为少数民族学生为主的学校及其他教育机构实施双语教育提供条件和支持。

《中华人民共和国教育法》第十二条

凡以普通话作为工作语言的岗位，其工作人员应当具备说普通话的能力。

以普通话作为工作语言的播音员、节目主持人和影视话刷演员、教师、国家机关工作人员的普通话水平，应当分别达到国家规定的等级标准；对尚未达到国家规定的普通话等级标准的，分别情况进行培训。

《中华人民共和国国家通用语言文字法》第十九条

（申请认定教师资格者的）普通话水平应当达到国家语言文字工作委员会颁布的《普通话水平测试等级标准》二级乙等以上标准。少数方言复杂地区的普通话水平应当达到三级甲等以上标准；使用汉语和当地民族语言教学的少数民族自治地区的普通话水平，由省级人民政府教育行政部门规定标准。

《〈教师资格条例〉实施办法》第八条第二款

教育行政部门公务员和学校管理人员的普通话水平应不低于三级甲等，新录用公务员和学校管理人员的普通话水平亦应达到上述标准。

教师应达到《〈教师资格条例〉实施办法》规定的普通话等级标准：各级各类学校和幼儿园以及其他教育机构的教师应不低于二级乙等，其中语文教师和对外汉语教师不低于二级甲等，语音教师不低于一级乙等。

1954 年 1 月 1 日以后出生的教师和教育行政部门公务员，师范专业和其他与口语表达关系密切的专业的学生，均应参加普通话培训和测试。

师范专业和其他与口语表达关系密切的专业的学生，普通话达不到合格标准者应缓发毕业证书。

摘自《关于进一步加强学校普及普通话和用字规范化工作的通知》

各地各部门要采取措施，加强对公务员普通话的培训。……通过培训，原则要求 1954 年 1 月 1 日以后出生的公务员达到普通话三级甲等以上水平；对 1954 年 1 月 1 日以前出生的公务

员不作达标的硬性要求，但鼓励努力提高普通话水平。

摘自《关于开展国家公务员普通话培训的通知》

除需要使用方言、少数民族语言和外语的场合外，邮政系统所有员工在工作中均需使用普通话。营业员、投递员、邮储业务员、报刊发行员以及工作在呼叫中心、信息查询等直接面向用户服务的职工，普通话水平不低于国家语言文字工作委员会颁布的《普通话水平测试等级标准》规定的三级甲等；邮运指挥调度人员、检查监督人员也应达到相应水平。

摘自《关于加强邮政系统语言文字规范化工作的通知》

铁路系统员工应以普通话为工作用语，除确需使用方言、少数民族语言和外国语言的场合外，铁路系统所有职工在工作中均应使用普通话。直接面向旅客、货主服务的职工的普通话水平一般应不低于国家语言文字工作委员会颁布的《普通话水平测试等级标准》规定的三级甲等；站、车广播员的普通话水平应不低于二级甲等。

摘自《关于进一步加强铁路系统语言文字规范化工作的通知》

参考文献

[1] 黄娜. 普通话训练教程：第 2 版[M]. 北京：国家行政学院出版社，2016.

[2] 中公教育普通话水平测试研究中心. 普通话水平测试专用教材[M]. 北京：世界图书出版公司，2020.

[3] 宋扬. 普通话训练手册 50 天突破[M]. 北京：中国传媒大学出版社，2021.

[4] 普通话水平测试命题研究组. 普通话水平测试专用教材[M]. 北京：光明日报出版社，2022.

[5] 程培元. 教师口语教程：第 3 版[M]. 北京：高等教育出版社，2019.